企业财税
管理实操
—— 从新手到高手 ——

朱菲菲　孙鸿雁 | 编著

中国铁道出版社有限公司
CHINA RAILWAY PUBLISHING HOUSE CO., LTD.

图书在版编目（CIP）数据

企业财税管理实操从新手到高手 / 朱菲菲，孙鸿雁编著. —北京：中国铁道出版社有限公司，2021.2

ISBN 978-7-113-27381-1

Ⅰ.①企… Ⅱ.①朱… ②孙… Ⅲ.①企业管理-财务管理②企业管理－税收管理 Ⅳ.①F275②F810.423

中国版本图书馆CIP数据核字（2020）第211193号

书　　名：企业财税管理实操从新手到高手
QIYE CAISHUI GUANLI SHICAO CONG XINSHOU DAO GAOSHOU

作　　者：朱菲菲　孙鸿雁

责任编辑：王　佩　张文静　　编辑部电话：(010)51873022　　邮箱：505733396@qq.com
封面设计：宿　萌
责任校对：王　杰
责任印制：赵星辰

出版发行：中国铁道出版社有限公司（100054，北京市西城区右安门西街8号）
印　　刷：北京铭成印刷有限公司
版　　次：2021年2月第1版　2021年2月第1次印刷
开　　本：700 mm×1 000 mm　1/16　印张：17　字数：243千
书　　号：ISBN 978-7-113-27381-1
定　　价：59.80元

前言

　　绝大多数企业都非常重视自身的财税管理工作，可以这么说，财税管理是所有企业经营管理工作中的重中之重。然而从目前的企业管理情形来看，一家企业中真正懂得财税管理的人少之又少，甚至很多经营者和管理者对财税管理一窍不通，这也是很多企业出现财会人员财务舞弊行为的原因之一。

　　为什么会出现上述行为呢？经营者和管理者不懂财税知识，看不懂凭证、账簿和会计报表等会计资料，无法发现这些资料中存在的错误会计信息，更无法发现其中存在的"猫腻"，这就给财会人员的财务舞弊提供了"温床"。

　　由此可见，对一家企业来说，财会人员首先需要懂财税管理，因为这是他们必备的专业知识和技能，是提高工作质量和效率的必要条件。除此以外，领导者和经营者也应该懂得一定的财税知识，有利于他们及时、准确地掌握企业的经营和发展状况，有利于他们更精准地把控企业的收支情况。

　　那么，如何才能让财会人员进一步认识到企业财税管理的重要性，如何让企业领导者和经营者系统地学习到财税知识呢？为此，我编写了本书，从财税工作的各个环节出发，系统、全面地介绍了企业的财税管理。

全书共分三部分，共 9 章。

◎ 第一部分：第 1 章

　　该部分主要讲解企业设立期的财税管理知识，突出企业设立期涉及的财税管理工作，如企业银行结算账户与结算工具的使用、税务开业登记和资金投入等。

◎ 第二部分：第 2 ～ 8 章

　　该部分从企业的销售、采购、业务往来、资金管理、税务实务、税务筹划和纳税风险等方面讲解具体的账务处理，另外还从会计凭证的形成过程出发，依次介绍凭证、账簿和报表等会计资料的编写、分析与使用，帮助读者全方位了解并掌握企业的财税管理工作。

◎ 第三部分：第 9 章

　　该部分主要讲解企业工商方面的管理工作，包括其中可能涉及的企业财税管理工作内容，并且以企业的变更和注销来结尾，与本书第一章的企业设立相呼应，对一家企业从设立到注销可能涉及的财税管理工作做了全面的讲解。

　　在写作过程中，我采用"理论＋案例"的讲解方式，既从财税管理的基础出发，学习理论知识，又从财税管理的实践入手，模拟财税管理工作实操，内容全面且细致，可使读者更容易理解并掌握企业经营管理过程中的财税处理，学起来更有趣，用起来更顺手。

　　本书适合初入会计职场的新人、想要在会计工作中有所提升及希望更全面地掌握企业财税管理工作的职场人士阅读使用。

　　希望所有读者都能从本书中学到有用的知识和实操经验。由于能力有限，对于书中不完善的地方，希望获得读者的指正。

朱菲菲

2020 年 10 月

目录

第 1 章 公司设立期的财税管理

第2章 采购与销售环节的账目必须仔细

第5章　凭证与账簿是重要的会计资料

第6章　财务报表管理与分析实战

第 7 章　中小企业税务实务

第 8 章 税务筹划与纳税风险管理

第 9 章　公司变更与注销必会

第1章

公司设立期的财税管理

成立一家公司，不仅需要财力，还需要物力和人力，才能使企业经营活动得到专业人员的管理和开展。其中尤为重要的就是财会人员的工作，他们对企业设立期的财税事项进行管理和账目核算，为企业确定资产、负债和所有者权益的结构与组成情况。

| 1.1 |
公司创办的流程与实操

创办一家公司需要办理很多手续，走很多流程。一旦经手人搞不清楚其中的步骤顺序，就很容易走弯路，浪费时间的同时，耗费精力和财力。因此，企业创办者想要更快、更高效地完成公司设立期的相关事宜，就必须了解和掌握公司创办的流程及实操内容。

1.1.1 公司的设立程序以订立公司章程为起点

公司章程是企业必备的，规定企业组织形式和活动基本规则的书面文件。它必须依法制定，并且详细规定企业名称、住所、经营范围和经营管理制度等重大事项。由此可见，公司章程具有法定性、真实性、自治性和公开性等基本特征，是企业赖以生存的灵魂，当然，它也是企业成立的基础。

我国《中华人民共和国公司法》（以下简称《公司法》）明确规定，订立公司章程是设立公司的条件之一，相关机关要对公司章程进行严格审核，以此决定是否给予批准或予以设立登记。也就是说，如果企业没有公司章程，就不能获得批准，也就不能办理设立登记。

在相关法律、法规和政策中，明确规定了企业法人章程的内容，具体载明事项如表 1-1 所示。

表 1-1 公司章程应载明的内容

事项	内容
宗旨	说明企业开展经营活动和制定章程的主要思想及意图
名称和住所	注明企业的全称、标准简称以及经营所在地
经济性质	说明企业的所有制性质，我国目前有 5 种经济性质的企业：全民所有制企业、集体所有制企业、私营企业、多种经济成分联营企业和股份合作企业

续上表

事项	内容
注册资金数额和来源	说明企业的注册资金具体数额，以及这些资金的具体来源，包括投资者的姓名或名称、投资方式等
经营范围和经营方式	说明企业具体经营的产品、服务或劳务，以及具体的经营方式，如采掘、制造、批发、零售、咨询、租赁和代理等
组织机构和其职权	说明企业经营管理的系统构成和相关层级工作人员的职责，该部分内容包括企业的管理层次和管理幅度。比如，一家企业的管理层次有总经理、总监、部门经理、主管和职员 5 层，而管理幅度就是一个人能直接高效领导下属的人数限度；又如一家企业总共 50 人，公司总经理直接管理 5 个部门经理，则总经理的管理幅度为 5 人。企业的管理层次和管理幅度组成了企业的组织机构，而参与其中的各类职工都有各自的职权，章程中要对这些内容做详细说明
法定代表人产生的程序和职权范围	相关法律、法规规定企业为自身的法人，而法定代表人就是依法代表法人（即企业）行使民事权利、履行民事义务的主要负责人，如工厂的厂长、公司的董事长等。公司章程要说明法定代表人产生的程序以及该身份的职权范围，保证企业法定代表人的合法性
财务管理制度和利润分配形式	明确企业的财务管理制度，说明企业实现的利润如何分配，对企业的财务管理工作作出明确的约束和规范说明，为企业实施财务管理工作提供正确、有效的执行标准
劳动用工制度	规定企业的劳动用工制度，明确用工规范，如企业是在遵循劳动合同法的基础上与员工建立的劳动关系、企业的薪酬制度和工作时间制等
章程修改程序	说明企业章程的修改程序，包括何时需要修改、修改章程需要经过的步骤和需要办理的相关手续等
终止程序	说明企业的经营终止程序和章程效力终止程序
其他事项	企业认为需要说明的其他事项

公司章程是企业所有者或股东一致的意思表示，换句话说，公司章程一般由企业发起人或全体股东提出订立，通过大家的一致表示来确定最终章程文件的形成。

公司章程一经生效，就具有法律约束力。它对企业、所有者或股东、董事、监事、经理以及职员等都具有约束力。

1.1.2 核准公司名称

企业在订立了章程后，就可向当地的工商行政管理局（即市场监督管理局）申请预先核准的企业名称，然后根据预先核准的企业名称到银行办理开户手续，为企业以后的经营收入及支出提供"存钱罐"并确定其名称。

在企业登记名称的过程中，名称的核准是一个比较特殊的程序，一般称为"名称预先核准"。因为该程序的执行主要是看企业申请的名称有没有违反国家相关规定，有没有被其他公司提前注册，名称是否简明扼要等，只有符合国家规定、没有被其他公司注册且名称符合标准，才能予以办理名称登记手续，所以称为"名称预先核准"。

为什么要进行企业名称预先核准呢？目的是使企业避免在筹资组建过程中因名称不确定而带来登记申请文件、材料使用名称杂乱的问题，从而减少因此引起的重复劳动和重复报批等工作。

企业在向工商管理局提供备选名称时，名称的组成一般应按照如图 1-1 所示的结构确定。

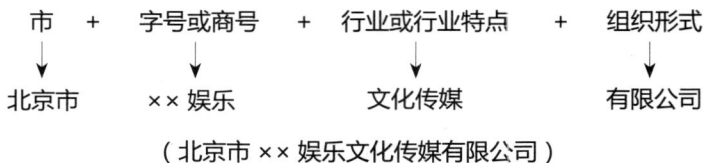

市　+　字号或商号　+　行业或行业特点　+　组织形式
↓　　　　↓　　　　　　　↓　　　　　　　↓
北京市　　××娱乐　　　文化传媒　　　有限公司

（北京市 ×× 娱乐文化传媒有限公司）

图 1-1　企业名称的组成结构

那么，如何提高名称核准效率，使选择登记的名称能尽快通过审核呢？这就要求企业牢记一些取名的硬性规定，具体内容如下。

◆ 商号不能与其他已核准或注册的同行业或无标明行业的企业名称中的字号或商号相同，但是有投资关系的除外。
◆ 不能与变更名称未满一年的其他企业的原名称相同。
◆ 不能与已经注销登记或被吊销营业执照未满 3 年的企业名称相同。

- 企业名称如果冠以"中华""全国""国家"以及"国际"等字样的，或者名称中使用了这些字样的，或者名称不含行政区划的，需符合《企业名称登记管理实施办法》的相关规定。
- 名称中不得含有另一家企业的名称，如果为某企业的分支机构，则名称应冠以其所从属企业的名称。
- 应使用符合国家规范的汉字，不能使用汉语拼音字母和阿拉伯数字。
- 名称中的字号或商号应由两个或两个以上的汉字组成，行政区划不能用作字号，但县级以上行政区划的地名具有其他含义的除外。
- 不能明示或暗示超过经营范围的业务。
- 如果需要冠以"广东"字样，则还需符合《广东省企业冠省名登记管理办法》的规定。

在核准企业名称时，带好《企业名称预先核准提交材料规范》和公司章程即可。

1.1.3 了解注册资本认缴登记制

注册资本认缴登记制是一种新的工商登记制度，对应以前的注册资本实缴登记制。在新的登记制度下，工商行政管理部门只登记企业认缴的注册资本总额，无须登记实收资本，也不再收取验资证明文件。简单理解就是，企业出资者认缴多少，注册资本就是多少，理论上一元也能开公司。

在注册资本认缴登记制下，企业向工商行政管理部门申请登记，取得营业执照后就可从事一般生产经营活动。

相应地，企业年度检验制度改为企业年度报告公示制度，即企业不再需要每年到工商行政管理部门办理年检，而是直接在"国家企业信用信息公示系统"中按年出具年度财务报告即可。

如果企业各出资者实缴的出资额超过了认缴的注册资本总额，则超过部分的资本在会计上要计入"资本公积"这一科目进行核算；而出资额在认缴注册资本总额范围内的部分在会计上计入"实收资本"科目进行核算。

注册资本认缴登记制度的实施，最明显的作用就是简化了企业设立登记的程序，提高了企业成立的效率，同时取消了不合理、不合法的部分行政事业性收费。

1.1.4 办理工商登记领取营业执照

工商登记即工商注册登记，是指企业向登记机关（即工商行政管理部门）申请设立登记的事宜。

其实，前述内容提及的企业名称核准便属于工商登记事宜中的具体办事程序，一旦名称核准通过，企业办理了注册资本认缴登记备案手续，对符合规定的准予设立企业，并收到由登记机关出具的准予设立登记的通知书。企业方办事人员就可以携带《准予设立登记通知书》和办理人的身份证原件，到登记机关领取营业执照正、副本。

但在提供资料时不仅仅是提供《准予设立登记通知书》和办理人的身份证原件，还要提供表 1-2 所示的资料。

表 1-2 工商注册登记需提供的资料

条目	资料
1	企业法定代表人签署的《公司设立登记申请书》
2	全体投资者或股东签署的公司章程
3	法人股东资格证明或自然人股东身份证及复印件
4	董事、监事和经理的任职文件及身份证复印件
5	指定代表或委托代理人证明、代理人身份证及其复印件
6	企业住所使用证明，如果是自有房产，则提供房屋的产权证明；如果是租房经营，则提供出租人签字的房屋产权证明文件的复印件和出租人身份证复印件，以及双方签字盖章的房屋租赁合同和租金发票；如果出租人为企业，则还需提供出租人的营业执照复印件

新规实施后，企业领取的营业执照为"五证合一"的营业执照，组织机构代码证和税务登记证不复存在。企业只凭借营业执照就可办理工商、税务等相关事宜。但是，这并不代表企业不需要进行税务登记，税务登记和税务登记证是两个不同的概念，在 1.1.6 节会着重介绍税务登记的内容。

1.1.5 刻制印章并办理单位的基本存款账户

企业领取营业执照后，一般会在 1 ~ 2 个工作日内凭营业执照到公安局指定刻章点办理刻章事宜，如企业公章、财务章、合同章、法人代表章和发票章等。到此，一家公司才算是真正地注册登记完成。而在刻章事宜过后，企业还必须在规定的时间内开立单位的基本存款账户，用于办理转账结算和现金收付。其余银行存款账户可在需要时再开立。

（1）刻制企业印章

我国公安部对办理刻制印章的手续没有作统一规定，所以各地公安机关对刻制印章手续就有不同规定，如表 1-3 所示。

表 1-3 刻制印章的不同规定

印章类型	规定
刻制党政、国有或集体企业、事业单位及其内部机构的公章	一律凭借本单位的上一级领导部门或批准成立的部门开具的证明文件或信函，到本单位所在地县级以上公安机关治安管理部门办理审批手续，经公安机关审查后发给刻制印章通知单或介绍信、证明等，到公安机关指定的刻字厂或刻字店刻制印章
外地单位需要刻制公章	先要到该单位原籍所在地县级以上公安机关办理刻制印章的介绍信或证明，然后再凭此介绍信或证明到刻字厂或刻字店所在地的同级公安机关换取刻制印章通知单或介绍信，最后到公安机关指定的刻字厂或刻字店刻制
地方性社会团体的印章	由地方社团的登记管理机关出具证明，经该社团总部所在地的公安机关办理准予刻制手续后，由地方社团登记管理机关制发

续上表

印章类型	规定
学校刻印章	必须持有教育行政部门出具的证明，到所在地的县级以上公安机关办理审批手续，经批准后到指定的刻字店或工厂刻制
刻制国有、集体企业单位的财务章、合同章、业务专用章和印章转账章等	凭本单位开具的介绍信和营业执照，到本单位所在地县级以上公安机关登记备案，经公安机关审查后签发刻制印章通知单或介绍信，企业再到公安机关指定的刻字厂或刻字店刻制
三资企业刻制上述印章	三资企业是指中外合资企业、中外合作企业和外商独资企业。这三类企业在刻制印章时必须提供营业执照和《三资企业备案证》，另外，如果为中外合资企业或中外合作企业，还必须持中方开具的介绍信到本单位所在地县级以上公安机关办理刻制印章通知单或介绍信，然后再凭借通知单或介绍信到公安机关指定的刻字厂或刻字店刻制印章

企业和职员都要牢记，私刻印章没有任何法律效力，而且一切私刻印章的行为均属于违法行为。

（2）开立银行基本存款账户

由于企业的银行基本存款账户是用来进行企业经营活动的日常资金收付以及工资、奖金的发放和现金支取的，所以需要在企业刚设立时就开立一个基本存款账户，并且企业只能在同一家银行开立一个基本存款账户。

另外，开立基本存款账户是企业开立其他银行结算账户的前提，也就是说，没有开立基本存款账户的，不能开立其他诸如一般存款账户、专用存款账户和临时存款账户等结算账户。

需要开立基本存款账户的单位有很多，如企业法人、非法人企业、机关和事业单位、社会团体、团级以上军队和武警部队、民办非企业组织、异地常设机构、外国驻华机构、个体工商户、居民（村民、社区）委员会以及单位设立的独立核算的附属机构等。企业开立基本存款账户可按照图1-2所示的流程进行。

提交开户所需资料

各单位和组织必须按照相应的规定提交资料，如机关、部队、学校和人民团体等行政事业单位，必须提交拨款的财政部门或上一级主管部门出具的证明；全民和集体所有制企业，必须提供其主管部门出具的证明和工商行政管理部门发给的营业执照；军队和人民武警部队，必须提交上级主管单位的批准证明；个体工商户必须提交工商行政管理部门发给的营业执照；城镇承包单位和农村承包户、专业户，必须提交承包协议或有关单位出具的证明等

填写申请书

企业办事人员按照银行工作人员的要求填写基本存款账户开户申请书，包括本单位名称、单位性质和级别、上级主管部门、统一社会信用代码、单位地址和电话、资金来源和运用情况以及生产经营范围等，加盖企业公章后交给银行审核申请

填写印鉴卡

印鉴卡是开户单位与银行事先约定的一种付款依据，用于银行在为单位办理结算业务时校对预留印鉴。在申请开户时，企业办事人员要在印鉴卡上加盖本单位的公章和财务主管或会计经办人员名章

银行编发账号

银行根据开户单位的行政隶属关系、资金性质和企业顺序号等，向开户单位编发银行账号，至此，基本存款账户的开户流程就结束了

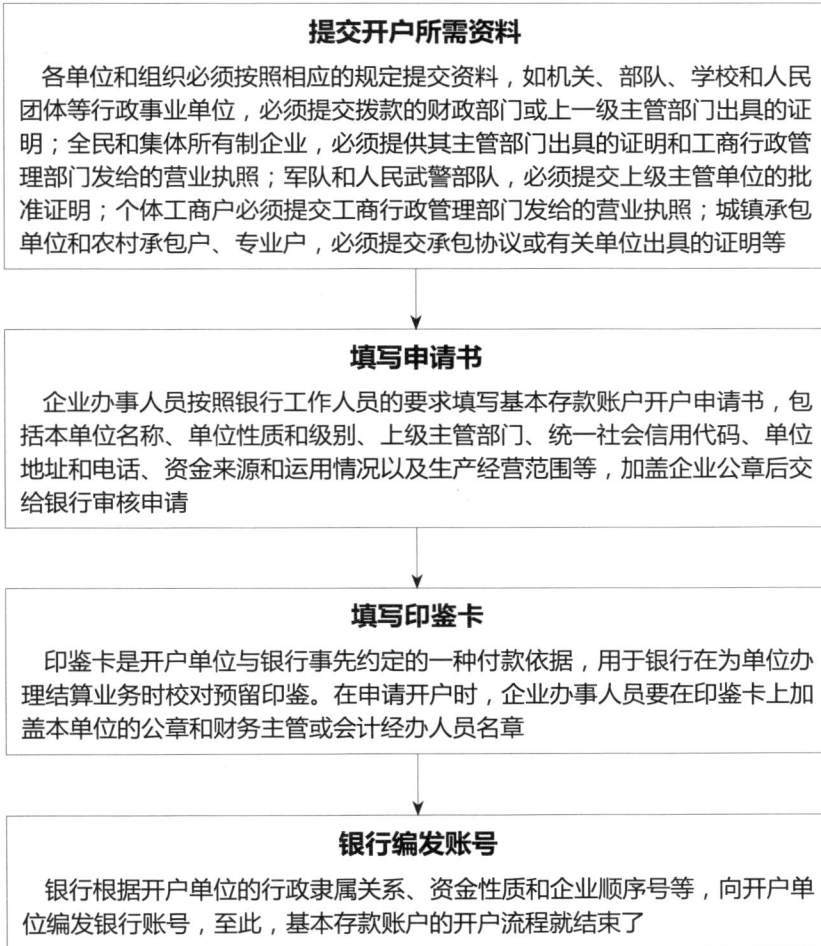

图 1-2　开立单位银行基本存款账户的流程

在图 1-2 所示的开户流程中，要特别留意的是印鉴卡的填写。如果企业因人事变动或其他原因需要更换印鉴，则应重新填写印鉴卡，并由开户银行注销原印鉴卡上预留的企业印鉴，再另外启用新的印鉴。企业在银行预留的印鉴（即财务专用章）名称必须与账户名称一致。

1.1.6 进行税务登记和社会保险登记

在前述所有的手续都办妥后，企业还要进行最后的税务登记和社会保险登记。

（1）税务登记

通俗地说，税务登记就是企业向主管税务机关申请登记自身的生产、经营活动信息的事宜。在这一事宜中，主管税务机关的工作就是依照税法规定，对纳税人的生产、经营活动进行登记管理。不同时期和不同情况下，企业做的税务登记是不同的。

在企业设立期，要进行开业税务登记，并且要在领取营业执照之日起30日内申报办理。申报办理开业税务登记时，需要根据不同情况提供以下资料。

◆ 营业执照或其他核准执业证件。

◆ 有关合同、章程和协议书。

◆ 法定代表人、负责人或业主的居民身份证、护照或其他合法证件。

◆ 税务机关要求提供的其他资料。

接着，就按照税务机关工作人员的指示完成开业税务登记即可。各地情况不同，税务登记细节工作会有差异，这里就不作详述了。

知识延伸 | 变更税务登记、停业复业登记和注销税务登记

变更税务登记是在纳税人税务登记内容发生重要变化时需要向税务机关申报办理的一种税务登记手续。

停业复业登记是指纳税人在停业前和复业时需要向税务机关申报办理的一种税务登记手续。实务中停业和复业必须匹配，如果永久停业，则办理注销税务登记。

注销税务登记是纳税人发生解散、破产、撤销以及其他情形而依法终止经营和纳税义务时需要向税务机关申报办理的一种税务登记。

（2）社会保险登记

社会保险登记是指企业根据自身员工情况进行社会保险信息登记的一项手续，这是企业为员工缴纳社会保险费的前提和基础。当企业申请办理社会保险登记时，除了要填写《社会保险登记表》外，还应出示如下资料或证件。

◆ 企业的营业执照副本，或者事业单位的法人证书副本，或者社会团体的法人登记证副本等。

◆ 国家机关要提供单位行政介绍信，外商投资企业必须提供经济贸易委员会签发的中华人民共和国外商投资企业批准证书。

◆ 其他核准执业的证件等。

新规实施下，相关政策规定：企业在办理登记注册时，同步办理社会保险登记。同理，税务登记也是如此，在办理注册登记时就一并办理。所以，1.1.4、1.1.5 和 1.1.6 节涉及的工商注册登记、税务登记和社会保险登记，在设立阶段是同时办理的。

同样的，社会保险登记在企业设立时要办理，在企业社会保险登记事项发生变更时也需要进行社会保险的变更登记。企业一般应在工商行政管理部门办理变更登记，或在有关机关批准或宣布变更之日起 30 日内，携带如下资料到原社会保险登记机构办理变更社会保险登记。

◆ 《变更社会保险登记申请书》。

◆ 工商变更登记表和营业执照或有关机关批准或宣布变更的证明。

那么，究竟企业发生哪些社会保险登记事项变更时会需要办理变更社会保险登记手续呢？主要有企业名称、企业经营地址、法定代表人或负责人、企业类型、主管部门、隶属关系以及开户银行账号等发生变更。

如果企业发生解散、破产、撤销、合并以及其他情形，依法终止社会保险缴费义务，则应及时向原社会保险登记机构申请办理注销社会保险登记。这里要注意，企业在办理注销社会保险登记前，必须结清应缴纳的社会保险费、滞纳金和罚款。

| 1.2 |
单位银行结算账户与其他结算工具

单位银行结算账户就是用来结算各种款项的银行账户，而其他结算工具包括支票、汇票和本票等。本节主要介绍单位银行结算账户的类型和用途、支票和商业汇票的使用。

1.2.1　单位银行结算账户的种类和用途

单位银行结算账户根据性质和用途不同，大体可分为四大类：基本存款账户、一般存款账户、专用存款账户和临时存款账户。表1-4所示的是对这4类结算账户的描述和用途说明。

表1-4　单位银行结算账户的类型及各自用途

类型	简述	用途
基本存款账户	是企业的主办账户，只能在一家银行开立一个基本存款账户，是开立其他结算账户的前提	办理日常转账结算和现金收付
一般存款账户	在基本存款账户的开户银行以外的银行营业机构开立的结算账户	因借款或其他结算需要而办理现金缴存，不能办理现金支取
专用存款账户	对企业特定用途的资金进行专项管理和使用所需开立的结算账户	特定用途资金包括基本建设资金、更新改造资金、证券交易结算资金、期货交易保证金等
临时存款账户	因临时需要并在规定期限内使用而开立的结算账户	临时需要，如异地临时采购零星物资

所有这些单位银行结算账户在开立时都要办理人携带相关资料和证件，由企业自主选择开户银行，到银行营业大厅按照工作人员的指示完成开立手续。

如果企业的开户信息资料发生变更，则需要及时到开户银行办理银行结算账户变更手续，否则可能会影响企业资金的收付结算和资金安全。那么，具体有哪些信息发生变更，需要办理银行结算账户变更手续呢？如存款人的账户名称、企业的法定代表人或主要负责人、企业经营地址或邮编电话以及注册资金等。

另外，企业若因开户资格或其他原因要终止银行结算账户的使用，则要及时向开户银行提出撤销银行结算账户的申请，填写《撤销银行结算账户申请书》。

1.2.2　支票的种类和使用范围

支票是一种结算工具，但是本质还是要用银行存款进行收支结算。在我国，支票都是即期的，没有承兑制度，也就是我们常说的"见票即付"。在不同的分类依据下，支票有不同的种类，下面就来简单了解一下。

（1）记名支票和不记名支票

记名支票和不记名支票是根据支票的"收款人"栏是否记载收款人姓名来划分的。

从字面意思就可知道，记名支票是要在支票的"收款人"栏中写明收款人姓名的一种支票，如"限付××"或"指定人××"，这种支票必须由收款人签章，才可以支取款项。而不记名支票是不记载收款人姓名的支票，也称空白支票，如"付来人"，这种支票的持票人在取款时不需要在支票背面签章就可支取款项，相应地，只要交付就代表支票进行了转让。

（2）现金支票、转账支票、普通支票和划线支票

这4类支票在票面内容上有一定区别，且用途也不同。现金支票是指支票上印有"现金"字样的支票；转账支票指支票上印有"转账"字样的支票；普通支票就是支票上既没有印"现金"字样，也没有印"转账"字样的支票；

划线支票是在普通支票的基础上，在支票左上角划两条平行线的支票。每一种支票的用途对比如表 1-5 所示。

表 1-5　不同用途的支票

类型	用途
现金支票	只能用于支取现金
转账支票	只能用于转账
普通支票	既可用于支取现金，又可用于转账
划线支票	只能用于转账，不得支取现金

（3）银行支票和旅行支票

企业经营过程中常见的就是银行支票，它是一种由银行签发，并由银行付款的支票，主要用于日常经营活动的款项收支。而旅行支票指由银行或旅行社为旅游者发行的一种固定金额的支付工具，旅游者一般用现金从出票机构购买旅行支票。由此看来，旅行支票比较特殊，与其他支票相比，有如下特点。

◆　支票的金额较小。

◆　没有指定的付款人和付款地点，旅行者可在出票银行、旅行社的国外分支机构或代办点等处凭支票取款。

◆　比较安全，旅行者在购买旅行支票和取款时，都必须履行初签、复签手续，两次手续相符才能取款。

◆　汇款人也是收款人。

◆　没有规定流通的期限。

知识延伸｜保付支票

保付支票指由付款银行在支票上加盖"保付"戳记，以表明在支票提示时一定付款的一种支票。支票一经保付，付款责任就由银行承担，出票人和背书人都可免于追索；而付款银行对支票保付后，就会将票款从出票人的账户划入一个专户，以备付款，所以保付支票提示时不会出现退票情况。这类支票可避免出票人开出空头支票。

1.2.3　商业汇票的使用规范

商业汇票也是一种结算工具，收款人和付款人以此票据收取和支付货款。签发商业汇票的人为出票人，根据商业汇票支付款项的人为付款人，凭借商业汇票支取款项的人为收款人或持票人。除此以外，商业汇票还有承兑人，且根据承兑人不同，将商业汇票分为两大类：商业承兑汇票和银行承兑汇票。

无论是商业承兑汇票，还是银行承兑汇票，付款期限最长都不得超过6个月，电子商业汇票的付款期限可延长至一年。商业汇票一般有 3 个主要当事人：出票人、收款人和付款人。这类汇票主要用于在银行开立存款账户的法人及其他组织之间结算款项，因此个人不能使用商业汇票。

表 1-6 所示的是商业承兑汇票和银行承兑汇票的对比情况。

表 1-6　商业承兑汇票和银行承兑汇票的对比

项目	商业承兑汇票	银行承兑汇票
承兑人	银行以外的付款人，即各类企业	银行
出票人	付款人或者收款人	在承兑银行开立存款账户的法人和其他组织
出票人资格	出票人与付款人之间必须有真实的委托付款关系，且具有支付汇票金额的可靠资金来源	出票人必须与承兑银行具有真实的委托付款关系，且资信状况良好，具有支付汇票金额的可靠资金来源
付款人	付款人的开户银行	付款人的开户银行
主要债务人	出票人	银行

商业汇票在出票时，有必须记载的事项，这些事项缺一不可，否则汇票无效。这些事项如表 1-7 所示。

表 1-7　商业汇票的必须记载事项

条目	事项
1	表明"商业承兑汇票"或"银行承兑汇票"的字样

续上表

条目	事项
2	无条件支付的委托
3	确定的金额
4	付款人名称
5	收款人名称
6	出票日期
7	出票人签章，即出票单位的财务专用章或公章，加上法定代表人或其授权的代理人的签名或盖章

商业汇票的承兑可以在出票时进行，也可以在出票并使用后再进行。而付款人可以根据实际情况予以承兑或拒绝承兑，如果拒绝承兑，必须出具拒绝承兑的证明。

如果是银行承兑汇票的出票人或持票人向银行提示承兑，则自身的资格、资信、购销合同和汇票记载内容等要接受银行信贷部门的审批，符合规定和承兑条件的，与银行签订承兑协议，同时承兑银行按票面金额向出票人收取0.5‰的手续费。

商业汇票在付款时会涉及付款期限的问题，主要有如下3个期限。

◆ 定日付款的汇票付款期限：自出票日起计算，并在汇票上记载具体的到期日。

◆ 出票后定期付款的汇票付款期限：自出票日起按月计算，并在汇票上记载。

◆ 见票后定期付款的汇票付款期限：自承兑或拒绝承兑日起按月计算，并在汇票上记载。

上述3种汇票付款期限对应的商业汇票承兑期限是不同的，定日付款或出票后定期付款的商业汇票，提示承兑日期是到期日前；见票后定期付款的商业汇票，提示承兑期限为出票日起一个月内。

如果未记载"不得转让"事项的商业汇票在还未到期时就要使用并支取款项，则称之为"贴现"。商业汇票的持票人向银行办理贴现时必须具备如下条件。

- ◆ 票据未到期。
- ◆ 票据未记载"不得转让"事项。
- ◆ 持票人是在银行开立了存款账户的企业法人或其他组织。
- ◆ 持票人与出票人或直接前手之间具有真实的商品交易关系。

商业汇票的贴现期限是从贴现之日起至汇票到期日止，贴现到期时，付款人要向贴现银行支付票款。

没有记载"不得转让"事项的商业汇票可背书转让，但是背书转让时也具有一些规范，具体如下。

- ◆ 汇票必须完整转让，如果只将汇票金额的一部分进行背书转让，或者将货票金额分别转让给两个及以上的被背书人，这些背书均无效。
- ◆ 背书不得附有条件，《中华人民共和国票据法》（以下简称《票据法》）规定背书附有条件的，所附条件不具有汇票上的效力。
- ◆ 背书记载"委托收款"字样的，被背书人有权代背书人行使被委托的汇票权利。
- ◆ 汇票被拒绝承兑、被拒绝付款或超过付款提示期限的，不得背书转让；如果背书转让，背书人应承担汇票责任。
- ◆ 出票人在汇票上记载"不得转让"字样的，其后手再背书转让的，原背书人对后手的被背书人不承担保证责任。

各企业和组织在使用商业汇票时，必须严格遵守各环节的使用规范，避免陷入经济纠纷和经营风险。

1.2.4 现金管理与使用范围

现金管理是对企业经营管理过程中涉及的现金进行的管理工作，包括对现金使用范围的规范、现金预算的编制管理、现金管理制度的制定和执行以及现金管理中的一些不能做的事情等的约束。

在企业的现金管理工作中，最基本也是最重要的内容就是现金使用范围的规范。具体有表1-8所示的现金使用范围。

表1-8　现金的使用范围

条目	事项
1	支付职工个人的工资、奖金和津贴
2	支付职工的抚恤金、丧葬补助费等各种劳保和福利
3	支付个人劳务报酬
4	根据国家规定向个人发放科学技术、文化技术和体育等类别的各种奖金
5	支付向个人收购农副产品和其他物资的价款
6	支付出差人员必须随身携带的差旅费
7	用于结算起点1 000元以下的零星支出
8	经中国人民银行确定需要支付现金的其他支出

对照现金使用范围，行业总结出了现金管理的"八不准"，如表1-9所示。

表1-9　现金管理"八不准"

条目	事项
1	不准用不符合财务制度的凭证顶替库存现金
2	不准企业之间相互借用现金
3	不准谎报用途套取现金
4	不准利用企业的银行账户替其他企业或个人存入或支取现金
5	不准将单位收入的现金以个人名义存储
6	不准保留账外小金库
7	不准发行变相货币
8	不准以任何票券代替人民币在市场上流通

| 1.3 |
设立期的公司税务要办好

在企业设立期，不仅工商事务要办好，税务事务也要办好，这样才能让企业顺利营业并开展经济活动。

1.3.1　办理税种核定与票种核定

企业设立期，除了要办理税务登记，在这之后，要想顺利开展经营活动，同时承担纳税义务，还必须办理税种核定和票种核定，也就是确定企业应纳税的税种和涉及的发票种类。

（1）税种核定

在税种核定工作中，每家企业的税务专管员会根据企业的实际经营特点和经营范围，正确核定企业应纳税种和税目。我国目前共有 18 个税种：增值税、消费税、关税、企业所得税、个人所得税、城市维护建设税、城镇土地使用税、耕地占用税、印花税、土地增值税、车辆购置税、车船使用税、房产税、契税、环境保护税、资源税、烟叶税和船舶吨税。

进行税种核定时，不仅要核定税种，还要核定税目。而每个税种的税目比较复杂，可具体参考相应的税种政策，这里不作详述。新公司核定税种时需要携带相应的资料，如下所示。

- ◆ 企业法人、实际经营者和财务人员等的联系方式。
- ◆ 企业财务人员的录用合同以及会计上岗证。
- ◆ 企业的账册和印花税购票凭证。
- ◆ 企业的银行账号。
- ◆ 经营地租赁协议或房租发票，自有房产的提供房屋权属证明。

新企业要在办理税务登记后的一个月内到税务专管员处申请税种核定。

如果企业半年内仍没有申请核定或已申请核定但未购买发票，将被税务机关列入非正常户，并受到行政处罚。

> **知识延伸 | 税务专管员**
>
> 税务专管员是税务机关里负责相关公司日常税务问题的管理工作的专门人员，对新设立公司的一些税务相关事项进行申请核准。

企业一旦与税务专管员核定税种成功后，就要在第二个月的上旬进行网上纳税申报。

（2）票种核定

目前，我国的发票种类分为两大类：普通发票和增值税专用发票。而普通发票又可以分为行业发票和专用发票，具体内容如表1-10所示。

表1-10　发票种类

大类	小类	说明
普通发票	行业发票	适用于某个行业和经营业务，如商业零售统一发票、商业批发统一发票和工业企业产品销售统一发票等
	专用发票	适用于某一个经营项目，如广告费用结算发票、商品房销售发票等
增值税专用发票		是由国家税务总局监制设计印制的，只限于增值税一般纳税人领购使用

票种核定手续就是核定企业经营过程中需要用到的发票种类，实际上就是确定企业的纳税人身份是增值税一般纳税人还是小规模纳税人。

企业在办理了税务登记后，如果需要领用发票，就向主管税务机关申请办理发票领用手续，由主管税务机关根据纳税人的经营范围和规模，确定企业领用发票的种类、数量和开票限额等事宜。在实际办理发票票种核定时，需要提供如下材料。

◆ 《纳税人领用发票票种核定表》。

◆ 加载统一社会信用代码的营业执照原件，如果已实行实名办税，则可取消报送该执照。

◆ 经办人身份证原件。

由此可知，企业领购发票的手续和票种核定手续是同时进行的。企业税务经办人携带企业的相关资料到办事地点申请办理票种核定，相关机构的工作人员核对提交的资料，对符合条件的作出受理决定，并办理票种核定手续，完成后办理发票领购手续。不符合条件的，由工作人员通知企业补正资料，直到符合票种核定的条件为止。

1.3.2　置办税控设备

在我国，企业使用的税控设备都是根据我国国情开发的，是一种带有计税功能的收款机。它内部安装有自动记录但不能更改和抹掉的计税存储器，记录企业每天的营业数据和应纳税额，可生成纳税凭证。通常除了税务和专职注册维修人员外，任何人不能打开税控设备。

那么，企业纳税人如何置办税控设备呢？具体流程如图 1-3 所示。

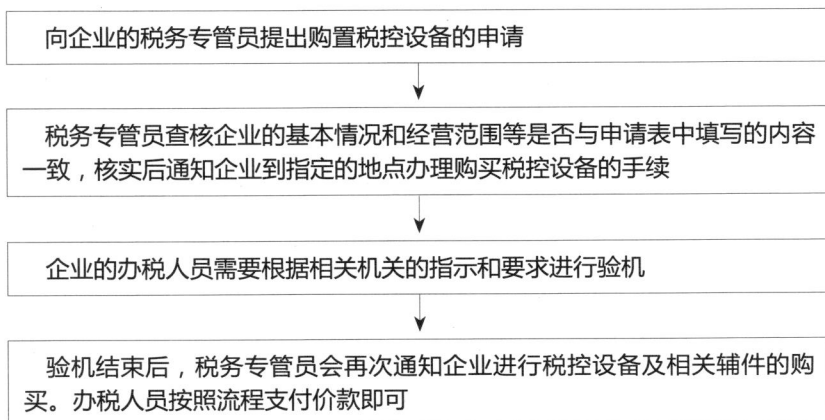

```
┌─────────────────────────────────────────────────────────┐
│   向企业的税务专管员提出购置税控设备的申请                    │
└─────────────────────────────────────────────────────────┘
                          ↓
┌─────────────────────────────────────────────────────────┐
│   税务专管员查核企业的基本情况和经营范围等是否与申请表中填写的内容 │
│   一致，核实后通知企业到指定的地点办理购买税控设备的手续           │
└─────────────────────────────────────────────────────────┘
                          ↓
┌─────────────────────────────────────────────────────────┐
│   企业的办税人员需要根据相关机关的指示和要求进行验机              │
└─────────────────────────────────────────────────────────┘
                          ↓
┌─────────────────────────────────────────────────────────┐
│   验机结束后，税务专管员会再次通知企业进行税控设备及相关辅件的购   │
│   买。办税人员按照流程支付价款即可                             │
└─────────────────────────────────────────────────────────┘
```

图 1-3　购置税控设备

企业置办好税控设备后，税务专管员会安排企业的相关税务人员进行一次税控设备使用的培训。培训结束后，税务人员就可根据企业每日的经营活动和经营数据，在税控设备上记录经济信息并开具发票。

1.3.3 申领增值税发票

纳税人应在自身票种核定的范围内领用发票，且办理领用手续时必须提供经办人的身份证原件。根据领用发票情况的不同，还需提供相应的其他材料，如表 1-11 所示。

表 1-11 申领增值税发票应提供的资料

情形	需提供的材料
领用增值税专用发票、机动车销售统一发票、增值税普通发票和增值税电子普通发票	金税盘（或税控盘）、报税盘。如果纳税人通过网络领用增值税发票，则无须携带这些设备材料
领用税控设备发票	税控设备用户卡

纳税人申领增值税发票的地点比较多，可根据自身实际情况做出合理选择，主要可通过主管税务机关的办税服务厅、电子税务局或者自助办税终端等途径办理增值税发票的申领。具体办理地点和网址可从省（自治区、直辖市和计划单列市）税务局网站"纳税服务"栏目查询。

如果纳税人已经实现办税人员实名信息采集和验证，则可直接进行网上申领增值税发票，只需登录省（自治区、直辖市和计划单列市）的电子税务局按照提示的操作流程，就可办理增值税发票领购。

在申领增值税发票的过程中，有一些注意事项需要牢记。

◆ 使用增值税发票管理系统的纳税人，如果不是第一次领用发票，则应联网上传发票开具信息，或到税务机关抄报增值税发票数据，以便进行发票验旧，然后才能领用新的发票。

◆ 纳税人的纳税信用为 A 级的，可一次性领取不超过 3 个月的增值税
　发票用量；B 级的，可一次性领取不超过两个月的增值税发票用量。
◆ 纳税人在用增值税发票管理系统开具发票时应认真检查系统中的发
　票代码、号码等与纸质发票是否一致。若发现税务机关错填发票代码、
　号码，纳税人应持纸质发票和税控设备到税务机关办理退回手续。

| 1.4 |
公司创办前期涉及的财税处理

　　企业在创办初期，肯定需要有资金来运作，以便支持企业正常、顺利地
开展经营活动。而资金的来源和具体数额情况等，都会涉及相关的财税处理，
所以财务人员必须掌握。

1.4.1　向银行借款投入运营

　　企业在创办初期，由于投入大而产出小，资金的消耗非常快，很可能出
现资金紧张的问题。很多企业在此时都会选择向银行借款，由此就会产生负
债。借款期限在一年以上的银行借款将形成长期负债，相反，借款期限在一
年或不超过一年的银行借款将形成短期负债，即流动负债。下面通过一个案
例来学习企业向银行借款的账务处理。

| 范例解析 |　向银行借入为期3年的长期借款

　　2017年1月初，某公司向银行借入一笔款项，共50.00万元，借款期限为
3年，年利率为10%，每年付息一次，到期后一次性还清剩余应支付的利息和
本金，已知借款时发生交易费用2 500.00元。该借款业务需要财会人员做如下
账务处理。

　　①2017年1月初从银行借入款项时，实际收到金额为497 500.00元

（500 000.00−2 500.00），计入"银行存款"科目。

借：银行存款   497 500.00

  长期借款——利息调整   2 500.00

  贷：长期借款   500 000.00

②2018年1月，计提并支付第一年应付的借款利息。

应付利息=500 000.00×10%=50 000.00（元）

借：财务费用   50 000.00

  贷：应付利息   50 000.00

借：应付利息   50 000.00

  贷：银行存款   50 000.00

在2019年1月，编制与该步骤相同的会计分录即可。

③2020年1月，直接支付第三年应付的借款利息并偿还所有借款本金。

借：长期借款   500 000.00

  财务费用   50 000.00

  贷：银行存款   550 000.00

  如果企业是在公司筹建期向银行借款，则会涉及"长期待摊费用"科目的核算，即发生的借款利息或汇兑损失等要计入"长期待摊费用"科目的借方，贷记"长期借款"科目。比如上述案例中，企业借入的50.00万元用于公司的筹建，那么所有的利息将全部通过"长期待摊费用"科目核算，并在生产经营开始的当月一次性转入损益。也就是说，账务处理要编制如下所示的会计分录。

应付利息总额=500 000.00×10%×3=150 000.00（元）

借：长期待摊费用   150 000.00

  贷：长期借款   150 000.00

借：管理费用   150 000.00

  贷：长期待摊费用   150 000.00

1.4.2　接受投资增加企业的资本

如果一家企业是合伙创立的，则投资者投入的资金之和将形成该企业的权益资本，计入相应的所有者权益类科目中进行核算。而企业在接受投资时，需要根据投资资金的形式作不同的账务处理。

（1）接受现金投资

企业接受投资者以银行存款转账或其他银行结算方式的投资，直接通过"银行存款"科目核算；在注册资本范围内的投资款计入"实收资本"科目；超过注册资本范围的投资款计入"资本公积"科目。

│ 范例解析 │　接受投资者投入的资金

甲公司成立于2020年1月8日，公司认缴的注册资本为500.00万元。已知该公司由A、B、C 3位投资者投资建成，合同约定3位的资本占比为4∶3∶3，其中A投资者投入资金220.00万元，B和C投资者各自均投入资金170.00万元。财会人员需要做的账务处理如下。

根据3位投资者的投资比例可知，A投资者对应的注册资本为200.00万元（500.00÷10×4）；B和C投资者对应的注册资本均为150.00万元（500.00÷10×3）。那么超过的60.00万元（220.00+170.00+170.00−200.00−150.00−150.00）需计入资本公积。

```
借：银行存款                      5 600 000.00
    贷：实收资本——A                        2 000 000.00
              ——B                        1 500 000.00
              ——C                        1 500 000.00
        资本公积——资本溢价                  600 000.00
```

（2）接受实物投资

还有一些投资者以实物资产作价投资到企业中，如生产设备、原材料物资等，此时需要根据双方签订的合同约定的价款确定投资金额，但合同约定价款不公允的除外。

在核算接受实物投资的账目时，相关进项税额要与实物的价款一起计入"实收资本"科目和"资本公积"科目。注册资本范围内的投资款和超过注册资本范围的投资款的处理与接受现金投资的相同。

| 范例解析 | 接受投资者以生产设备作价投资

近几年，乙公司的经营状况良好，有很好的发展前景。某机械制造商看到了乙公司的发展潜力，决定对其进行投资。已知该机械制造商与乙公司签订了相关合同，约定以一台价值90.00万元（不含税）的生产设备作价投入到乙公司，合同约定的价格与该设备的公允价值相符。该机械制造商的投资款全额计入实收资本，增值税税率为13%。乙公司财会人员需做如下账务处理。

生产设备的增值税进项税额=900 000.00×13%=117 000.00（元）

借：固定资产　　　　　　　　　　　　900 000.00

　　应交税费——应交增值税（进项税额）　117 000.00

　贷：实收资本——××机械制造商　　　1 017 000.00

乙公司针对接受的生产设备取得了相应的增值税专用发票，因此进项税额可以抵扣，在会计分录中表现为单独核算。

除此以外，企业接受投资时还可能会收到专利权、非专利技术和特许经营权等无形资产，处理方式与接受实物投资的方式相同。

第 **2** 章

采购与销售环节的账目必须仔细

　　企业的大多数经济业务均发生在物资采购和产品服务销售环节，引起企业的经营成本和经营收入的变化。企业的收支管理是重中之重，因此财会人员必须仔细处理采购与销售环节的经济业务，认真审核经济信息，谨慎处理经营数据。

| 2.1 |
采购业务的价款与成本核算

　　企业生产、经营活动必须要有材料、物资的支撑，才能产出产品以供销售，进而获取销售利润，保证企业持续不断地经营下去。由于企业采购材料、物资时涉及款项支出，会直接影响企业的营业成本，所以会计核算工作必须要做好。

2.1.1　购入可直接销售的存货核算库存商品

　　从核算的本质上看，商品流通企业的采购业务的会计核算比较简单，购入物品后再出售即可，不会涉及材料费用、人工成本和制造费用的分配与归集。购入的物品验收入库就成为库存商品，通过"库存商品"科目核算成本。

| 范例解析 |　购入待售商品的会计核算处理

　　某商贸有限公司经营日化用品，一般都从日化用品的生产商处直接采购产品，然后再出售到市场中。2020年1月7日，该公司从经常合作的某供应商处进购了一批洗发水，总价款8.00万元（不含税），增值税税率为13%。在商品运抵公司时收到了供应商开具的增值税专用发票，验收后入库保存，待日后出售。此时，商贸公司的财会人员需做如下账务处理。

　　增值税进项税额＝80 000.00×13%＝10 400.00（元）

　　借：库存商品　　　　　　　　　　　　　　　80 000.00
　　　　应交税费——应交增值税（进项税额）　　10 400.00
　　　　贷：银行存款　　　　　　　　　　　　　　　90 400.00

　　企业采购材料、物资时，如果取得了增值税专用发票，则可用作抵扣增值税销项税额的抵扣凭证，但该发票必须经过认证才行。例如上述案例，商贸公司在1月7日取得增值税专用发票，则在2020年2月初进行纳税申报之前，就必须对该业务涉及的增值税专用发票进行认证，这样才能在实际缴纳 1 月的增值税时抵扣销项税额（即销售业务涉及的增值税税额，具体内容将在本章的 2.2 节内容中作详细介绍）。

当商贸公司将这批洗发水出售后，确认的销售成本就是购入库存商品的价款，即 8.00 万元。这是与购入生产用原材料明显的不同之处。

2.1.2　购入生产用原材料

对于生产性企业来说，采购业务大多涉及的是材料、物资，但在会计核算上，材料物资的购买价款并不能直接计入最终商品的销售成本，因为材料中间还会经历生产、加工环节，注入人工成本和制造费用等成本要素，形成最终商品的销售成本。那么，采购环节购入原材料如何核算账务呢？

购买的原材料验收入库时，借记"原材料"科目和"应交税费"科目，贷记"银行存款"科目。这种核算处理一般是购入的材料或物资与增值税专用发票同时收到，如果先收到发票，但材料还未收到，则需要先将购买的材料或物资通过"在途物资"科目核算，待验收入库后转入"原材料"科目。

| 范例解析 |　收到增值税专用发票且材料验收入库

2020 年 1 月 2 日，甲公司从合作的某位供应商处进购了一批原材料，不含税价款 4 万元，增值税税率为 13%。已知甲公司当天就收到了这批原材料，且收到了供应商开具的增值税专用发票，注明增值税税额为 5 200.00 元。经公司的采购部相关人员验收后，材料全部入库待用，出纳人员通过银行转账方式向供应商支付全部货款。财会人员应做如下账务处理。

借：原材料　　　　　　　　　　　　　　　　　　　40 000.00

　　应交税费——应交增值税（进项税额）　　　　　　5 200.00

　贷：银行存款　　　　　　　　　　　　　　　　　　45 200.00

如果甲公司在购买当天只是收到了供应商开具的增值税发票，而货物尚未运达公司，则要做的一整套账务处理如下。

①收到增值税发票时核算在途物资。

借：在途物资   40 000.00

  应交税费——应交增值税（进项税额） 5 200.00

  贷：银行存款   45 200.00

②收到购买的材料并验收入库时，结转在途物资。

借：原材料   40 000.00

  贷：在途物资   40 000.00

知识延伸 | 增值税进项税额的细节处理

在经营实务中，常常出现业务发生时间和记账时间不同步的情况，在增值税进项税额的处理过程中，也有相关现象。比如企业收到增值税专用发票时，可能当即没有进行认证，而是过了一段时间后再认证。此时会涉及待认证进项税额的核算。"待认证进项税额"是"应交税费"科目的二级科目，主要核算因未经税务机关认证而不得从当期销项税额中抵扣的进项税额。以上述案例为基础，简单说明如下。

假设1月2日甲公司在收到供应商开具的增值税发票并将材料验收入库后，没有立即对该发票进行认证。从更细节的账务处理角度出发，应编制如下会计分录。

借：原材料   40 000.00

  应交税费——待认证进项税额   5 200.00

  贷：银行存款   45 200.00

经过税务机关认证可以抵扣这部分进项税额时，编制如下会计分录。

借：应交税费——应交增值税（进项税额） 5 200.00

  贷：应交税费——待认证进项税额   5 200.00

如果经税务机关认证确定不可抵扣，也先认为可以抵扣，并编写上述第二个会计分录，但同时还要编制如下会计分录，进行进项税额的转出处理，并将该部分税额计入材料成本。

借：原材料   5 200.00

  贷：应交税费——应交增值税（进项税额转出） 5 200.00

同理，如果收到增值税专用发票时既没有收到材料，也没有立即进行认证。则第一个会计分录中将"原材料"科目换成"在途物资"科目，最后再将在途物资转入原材料中。

2.1.3　处理材料领用的业务

一般来说，生产性企业的原材料成本不能直接转入"主营业务成本"科目，而应在材料领用时计入"生产成本"科目或者"制造费用"科目进行核算，待产品生产完工入库时再将生产成本确认为商品的价值，计入"库存商品"科目进行核算。那么，材料在领用时具体会涉及哪些账务处理呢？

材料直接用于生产车间和辅助生产车间生产经营范围内的，并构成产品结构的，将原材料的价值计入"生产成本"科目；如果材料用于其他非生产部门或辅助生产部门的职能部门，则将原材料的价值计入"制造费用"科目。下面通过两个案例来了解原材料的领用账务。

│ 范例解析 │　根据出库单做领用材料的账务处理

2020年1月9日，甲公司的生产车间领用了一批原材料，用于生产A产品。已知领料单和出库单上都记录了该批原材料价值5 000.00元，预计当月全部投入生产。公司的财会人员根据仓管部门递交的出库单，编制如下会计分录。

借：生产成本——A产品　　　　　　　　　5 000.00

　　贷：原材料　　　　　　　　　　　　　　　　5 000.00

在实务中，企业的财会人员既可根据原材料的出库单进行如上所示的账务处理，也可根据原材料的领料单处理。

│ 范例解析 │　领用的材料用于修理生产设备

2020年1月9日，甲公司领用了一些原材料以修理生产车间的生产设备，价值50.00元。财会人员根据领料单编制如下会计分录。

借：制造费用　　　　　　　　　　　　　　50.00

　　贷：原材料　　　　　　　　　　　　　　　　50.00

在企业的经营过程中，专门自用的一些刀具、夹具、模具、瓷缸、安全帽、文件柜和打字机等，均为低值易耗品，在"周转材料"科目下核算，而不是"原材料"科目。关于周转材料的账务核算，在 2.1.5 节会详细介绍。

2.1.4 产品完成生产过程验收入库

无论企业是采用分批法，还是品种法，又或者采用分步法，在产品生产完工并入库保存时，都要将发生的生产成本转入库存商品确认其价值，通过"库存商品"科目核算。在生产过程中发生的制造费用也会有计入库存商品价值的部分，同样需要结转。

| 范例解析 | 完工产品入库待售的核算工作

已知乙公司2020年1月31日统计了当月产品的生产情况，对于B产品，在月初时有在产品数量200件，完工程度为50%，当月完工产品共800件。当月一次性投入原材料6.00万元，发生直接生产工人工资8.00万元，制造费用1.50万元。相关账务处理如下。

由于公司月末同时存在产成品和在产品，所以要将直接材料、直接人工和制造费用等在产成品和在产品之间分配。这里对在产品按完工程度比例采用约当产量法确定其数量，即为100件（200×50%）。在计算分配原材料成本时，在产品按实际数量核算。

产成品应负担的直接材料成本=60 000.00÷（800+200）×800=48 000.00（元）

在成品应负担的直接材料成本=60 000.00÷（800+200）×200=12 000.00（元）

产成品应负担的直接人工成本=80 000.00÷（800+100）×800=71 111.11（元）

在产品应负担的直接人工成本=80 000.00÷（800+100）×100=8 888.89（元）

产成品应负担的制造费用=15 000.00÷（800+100）×800=13 333.33（元）

在产品应负担的制造费用=15 000.00÷（800+100）×100=1 666.67（元）

产成品成本=48 000.00+71 111.11+13 333.33=132 444.44（元）

在产品成本=12 000.00+8 888.89+1 666.67=22 555.56（元）

将产成品的成本结转为库存商品的价值，需编制如下会计分录。

借：库存商品——B产品　　　　　　　　132 444.44

　　贷：生产成本——B产品　　　　　　　　132 444.44

在产品的成本留待下月形成产成品后再继续结转核算。

在后续的账务处理中，结转为库存商品的生产成本，最终通过库存商品结转为主营业务成本来核算企业的营业成本。

如果实际生产过程中原材料并不是一开始就一次性全部投入，而是陆续投入，则核算直接材料成本时产品的数量要进行约当处理。一般完工程度为各工序投入材料的成本占整个工序材料总成本的比例，比如在上述案例中，生产 B 产品总共有两道工序，第一道工序耗用材料与整个工序耗用材料之比为 2 ∶ 5，则在产品完工度为 40%，约当产量为 80 件（200×40%），在分配直接材料成本时情况如下。

产成品应负担的直接材料成本 =60 000.00÷（800+80）×800=54 545.45(元）

在产品应负担的直接材料成本 =60 000.00÷（800+80）×80=5 454.55（元）

企业在生产过程中，最理想、最简单的状态是每月都按时完成了生产任务，没有在产品。这时就不涉及产品成本在完工产品和在产品之间的分配，财会人员也不需要进行太复杂的会计核算，直接将当月投入的所有直接材料成本、人工成本和发生的制造费用等转入库存商品即可。

2.1.5　使用周转材料需要做的账

周转材料是指企业能多次使用并逐渐转移其价值，但依然保持其原有状态，同时又不符合固定资产定义的材料。常见的周转材料包括包装物和低值易耗品，具体如表 2-1 所示。

表 2-1　常见的周转材料

类别	材料
包装物	桶、箱、坛、袋和瓶等，可分为如下 4 类： 1. 生产过程中用于包装产品并作为产品组成部分的包装物，如包装散装饼干的包装袋。

续上表

类别	材料
包装物	2.随同商品出售而不单独计价的包装物，如超市、商场结账时免费的塑料袋。 3.随同商品出售并单独计价的包装物，如超市、商场结账时付费的塑料袋。 4.出租或出借给购买单位使用的包装物
低值易耗品	常见的有扳手、钳子、镊子、棒槌和螺丝刀等

为了反映并监督包装物的增减变动、价值损耗以及结存情况，企业应设置"周转材料——包装物"科目对包装物进行会计核算。由于"周转材料"属于资产类科目，所以借方登记包装物的增加，贷方登记包装物的减少，期末余额在借方，反映企业期末结存的包装物金额。

不同的核算方法下，包装物的账务处理会有不同，主要分实际成本法和计划成本法。

| 范例解析 | 生产领用和出售包装物的账务处理

2020年1月10日，甲公司领用了一些生产用的包装袋用于产品C的生产，实际成本为500.00元，采用实际成本法核算。财会人员应编制如下会计分录。

借：生产成本——C产品　　　　　　　　　　　　　　500.00

　　贷：周转材料——包装物　　　　　　　　　　　　　500.00

2020年1月12日，甲公司在销售一批A产品时销售了一批包装物，且这些包装物都单独计价了。已知该批包装物的实际成本为400.00元，随同A产品出售时价款共500.00元。甲公司为增值税一般纳税人，增值税税率为13%，对于这些包装物，财会人员需要做如下账务处理。

增值税销项税额=500.00×13%=65.00（元）

借：银行存款　　　　　　　　　　　　　　　　　　565.00

　　贷：其他业务收入　　　　　　　　　　　　　　　　500.00

　　　　应交税费——应交增值税（销项税额）　　　　　　65.00

如果上述案例中的公司采用计划成本法核算，那么领用包装物的账务处理是怎样的呢？假设该公司的材料成本差异率为 -2%（为节约差，即实际成本低于计划成本），则可形成一个公式为"（实际成本 - 计划成本）÷ 计划成本 ×100%=-2%"，代入实际成本 500.00 元，可求出计划成本为 510.20 元。

借：生产成本——C产品　　　　　　　　　　　　500.00
　　材料成本差异　　　　　　　　　　　　　　　10.20
　贷：周转材料——包装物　　　　　　　　　　　510.20

由案例可知，领用周转材料进行生产活动时，"生产成本"科目核算的是周转材料的实际成本，而"周转材料——包装物"科目核算的是周转材料的计划成本，两者之间的差异用"材料成本差异"科目核算。

同理，原材料和库存商品也会因为使用实际成本法或计划成本法而存在不同的账务处理。计划成本法下，原材料的计划成本通过"原材料"科目核算，实际成本通过"材料采购"科目核算，两者之间的差异也通过"材料成本差异"科目核算；而库存商品的计划成本通过"库存商品"科目核算，实际成本则根据具体情况通过"委托加工物资"或"生产成本"等科目核算。

除了包装物，周转材料中的低值易耗品的核算也需要掌握。企业在核算低值易耗品时，对金额较小的可在领用时一次性计入成本费用，即一次摊销法；金额较大的可根据使用次数分次计入成本费用，即分次摊销法。分次摊销法的核算稍微复杂一些，但能准确清晰地反映低值易耗品的使用、结存及摊销情况，因此会涉及"周转材料——低值易耗品——在用""周转材料——低值易耗品——在库"以及"周转材料——低值易耗品——摊销"等科目。

下面通过两个实例，介绍实际成本法下领用低值易耗品的账务处理。

| 范例解析 |　**使用期限短的低值易耗品一次性摊销**

某物流运输公司在日常经营活动中经常用到胶带这样的低值易耗品，由于胶带的使用期限较短，所以常采用一次摊销法进行核算。2020年1月，公司

领用了价值1 000.00元的胶带，财会人员需要做如下账务处理。

借：管理费用　　　　　　　　　　　　　　　　　1 000.00

　　贷：周转材料——低值易耗品——胶带　　　　　　　1 000.00

对物流运输公司来说，使用的胶带对应的成本计入"管理费用"科目中，而不是"生产成本"科目。

| 范例解析 |　使用期限长的低值易耗品分次摊销

某机械制造商在日常生产活动中经常会用到一些扳手、钳子和螺丝刀等低值易耗品，这些工具的使用期限较长，因此公司对其采用分次摊销法进行核算。2020年1月3日，生产车间领用了一批扳手，实际成本为600.00元。预计该批扳手可使用12个月，每个月领用一次。整个领用过程的账务处理如下。

①第一个月领用扳手时，确认在用数量并减少在库价值。

借：周转材料——低值易耗品——在用　　　　　　　600.00

　　贷：周转材料——低值易耗品——在库　　　　　　　600.00

②第一个月领用时摊销该批扳手的1/12，即50.00元（600.00×1/12）。

借：制造费用　　　　　　　　　　　　　　　　　50.00

　　贷：周转材料——低值易耗品——摊销　　　　　　　50.00

第二个月及以后的10个月分别摊销该批扳手的1/12价值，并编制相同的会计分录。

③第十二个月在摊销了扳手的1/12价值后，紧接着要冲账，冲销在用的周转材料。

借：周转材料——低值易耗品——摊销　　　　　　　600.00

　　贷：周转材料——低值易耗品——在用　　　　　　　600.00

实务中，无论低值易耗品分几次摊销，均在最后一次摊销处理的同时将"周转材料——低值易耗品——摊销"明细科目的贷方余额结转冲账，结平"周转材料——低值易耗品"科目的余额。从案例的账务处理可看到，"周转材料——低值易耗品——摊销"科目的贷方余额合计为600.00元

（50.00×12），借方余额合计也为600.00元，该明细科目结平；"周转材料——低值易耗品——在用"科目的借方余额合计为600.00元，贷方余额合计也为600.00元，该明细科目也结平了。整个账务处理流程完毕后，只剩下"周转材料——低值易耗品——在库"科目和"制造费用"科目，这一结果与一次性摊销的效果是一致的。因为这里的扳手用于日常生产活动，所以为"制造费用"科目。

同样，低值易耗品也可采用计划成本法核算，账务处理过程中会涉及"材料成本差异——低值易耗品"科目。与实际成本法核算不同的是，在每次摊销的同时结转差异，而差异一般计入"制造费用"科目核算。超支差计入"制造费用"科目的借方，节约差计入"制造费用"科目的贷方。以该案例为例说明，假设该批扳手计划成本为700.00元，体现为节约差。第①步领用和第③步的冲账是一样的，关键区别在于第②步，企业每月摊销扳手价值时，除了要编制案例中所示的会计分录，还要编制如下的会计分录。

每月确认的节约差 =（700.00-600.00）÷12=8.33（元）

借：材料成本差异——低值易耗品　　　　　　　8.33

　　贷：制造费用　　　　　　　　　　　　　　　　　　8.33

周转材料根据使用部门的不同，可计入"生产成本""制造费用""管理费用"和"销售费用"等科目中进行核算。

2.1.6　存货跌价准备的账务处理

严格意义上来说，经济市场中各类产品的市场价格在不断变化，导致企业的存货价值可能会有贬值的情况发生。为了严谨地管理企业的营业成本，也为了不低估企业的成本、费用，财务部门要按规定对存货计提跌价准备。

相关会计制度规定了需要计提存货跌价准备的情况，主要有如下5点。

◆　存货对应的市价持续下跌，并在可预见的未来没有回升的希望。

◆ 企业使用某原材料生产的产品的成本大于该产品的销售价格。

◆ 企业因为产品更新换代，原有库存原材料不再适应新产品的生产需要，而该原材料的市价又低于其账面价值。

◆ 企业提供的商品或劳务过时或者消费者偏好改变等使市场需求发生变化，从而导致市价逐渐下跌。

◆ 其他足以证明存货实质上已经发生减值的情形。

如果企业的存货出现上述情况中的一种，甚至几种时，就需要计提存货跌价准备。

为了反映和监督企业存货跌价准备的计提、转回和转销等情况，企业应设置"存货跌价准备"科目。由于该科目为"原材料"和"库存商品"等资产类科目的备抵科目，所以借方登记实际发生的存货跌价损失，贷方登记计提的存货跌价准备，期末余额一般在贷方，表示企业已经计提但尚未转销的存货跌价准备。

换句话说，就是期末时如果存货成本大于存货的可变现净值，则说明存货可能发生损失，此时按照存货可变现净值低于账面价值的差额，借记"资产减值损失——计提的存货跌价准备"科目，贷记"存货跌价准备"科目，确认损失并计入当期损益。如果存货成本小于存货的可变现净值，说明存货不会发生损失，以前计提了跌价准备的，要将其转回，恢复存货增加的价值，但最多只能恢复到存货的成本，此时按照存货的成本与可变现净值和已计提的存货跌价准备金额的差额，借记"存货跌价准备"科目，贷记"资产减值损失——计提的存货跌价准备"科目。

| 范例解析 |　对存货计提跌价准备

2019年12月31日，甲公司的B产品账面余额为9.00万元，由于市场价格持续下跌，预计可变现净值为8.20万元。已知公司以前没有计提存货跌价准备，则此时就需要计提0.80万元的存货跌价准备，账务处理如下。

借：资产减值损失——计提的存货跌价准备　　　　8 000.00

　　　　贷：存货跌价准备　　　　　　　　　　　　　　　8 000.00

　　如果后期该类产品的市场价格有所上升，比如 2020 年 1 月 31 日时可变现净值达到 8.50 万元，与账面余额相比应该计提存货跌价准备 0.50 万元（9.00-8.50），但是因为前期已经计提了 0.80 万元的存货跌价准备，所以最终还应转回 0.30 万元的存货跌价准备，使"存货跌价准备"科目的账面余额为 0.50 万元。

　　借：存货跌价准备　　　　　　　　　　　　　　　3 000.00

　　　　贷：资产减值损失——计提的存货跌价准备　　　3 000.00

　　如果后期该类产品的价格上升到 9.20 万元，即可变现净值为 9.20 万元，高于存货成本，此时表示为存货不发生损失，即不应该计提存货跌价准备，而应将已经计提的存货跌价准备予以转回，即 0.80 万元，此时会计分录中涉及的数据就不应该是 1.00 万元（0.80+9.20-9.00）。

　　借：存货跌价准备　　　　　　　　　　　　　　　8 000.00

　　　　贷：资产减值损失——计提的存货跌价准备　　　8 000.00

　　也就是说，将存货的可变现净值恢复到原来的账面余额即可，即存货成本，不能多转回存货跌价准备。

2.1.7　存货清查的方法和账务处理

　　存货的清查包括原材料和库存商品的清查，针对两者的清查结果所做的账务处理，没有太大区别。本小节将以原材料的清查为例，介绍存货清查的方法及相关账务处理。

　　（1）存货的清查方法

　　无论是原材料还是库存商品，清查方法都是实地盘点法或者技术推算法。

　　◆　实地盘点法：通过点数、量尺或过磅等方法确定实物资产的实有数量的方法，该方法适用范围较广，大多数财产物资的清查都可采用。

◆ 技术推算法：利用量方、计尺等技术方法对财产物资的实有数进行推算的方法。该方法只适用于成堆量大而价值不高、难以逐一清点的财产物资的清查，如露天堆放的散装水泥、煤炭等。

在存货的清查中，存货保管员和盘点人必须同时在场。由盘点人出具清查盘点结果，并登记盘存单，同时由盘点人和保管人在盘存单上签名或盖章，明确经济责任。为了查明各存货的实有数与账存数是否一致，确定盘盈或盘亏情况，还应根据盘存单和有关账簿记录编制"实存账存对比表"，作为调整账簿记录的重要原始凭证。各企业可根据自身需要，为盘存单和实存账存对比表设计恰当的样式。接下来就来了解原材料的盘盈、盘亏账务处理。

（2）原材料盘盈

原材料盘盈指清查盘点出的原材料实有数大于原材料的账存数，会计处理上要调增原材料的账面价值，经过审批后根据批准处理意见再将盘盈所得计入相应的会计科目进行核算。

| 范例解析 | 原材料盘盈的账务处理

2020年1月31日，甲公司对企业内部的原材料进行了一次清查盘点。结果是盘盈了价值800.00元的原材料。经查发现是因为材料收发计量错误而使原材料实有数比账存数多。报经审批后，根据处理意见将盘盈的原材料计入管理费用，冲减当期损益，相关账务处理如下。

①报经审批前，调增原材料的账面价值。

借：原材料　　　　　　　　　　　　　　　　　　800.00

　　贷：待处理财产损溢　　　　　　　　　　　　　　　800.00

②审批后，根据审批意见冲减管理费用。

借：待处理财产损溢　　　　　　　　　　　　　　800.00

　　贷：管理费用　　　　　　　　　　　　　　　　　800.00

在企业的经营实务中，原材料的盘盈原因一般就是材料收发计量发生错误，所以通常通过"管理费用"科目核算。

（3）原材料盘亏

原材料盘亏指清查盘点出的原材料实有数小于原材料的账存数，会计处理上要调减原材料的账面价值，经过审批后根据批准处理意见和具体情形将盘亏的损失计入相应的会计科目进行核算。

在原材料的盘亏处理中，有一点比较特殊，即考虑了过失人和保险公司的赔偿后的净损失，需要区分一般经营损失和非常损失后再做不同的账务处理。如果是一般经营损失，计入"管理费用"科目核算；如果是非常损失，计入"营业外支出"科目核算；而由过失人和保险公司赔偿的部分，计入"其他应收款"科目核算。这里的非常损失主要是指因洪水、台风和泥石流等自然灾害造成的毁损，不包括火灾造成的损失。

另外，原材料的一般经营损失在会计处理上需进行增值税进项税额转出，而非常损失不需要。

| 范例解析 | 原材料盘亏的账务处理

2020年1月31日，增值税一般纳税人乙公司对企业内部的原材料进行了一次清查盘点。结果是盘亏了价值600.00元（不含税）的原材料。经查发现是管理不善造成的损失，也无法确定具体的责任人。因此报经审批后，根据审批意见将损失认定为一般经营损失，计入管理费用，账务处理如下。

①报经审批前，调减原材料的账面价值。

需要做转出处理的进项税额=600.00×13%=78.00（元）

借：待处理财产损溢　　　　　　　　　　　　　678.00

　　贷：原材料　　　　　　　　　　　　　　　　　　600.00

　　　　应交税费——应交增值税（进项税额转出）　　78.00

②审批后，根据审批意见核算管理费用。

借：管理费用   678.00

  贷：待处理财产损溢   678.00

如果经查明，乙公司盘亏的原材料是材料保管员的过失造成的，且企业要求保管员全额赔偿，则需要通过"其他应收款"科目核算。

借：其他应收款   678.00

  贷：待处理财产损溢   678.00

如果经查明，乙公司盘亏的原材料是因为洪水侵袭而造成的毁损，由保险公司赔偿原材料原价 600.00 元，则剩余的 78.00 元就需要确认为企业的营业外支出，通过"营业外支出"科目核算。

借：其他应收款   600.00

  营业外支出——非常损失   78.00

  贷：待处理财产损溢   678.00

库存商品的清查盘点账务处理可参照原材料的清查盘点账务处理方法，调整"库存商品"科目的账面价值。

| 2.2 |
销售业务的收入与成本确认

与成本、费用对应的是收入、收益。在企业生产、经营过程中，收入、收益的来源大部分是由销售业务产生，还有一些是与日常经营活动无直接关系的收入和收益，或是投资收益等。因此，销售业务的核算工作也非常重要。

2.2.1　正常情况下销售货物的收入确认处理

企业在对货物的销售业务进行会计处理时，先要考虑的是销售商品的收入是否符合收入确认条件，如果符合，则应确认收入并结转对应的成本。在确认收入时，最明显的条件就是收入的实现时间，如表 2-2 所示。

表 2-2　销售收入实现的时间

销售方式	收入实现时间
交款提货方式销售商品	在开出发票或收到销售款的当天确认收入
采用托收承付方式销售商品	在办妥托收手续时确认收入
采用预收款方式销售商品	在发出商品时确认收入
销售商品需要安装和检验的	在购买方接受商品以及安装和检验完毕时确认收入；如果安装程序比较简单，可在发出商品时确认收入
采用支付手续费方式委托代销商品	在收到受托方提交的代销清单时确认收入

| 范例解析 |　**销售货物要同时确认收入并结转成本**

2020 年 1 月 10 日，乙公司向丙公司销售了一批商品，开出的增值税专用发票上注明售价为 200 000.00 元，增值税税额为 26 000.00 元。乙公司承诺包运输。1 月 13 日收到款项，该批商品的成本为 11.00 万元，乙公司应做如下账务处理。

①1 月 10 日，销售商品开出发票，确认收入并结转成本。

借：应收账款　　　　　　　　　　　　　　226 000.00

　　贷：主营业务收入　　　　　　　　　　　200 000.00

　　　　应交税费——应交增值税（销项税额）　26 000.00

借：主营业务成本　　　　　　　　　　　　110 000.00

　　贷：库存商品　　　　　　　　　　　　　110 000.00

②1 月 13 日，收到货款。

借：银行存款　　　　　　　　　　　　　　226 000.00

　　贷：应收账款　　　　　　　　　　　　　226 000.00

如果企业在销售商品的业务中，商品已经发出，但还不符合收入的确认条件，此时又该如何处理呢？这种情形下，必须增设"发出商品"科目，用来核算并反映已经发出但尚未确认销售收入的商品成本。如果发出商品时已经开出了增值税发票，则纳税义务已经发生，需进行增值税销项税额的核算；如果发出商品时还未开出增值税发票，则在实际开出发票时确认纳税义务的发生，并核算增值税销项税额。

| 范例解析 | 销售的商品已经发出但暂不符合收入确认条件的处理

2020年1月10日，甲公司向经常合作的一位老客户销售了一批商品，采用托收承付方式结算货款。已知公司在当天就发出了商品，且开出了增值税专用发票，注明售价250 000.00元，增值税税额32 500.00元。该批商品的成本为120 000.00元，甲公司在1月13日办妥了托收手续，1月14日收到货款，财会人员应做如下账务处理。

①发出商品时核算商品的成本。

借：发出商品　　　　　　　　　　　　　　120 000.00

　　贷：库存商品　　　　　　　　　　　　　　120 000.00

同时，确认应缴纳的增值税销项税额。

借：应收账款　　　　　　　　　　　　　　32 500.00

　　贷：应交税费——应交增值税（销项税额）　　32 500.00

②1月13日，办妥托收手续，确认销售收入，同时结转销售成本。

借：应收账款　　　　　　　　　　　　　　250 000.00

　　贷：主营业务收入　　　　　　　　　　　　250 000.00

借：主营业务成本　　　　　　　　　　　　120 000.00

　　贷：发出商品　　　　　　　　　　　　　　120 000.00

③1月14日，收到货款。

借：银行存款　　　　　　　　　　　　　　282 500.00

　　贷：应收账款　　　　　　　　　　　　　　282 500.00

需要注意的是，这种情形下的后续结转成本的环节，贷方科目应为"发出商品"，而不是"库存商品"，目的是转销"发出商品"的账面价值，结平"发出商品"账户。

如果甲公司是在办妥托收手续的当天开具增值税专用发票，则案例中没有第①步的第二个会计分录，相应地，第②步中的第一个会计分录将变为如下所示的样子。

借：应收账款　　　　　　　　　　　　　282 500.00

　　贷：主营业务收入　　　　　　　　　　　250 000.00

　　　　应交税费——应交增值税（销项税额）　32 500.00

2.2.2　发生商业折扣的业务如何确认收入

商业折扣是指企业为了促销商品而给予的价格优惠，一般在销售时发生，商业折扣金额不构成最终成交价格的一部分。因此，发生商业折扣的销售业务，以扣除了商业折扣金额后的余额作为销售收入，确认入账。

| 范例解析 |　折扣后的金额作为收入额入账

2020年1月15日，某服装销售公司向某批发商销售了一批羽绒服。为了让批发商尽可能多地购买，公司约定，购买100件及以上的，给予8%的商业折扣。已知该批羽绒服有120件，总价款本应是60 000.00元（不含税），按照约定，公司给予了批发商4 800.00元（60 000.00×8%）的折扣，同时开具了增值税专用发票，注明价款60 000.00元，商业折扣金额4 800.00元，增值税税额7 176.00元。该批羽绒服的成本为32 000.00元，批发商在当天自行运走了这批羽绒服，1月16日，销售公司收到了批发商转账的货款。公司财会人员应做如下账务处理。

①1月15日，开出发票并确认收入，同时结转成本。

确认的收入金额=60 000.00-4 800.00=55 200.00（元）

增值税销项税额=55 200.00×13%=7 176.00（元）

借：应收账款　　　　　　　　　　　　　62 376.00

　　　　贷：主营业务收入　　　　　　　　　　　　　55 200.00

　　　　　　应交税费——应交增值税（销项税额）　　　7 176.00

　　借：主营业务成本　　　　　　　　　　　　　32 000.00

　　　　贷：库存商品　　　　　　　　　　　　　　　32 000.00

　②1月16日，收到货款。

　　借：银行存款　　　　　　　　　　　　　　　62 376.00

　　　　贷：应收账款　　　　　　　　　　　　　　　62 376.00

　　通常发生商业折扣的业务，销售方会在开出的发票上同时注明售价和折扣金额。因为相关税收政策规定，纳税人采取折扣方式销售货物的，如果销售额和折扣额在同一张发票上分别注明，则可按折扣后的销售额征收增值税；如果将折扣额另开发票，无论财务上怎么处理，均不得从销售额中扣减折扣额后计算增值税销项税额，应缴纳的增值税销项税额也会按原价计算。

2.2.3　发生现金折扣的业务如何确认收入

　　现金折扣是指销售方为了鼓励购货方尽快付款或者在规定的期限内付款而向购货方提供的债务扣除。现金折扣一般发生在销售商品以后，且现金折扣是否发生以及发生多少等均要视购货方的付款情况而定，因此，销售方在确认销售收入时不能扣除现金折扣额，而应按照原价确认销售收入。

　　另外，销售方可根据实际情况，决定现金折扣是否考虑增值税税额。包含增值税进行现金折扣的，计算基数为含税价款；不包含增值税进行现金折扣的，计算基数为不含税价款。企业发生的现金折扣将计入财务费用，通过"财务费用"科目核算。

| 范例解析 |　确认的收入总额应包括现金折扣金额

　　丙公司为增值税一般纳税人，2020年1月10日对外销售了一批商品，价值150 000.00元（不含税），向购买方开具了增值税发票，注明了价款和

19 500.00元的增值税税额。已知该批商品的成本为65 000.00元，双方签订的购销合同中约定了现金折扣条件为：2/10，1/20，N/30，公司当天就发出了商品，符合销售收入确认条件，1月17日购货方支付了货款。假定计算现金折扣时不考虑增值税，则应做的账务处理如下。

"2/10，1/20，N/30"表示购货方如果在10天内付款，则享受销售方给予2%的折扣；如果在10~20天内付款，则享受1%的折扣；如果超过20天付款，则不享受任何折扣，且最长的付款期限为30天。

①1月10日，发出商品，开出发票，确认收入并结转成本。

借：应收账款   169 500.00

 贷：主营业务收入   150 000.00

   应交税费——应交增值税（销项税额） 19 500.00

借：主营业务成本   65 000.00

 贷：库存商品   65 000.00

②1月17日收到货款时，确认财务费用。

确认的财务费用=150 000.00×2%=3 000.00（元）

借：银行存款   166 500.00

  财务费用   3 000.00

 贷：应收账款   169 500.00

如果该案例中的现金折扣要考虑增值税，则丙公司要确认的财务费用为3 390.00元（169 500.00×2%），最终实际收到的货款金额为166 110.00元（169 500.00-3 390.00），即借方"银行存款"科目对应的金额为166 110.00元，"财务费用"科目对应的金额为3 390.00元。

2.2.4 发生销售折让的业务如何确认收入

在经营者的销售业务中，除了会发生给予现金折扣的情况，还会发生给予销售折让的情形。销售折让是指企业因售出的商品不符合要求而在售价上给予购买方价格减让的举措。企业的财会人员在对发生销售折让的销售业务进行核算时，必须要分情况处理：一是销售折让发生在销售方确认销售收入前，二是发生在已经确认销售收入后，且不属于资产负债表日后事项。

（1）确认销售收入前发生销售折让

如果销售折让发生在售货方确认销售收入前，则直接按照扣除了销售折让后的金额确认为销售收入，并相应地计算应缴纳的增值税销项税额。由于商品没有退回，所以对应的售出商品的成本不能做任何冲减处理。

| 范例解析 |　确认收入前发生销售折让的账务处理

2020年1月13日，乙公司向某公司销售了一批商品，双方约定在购买方收到商品后再开具增值税发票，当天商品已经发出。已知该批商品成本为40 000.00元，不含税售价为75 000.00元，增值税税率为13%。1月14日，购买方收到商品后，在验收时发现商品质量不符合购销合同的要求，于是要求乙公司在价格上给予5%的折让。当天乙公司确认了售出商品的情况，确定购买方提出的销售折让要求确实符合原合同的约定，遂同意并办妥了相关手续（假定销售折让不考虑增值税税额），向购买方开具了增值税专用发票。1月15日，乙公司收到了这批购货款，相关账务处理如下。

已知乙公司在给予销售折让前还没有开具增值税发票，且未收到货款，因此还未确认销售收入。所以1月14日根据扣除了销售折让金额后的钱款确认为销售收入，并核算应缴纳的税费。而1月13日时只做发出商品的账务。

①1月13日发出商品。

借：发出商品　　　　　　　　　　　　　　　　40 000.00

　　贷：库存商品　　　　　　　　　　　　　　　　　40 000.00

②1月14日发生销售折让，开出发票，确认收入，结转成本。

确认为销售收入的金额=75 000.00×（1-5%）=71 250.00（元）

应缴纳的增值税销项税额=71 250.00×13%=9 262.50（元）

借：应收账款　　　　　　　　　　　　　　80 512.50

　　贷：主营业务收入　　　　　　　　　　　71 250.00

　　　　应交税费——应交增值税（销项税额）　9 262.50

借：主营业务成本　　　　　　　　　　　　40 000.00

　　贷：发出商品　　　　　　　　　　　　40 000.00

③1月15日收到货款。

借：银行存款　　　　　　　　　　　　　　80 512.50

　　贷：应收账款　　　　　　　　　　　　80 512.50

（2）确认销售收入后发生销售折让

如果销售折让发生在售货方确认销售收入后，且该行为不属于资产负债表日后事项，则发生折让时应冲减当期的销售商品收入，并对按规定允许扣除的增值税税额进行增值税销项税额的冲减。由于售出的商品没有退回企业，对企业来说发生的商品成本没有变化，所以不做任何商品成本的冲减处理。

| 范例解析 |　确认收入后发生销售折让的账务处理

2020年1月13日，乙公司向某公司销售了一批商品，成本为40 000.00元。双方签订购销合同，当日发出商品，乙公司开出增值税专用发票，注明价款为75 000.00元（不含税），增值税税额为9 750.00元，同时会计处理上确认了销售收入。1月14日，购买方收到商品后，在验收时发现商品质量不符合购销合同的要求，于是要求乙公司在价格上给予5%的折让。当天乙公司确认了售出商品的情况，确定购买方提出的销售折让要求确实符合原合同的约定，遂同意并办妥了相关手续（假定销售折让不考虑增值税税额），同时向购买方开具了增值税专用发票（红字）。1月15日，乙公司收到了购货款。增值税税率为13%，账务处理如下。

乙公司在1月13日时开出了增值税专用发票，发出了商品，确认了销售收入，因此当天还要结转这批商品的成本。1月14日发生销售折让时，相应地就要做收入和税费的冲减账务。

①1月13日发出商品，开出发票，确认收入，结转成本。

借：应收账款   84 750.00

  贷：主营业务收入   75 000.00

    应交税费——应交增值税（销项税额） 9 750.00

借：主营业务成本   40 000.00

  贷：库存商品   40 000.00

②1月14日，发生销售折让，冲减收入和税费。

冲减的销售收入=75 000.00×5%=3 750.00（元）

冲减的增值税销项税额=3 750.00×13%=487.50（元）

借：主营业务收入   3 750.00

  应交税费——应交增值税（销项税额）   487.50

  贷：应收账款   4 237.50

③1月15日，收到货款。

实际收到的货款金额=84 750.00−4 237.50=80 512.50（元）

借：银行存款   80 512.50

  贷：应收账款   80 512.50

对比本小节中的两个案例可知，发生销售折让的销售业务，虽然销货方最终收到的价款都是80 512.50元，但是在账务处理上有明显的区别。对于企业的财会人员来说，这样的区别不能被小视。

2.2.5　发生销售退回的业务如何做收入账

发生销售退回的业务，会计处理上与发生销售折让类似，但有一点与销售折让明显不同，即发生销售退回时，不仅要冲减收入和税费，还要冲减成本，因为商品退回给了出售方，对出售方来说库存商品增加了，对应的销售成本就减少了。而且，如果销售业务中还发生了现金折扣，则还需要冲减财务费用。

至于是否需要冲减收入、成本和税费，要看发生销售退回时是否已经确认了收入和应交的税费，是否已经结转了成本。也就是说，如果发生销售退回时还没有确认收入和应交的税费，也还没有结转销售成本，则不需冲减。

（1）确认收入前发生销售退回

如果企业在确认销售收入前发生了销售退回，那么就无须做收入的冲减处理。此时肯定也没有结转成本，因此冲减的就是发出商品，即借记"库存商品"科目，贷记"发出商品"科目。

| 范例解析 |　确认收入前发生销售退回的收入账

2020年1月6日，甲公司向丙公司销售了一批商品，成本为35 000.00元，双方签订了购销合同，当天向丙公司开具了增值税专用发票，注明价款为70 000.00元，增值税税率和税额分别为13%和9 100.00元，但当天没有确认收入。由于双方合作紧密，约定了"2/10，1/20，N/30"的现金折扣条件（假定现金折扣不考虑税费）。1月8日，丙公司收到商品，在验收入库时发现一半的商品存在严重的质量问题，必须退回甲公司。甲公司查证后确定情况属实，于是同意了丙公司的退货要求，并按规定向丙公司开具了增值税专用发票（红字），当日收到退回的商品，退货验收入库，同时收到丙公司1月10日支付货款的承诺。1月10日，甲公司收到货款。整个流程的账务处理如下。

①1月6日，发出商品，确认应交税费。

借：发出商品　　　　　　　　　　　　　　35 000.00
　　贷：库存商品　　　　　　　　　　　　　　35 000.00
借：应收账款　　　　　　　　　　　　　　9 100.00
　　贷：应交税费——应交增值税（销项税额）　9 100.00

②1月8日，收到退回商品，开具红字发票，冲减发出商品和应交税费，增加库存商品的账面价值，同时确认现金折扣对应的财务费用和具体的主营业务收入。

冲减的商品成本=35 000.00×50%=17 500.00（元）

应确认的主营业务收入=70 000.00×50%=35 000.00（元）

冲减的应交税费=35 000.00×13%=4 550.00（元）

现金折扣金额=35 000.00×2%=700.00（元）

借：库存商品   17 500.00

  贷：发出商品   17 500.00

借：应交税费——应交增值税（销项税额） 4 550.00

  贷：应收账款   4 550.00

借：应收账款   34 300.00

  财务费用   700.00

  贷：主营业务收入   35 000.00

③1月10日，收到货款。

实际收到的货款金额=9 100.00+34 300.00−4 550.00=38 850.00（元）

借：银行存款   38 850.00

  贷：应收账款   38 850.00

该案例中，1月6日虽然没有确认销售收入，但已经开具了发票，因此需要核算应交的增值税销项税额，同时通过"发出商品"科目核算销售商品的成本。1月8日发生销售退回时，退回了一半的商品，因此要对应之前的会计处理冲减发出商品和应交的增值税销项税额，即案例中第②步中的前两个会计分录。

由于1月8日丙公司承诺会在1月10日付款，根据双方签订的购销合同约定，可享受价款2%的现金折扣，所以确认的主营业务收入依然是一半商品的售价，即35 000.00元，而应收账款是扣除了现金折扣后的金额，即34 300.00元。1月10日收到货款时，金额为一半商品应缴纳的增值税销项税额和扣除现金折扣后的一半商品的主营业务收入金额。简单计算理解为：70 000.00+9 100.00−35 000.00−4 550.00−700.00=38 850.00（元）

（2）确认收入后发生销售退回

如果企业在确认销售收入后发生了销售退回，且该行为不属于资产负债表日后事项，那么应在发生时冲减当期的销售商品收入，同时冲减当期销售商品成本和增值税销项税额，此时都做相反会计分录。如果发生了现金折扣，还需调整财务费用。

| 范例解析 |　确认收入后发生销售退回的收入账

2020年1月6日，甲公司向丙公司销售了一批商品，成本为35 000.00元，双方签订了购销合同。当天向丙公司开具了增值税专用发票，注明价款为70 000.00元，增值税税率和税额分别为13%和9 100.00元，确认了销售收入。其他情况与前一个案例完全相同，这种情形下的账务处理流程如下。

①1月6日，发出商品，开具发票，确认收入和税费，结转成本。

借：应收账款　　　　　　　　　　　　　　　79 100.00
　　贷：主营业务收入　　　　　　　　　　　　70 000.00
　　　　应交税费——应交增值税（销项税额）　　9 100.00
借：主营业务成本　　　　　　　　　　　　　35 000.00
　　贷：库存商品　　　　　　　　　　　　　　35 000.00

②1月8日，发生一半商品的销售退回，验收退货入库，开具增值税红字发票，冲减销售收入、税费和销售成本，同时确认计入财务费用的现金折扣金额。

应冲减的主营业务收入=70 000.00×50%=35 000.00（元）

应冲减的应交税费=35 000.00×13%=4 550.00（元）

应冲减的销售成本=35 000.00×50%=17 500.00（元）

应确认为财务费用的现金折扣金额=35 000.00×2%=700.00（元）

借：主营业务收入　　　　　　　　　　　　　35 000.00
　　应交税费——应交增值税（销项税额）　　　4 550.00

贷：应收账款	39 550.00
借：库存商品	17 500.00
贷：主营业务成本	17 500.00

原本应该确认的财务费用为1 400.00元（70 000.00×2%），但有一半的商品发生了销售退回，因此这一半商品对应的一半现金折扣也要冲减，最终确认的财务费用就为700.00元。

借：财务费用	700.00
贷：应收账款	700.00

③1月10日，收到货款。

实际收到的货款金额=79 100.00−39 550.00−700.00=38 850.00（元）

借：银行存款	38 850.00
贷：应收账款	38 850.00

在该案例中，1月6日发出商品的同时开具了增值税发票，且确认了收入，所以在1月8日发生销售退回时，账务处理上要对销售收入、税费和销售成本等做冲减处理，同时根据发生的现金折扣调整财务费用。

虽然最终两种情况下实际收到的货款是相同的，但账务处理有很大的不同，财会人员必须分清楚掌握。

2.2.6　其他业务收入的确认与核算

前面2.2.1 ～ 2.2.5 节讲述的都是主营业务收入，即企业从事本行业生产经营活动取得的收入，通俗点说就是与生产经营范围直接相关的销售所得。而本小节介绍的其他业务收入是指企业在自身主营业务以外的其他日常经营活动取得的收入，常见的有销售材料物资和包装物的所得、转让无形资产使用权所得以及固定资产和包装物等的出租所得。

虽然其他业务收入具有不经常发生、每笔业务金额通常较小等特点，但财会人员也必须认真掌握这类收入的核算与账务处理方法。

企业发生其他业务收入时，通过"其他业务收入"科目核算，对应需要结转成本的，通过"其他业务成本"科目核算。

| 范例解析 |　出售多余的原材料产生其他业务收入

2020年1月初，丙公司决定停止某种产品的生产。在1月14日完成最后一笔订单的生产后，发现所用的原材料还有剩余，以后也没有用处了，就决定将剩余的原材料对外出售。已知该批原材料成本为10 000.00元，售价为13 000.00元，账务处理如下。

确认原材料销售收入为其他业务收入，同时结转原材料的成本。在结转成本时，不再考虑进行增值税进项税额的转出。应确认的增值税销项税额为1 690.00元（13 000.00×13%）。

借：银行存款　　　　　　　　　　　　　　14 690.00

　　贷：其他业务收入　　　　　　　　　　　　　　13 000.00

　　　　应交税费——应交增值税（销项税额）　　1 690.00

借：其他业务成本　　　　　　　　　　　　10 000.00

　　贷：原材料　　　　　　　　　　　　　　　　10 000.00

结转其他业务成本时，贷方必然是"原材料""累计折旧"和"累计摊销"等科目，而不会是"库存商品"科目。

| 范例解析 |　以经营租赁方式出租厂房收取的租金计入其他业务收入

某公司旗下有一栋自建厂房，原值为1 600.00万元，使用寿命为20年，不考虑净残值，已经使用了4年并计提了折旧320.00万元。2020年1月初，公司将该厂房对外出租给其他单位使用，双方签订了房产租赁合同，约定每年支付租金180.00万元。已知不动产租赁业务的增值税税率为9%，那么该公司应做的账务处理如下。

每年应核算增值税销项税额=1 800 000.00×9%=162 000.00（元）

每年应核算的折旧额=16 000 000.00÷20=800 000.00（万元）

借：应收账款　　　　　　　　　　　　　1 962 000.00
　　贷：其他业务收入　　　　　　　　　　1 800 000.00
　　　　应交税费——应交增值税（销项税额）　162 000.00
借：其他业务成本　　　　　　　　　　　　800 000.00
　　贷：累计折旧　　　　　　　　　　　　800 000.00

当企业出租不动产时，增值税税率为 9%；如果出租有形动产，则增值税税率为 13%，比如出租生产设备。如果是转让无形资产的使用权，则需要通过"累计摊销"科目来核算摊销金额，同时将摊销金额确认为其他业务成本。转让无形资产使用权对应的增值税税率为 6%。如果是出售无形资产所有权，则账务处理上应是"无形资产的处置"，不会涉及"其他业务成本"科目的核算，相关内容将在本书的第 4 章作详细介绍。

2.2.7　营业外收入和营业外支出的发生与核算

营业外收入指与企业生产经营过程无直接关系，但应列入当期利润的收入和利得，如罚款所得、查不出原因的现金盘盈所得等；营业外支出指与企业生产经营过程无直接关系，但会影响当期利润的各种支出和损失，如罚款支出、捐赠支出和非常损失等。

（1）营业外收入

企业发生的营业外收入通过"营业外收入"科目核算，它属于企业的纯收入，因此没有对应的成本，而营业外收入与营业外支出也没有对应关系，两者是独立的。

| 范例解析 |　员工迟到罚款计入营业外收入

甲公司为了做好职工的管理工作，制定了一套比较完善的职工管理办法。其中一条规定就是：员工每迟到一次，罚款30.00元；如果无故旷工，则罚款120.00元。2020年1月13日，行政部李勋上班迟到，按规定需要交纳罚款

30.00 元，李勋当天向出纳人员支付了现金 30.00 元。针对该事件，财会人员根据相关票据确认营业外收入。

借：库存现金　　　　　　　　　　　　　　　　　　30.00

　　贷：营业外收入——罚款收入　　　　　　　　　　　30.00

注意，罚款收入一般通过"营业外收入"科目核算，而不涉及"其他应收款"科目。除此以外，企业发生的、无法查明原因的现金盘盈所得，也通过"营业外收入"科目核算。

| 范例解析 |　**盘盈的现金查不出原因计入营业外收入**

2020 年 1 月底，丙公司对自身内部的库存现金进行了一次清查盘点，发现现金实有数比库存现金账面余额多了 300.00 元。经过多方查找也没有找到原因，于是报经领导审批后，做营业外收入处理。

①盘盈现金，报经批准前。

借：库存现金　　　　　　　　　　　　　　　　　　300.00

　　贷：待处理财产损溢——现金盘盈　　　　　　　　　300.00

②报经批准处理后，根据审批意见确认营业外收入。

借：待处理财产损溢——现金盘盈　　　　　　　　　300.00

　　贷：营业外收入　　　　　　　　　　　　　　　　　300.00

（2）营业外支出

企业发生的营业外支出通过"营业外支出"科目核算，它属于企业的纯成本，不与任何收入对应。

| 范例解析 |　**企业违反相关规定交纳的罚款确认为营业外支出**

2020 年 1 月初，某公司被主管税务机关查出 2019 年度发生了偷税行为，于是要求该公司缴纳税费滞纳金和相应的罚款。已知滞纳金和罚款的总金额为 5 000.00 元，企业以银行存款付讫，财会人员需做的账务处理如下。

借：营业外支出——罚款和滞纳金　　　　　　　　5 000.00

　　贷：银行存款　　　　　　　　　　　　　5 000.00

　　企业因为应交税费的问题产生的滞纳金和罚款，均计入"营业外支出"科目进行会计核算。除此外，一些企业为了回馈社会，还会通过专门的非营利社会团体向需要帮助的群体捐款，对企业来说，这些捐款支出也会形成营业外支出，通过"营业外支出"科目核算。

┃ 范例解析 ┃　企业对外捐款形成营业外支出

　　2020年1月17日，某企业通过当地的一家正规的非营利性社会机构向贫困地区的小孩捐赠了善款10.00万元，并委托该机构购买冬季物资运往贫困地区。在公司捐赠现款时，企业财会人员要做如下账务处理。

　　借：营业外支出——捐赠支出　　　　　　100 000.00

　　　　贷：银行存款　　　　　　　　　　　100 000.00

　　如果企业的原材料盘亏，且查明是洪水、台风等自然灾害或火灾等非常原因造成的，则考虑相关责任人和保险公司的赔偿款后，净损失也要确认为营业外支出，在"营业外支出"科目中核算。

┃ 范例解析 ┃　火灾烧毁原材料的净损失确认为营业外支出

　　2020年1月14日，乙公司对自身内部原材料进行了一次清查盘点，发现短缺了1 500.00元的材料。经查明，是管理不善引起火灾而烧毁了部分原材料。保险公司赔偿了1 000.00元，剩余的损失在报经领导审批后，根据处理意见确认为营业外支出。财会人员需做如下账务处理。

　　①盘亏原材料，审批前。

　　借：待处理财产损溢——材料盘亏　　　　1 500.00

　　　　贷：原材料　　　　　　　　　　　　1 500.00

　　②审批处理后，确认营业外支出。

　　借：其他应收款　　　　　　　　　　　　1 000.00

　　　　营业外支出——材料盘亏　　　　　　　500.00

　　　　贷：待处理财产损溢——材料盘亏　　　1 500.00

第 3 章

公司运营的往来账要随时跟踪

　　所谓"往来账"，就是你来我往的经济交易形成的账目。任何企业在生产、经营过程中，不可能单独存在于经济市场中而获利，总归是要和其他单位发生经济交易才能有资金的流通、运营，才能不断地生成新的货币价值，从而获取利润，实现可持续发展。

| 3.1 |
确认为资产的往来账处理

在本书的第二章内容中，很多案例的账务处理都涉及了"应收账款"科目，这一科目就是典型的核算企业往来账的科目。通常，应收而未收、应付而预付等款项都会确认为企业的资产，如应收账款、应收票据、预付账款和其他应收款等。而确认为资产的往来账一般又都和企业的收入与现金管理等有着密切的关系，所以往来账的处理不可忽视。

3.1.1　应收而未收的钱是应收账款

应收而未收的钱，实际上是企业销售商品、劳务或提供服务等，应该向购买方或接受劳务、服务的一方收取的款项，按照权责发生制原则，这部分款项的所有权已经属于销售方，只是暂时放在购货方处还没有收到而已，因此会计上设置"应收账款"科目对其进行核算。

| 范例解析 |　货物已发出但尚未收到货款的账务处理

2020年1月15日，丙公司销售了一批商品给一位老客户，成本为8.00万元，售价为15.00万元。由于这位老客户最近资金周转紧张，丙公司本着双方的合作情谊，也向其发出了商品，并开出了增值税专用发票，注明了价款和增值税税额19 500.00元。这位老客户也向丙公司承诺，一旦资金到位，立即向丙公司的银行账户汇款。丙公司的财会人员在确认收入的同时确认应收账款。

应缴纳的增值税销项税额=150 000.00×13%=19 500.00（元）

应收账款的金额=商品售价+商品应缴纳的增值税销项税额=150 000.00+19 500.00=169 500.00（元）

借：应收账款　　　　　　　　　　　　　　　　169 500.00

　　贷：主营业务收入　　　　　　　　　　　　　150 000.00

　　　　应交税费——应交增值税（销项税额）　　 19 500.00

同时，结转该批商品的成本。

借：主营业务成本　　　　　　　　　　　　　80 000.00

　　贷：库存商品　　　　　　　　　　　　　　80 000.00

任何往来账最终都应该体现为库存现金或者银行存款，否则就是长期挂往来账的表现，会引起相关机关的注意，导致企业被查，甚至陷入财税管理风险中。针对该案例，后期企业在收到老客户汇入银行账户的款项时，财会人员要根据银行递交的"收款通知"编制如下会计分录，结转往来账。

借：银行存款　　　　　　　　　　　　　　169 500.00

　　贷：应收账款　　　　　　　　　　　　　169 500.00

3.1.2　销售业务完成时收到客户开具的商业汇票

在企业开展经济活动的过程中，难免会有资金周转不灵的时候，为了不失信于对方，也为了缓冲付款压力，很多购货方会利用商业汇票支付货款。这样既可以保障销货方能收到货款，也可以使购货方不用立即付款。

企业利用商业汇票支付货款时，销售方（即收款方）通过"应收票据"科目核算具体的货款金额。应收票据取得的原因不同，账务处理会有区别，如表 3-1 所示。

表 3-1　应收票据的不同处理

情形	账务处理
因债务人抵偿前欠货款而取得应收票据	借：应收票据 　　贷：应收账款
因企业销售商品、提供劳务等收到购货方开出并承兑的商业汇票	借：应收票据 　　贷：主营业务收入 　　　　应交税费——应交增值税（销项税额）

无论是哪种情形下收到商业汇票，到期收回款项时，均要按实际收到的金额，借记"银行存款"科目，贷记"应收票据"科目。

| 范例解析 | 客户以商业汇票支付价款时应确认应收票据

2020年1月16日，乙公司向丙公司销售了一批商品，成本4.00万元，售价为7.50万元（不含税）。向丙公司开具了增值税专用发票，注明了价款和9 750.00元的增值税税额，当天收到了丙公司开具并承兑的商业汇票。账务处理如下。

借：应收票据   84 750.00

    贷：主营业务收入   75 000.00

        应交税费——应交增值税（销项税额）   9 750.00

借：主营业务成本   40 000.00

    贷：库存商品   40 000.00

票据到期时，乙公司收回票面金额84 750.00元存入银行。

借：银行存款   84 750.00

    贷：应收票据   84 750.00

对于企业因销售货物而收到商业汇票的账务处理，在确认销售收入的同时就核算应收票据。如果企业因债务人偿还前欠货款而收到商业汇票，则账务处理是一整套流程，具体可通过下列案例来学习掌握。

| 范例解析 | 客户用商业汇票抵偿前欠货款

2019年12月27日，甲公司向乙公司销售了一批商品，价款为11.00万元（不含税），开出的增值税专用发票注明了价款和14 300.00元的增值税税额。当时虽没有收到乙公司的货款，但甲公司办妥了托收手续。2020年1月13日，甲公司收到乙公司寄来的一张期限为3个月的银行承兑汇票，面值为124 300.00元，抵付购买商品的价款和增值税税款。关于往来账的处理如下。

①2019年12月27日，确认销售收入并核算应收账款。

借：应收账款   124 300.00

    贷：主营业务收入   110 000.00

        应交税费——应交增值税（销项税额）   14 300.00

②2020年1月13日，收到银行承兑汇票，转销应收账款。

| 借：应收票据 | 124 300.00 |
| 贷：应收账款 | 124 300.00 |

③2020年4月13日票据到期时，收回票面余额124 300.00元，那时需要编制的会计分录如下。

| 借：银行存款 | 124 300.00 |
| 贷：应收票据 | 124 300.00 |

这两个案例中涉及的商业汇票都是无息票据，即不计算票据利息的汇票。在实务中，有些公司开出的商业汇票是带息票据，那么最终的票面余额就是加上票据利息的金额。

知识延伸｜应收票据的转让和贴现

在经营过程中，企业可将自己持有的商业汇票进行背书转让。背书指在票据背面或粘单上记载有关事项并签章的票据行为。常见的情况是，企业因销售业务从外单位收取了商业汇票，然后在向其他外单位购买原材料或货物时以持有的商业汇票支付购货款从而实现票据的背书转让过程。

企业背书转让票据时，背书人应承担票据责任。企业用持有的商业汇票进行背书转让而取得货物或接受劳务、服务时，应按计入货物、劳务和服务的成本金额，借记"原材料""库存商品"等科目；按增值税专用发票上注明的可抵扣增值税进项税，借记"应交税费——应交增值税（进项税额）"科目；按商业汇票的票面余额，贷记"应收票据"科目；若有差额，借记或贷记"银行存款"科目。

比如，某公司在2020年1月13日从其供应商处购入一批原材料，收到的增值税专用发票上注明价款为3.00万元，增值税税额为3 900.00元。而该公司刚好持有一张票面余额为35 000.00元的商业汇票。于是将该票据背书转让给了它的供应商，同时收到供应商以银行存款支付的货款差额1 100.00元（35 000.00-30 000.00-3 900.00）。相关账务处理如下。

借：原材料	30 000.00
应交税费——应交增值税（进项税额）	3 900.00
银行存款	1 100.00
贷：应收票据	35 000.00

而票据贴现是指票据在还没有到期时就提现，此时按照实际收到的金额，借记"银行存款"科目；按应收票据的票面余额，贷记"应收票据"科目；按借贷方差额，借记"财务费用"科目。

3.1.3 应付且提前付的钱是预付账款

虽然应付是应该支出的钱，但在还没有收到商品或者接受劳务、服务之前，提前支付的应付款项的所有权还属于付款方，依然确认为付款方的资产。企业通过设置"预付账款"科目来核算应付而提前支付的款项。

"预付账款"科目的借方登记预付的款项和补付的款项，贷方登记收到所购物资时根据发票单据等计入"原材料"等科目的金额和收回的多付金额。期末余额若在借方，表示企业实际预付的款项金额；若在贷方，表示企业应付或应补付的款项金额。

企业的预付款项情况如果不多，可不设置"预付账款"科目，而将预付的款项通过"应付账款"科目核算，计入"应付账款"科目的借方，可简单理解为冲减应付账款。

需要特别注意的是，在一项经济业务的账务处理过程中，无论预付的款项有多少，当收到所购货物时，贷方的"预付账款"科目应登记所有货物的价款和增值税税额的合计额，最终根据情况，该补付货款的，按照补付的金额借记"预付账款"科目；该退还多预付的账款的，按照退还的金额贷记"预付账款"科目。

| 范例解析 | 向供应商预付材料款的定金

乙公司为增值税一般纳税人，2020年1月16日向其新拓展的某供应商采购一批原材料，不含税价格为2.50万元，增值税税率为13%。按照合同规定，乙公司向该供应商预付了价款的50%作为定金。2020年1月17日收到供应商开具的增值税发票和材料，验收后补付其余货款。乙公司应做的账务处理如下。

①1月16日，采购原材料预付50%的货款，货物尚未收到。

预付的货款金额=25 000.00×50%=12 500.00（元）

借：预付账款——××供应商　　　　　　　　12 500.00

　　贷：银行存款　　　　　　　　　　　　　　　12 500.00

②1月17日，验收材料入库，补付剩余的货款。先全额冲减预付账款，再做补付货款的账务处理。

增值税进项税额=25 000.00×13%=3 250.00（元）

借：原材料　　　　　　　　　　　　　　　25 000.00

　　应交税费——应交增值税（进项税额）　　3 250.00

　　　贷：预付账款——××供应商　　　　　　28 250.00

需要补付的货款=28 250.00−12 500.00=15 750.00（元）

借：预付账款——××供应商　　　　　　　15 750.00

　　　贷：银行存款　　　　　　　　　　　　15 750.00

如果该案例中，乙公司事先不知道最终的货款总价有多少，直接预付了3.00万元的货款，则根据案例汇总计算出的各项数据可知，多付了货款，相关账务处理就要按照如下所示的步骤进行。

退回的货款金额 =30 000.00−28 250.00=1 750.00（元）

借：预付账款——××供应商　　　　　　　30 000.00

　　　贷：银行存款　　　　　　　　　　　　30 000.00

借：原材料　　　　　　　　　　　　　　　25 000.00

　　应交税费——应交增值税（进项税额）　　3 250.00

　　　贷：预付账款——××供应商　　　　　　28 250.00

借：银行存款　　　　　　　　　　　　　　1 750.00

　　　贷：预付账款——××供应商　　　　　　1 750.00

3.1.4　应收利息和应收股利应确认为企业的资产

应收利息是指企业根据合同或协议的规定向债务人收取的利息，常见的是企业购买债券，从债券发行人处应收取的利息。通过"应收利息"科目核算时，借方登记应该收取的利息数额，贷方登记已经收到的利息数额，期末余额一般在借方，反映企业应该收取而尚未收到的利息。

| 范例解析 | 债券投资应收取的利息核算

乙公司持有丁公司发行的债券，2020年1月13日，乙公司收到了丁公司拟支付2019年债券利息的通知。已知2019年的债券利息为60.00万元，款项尚未收到。假定不考虑相关税费，应做如下账务处理。

借：应收利息——丁公司   600 000.00

 贷：投资收益——丁公司   600 000.00

需要说明的是，应收取的银行存款利息不计入"投资收益"科目，而通过"财务费用"科目核算，以冲减企业当期的财务费用。也就是说，当发生银行存款利息且还未收到利息款项时，借记"应收利息——××银行"科目，贷记"财务费用"科目。

应收股利是指企业因为进行对外投资而应收取的现金股利和其他单位分配的利润，主要通过"应收股利"科目核算、反映和监督应收股利的增减变动及结存情况。该科目借方登记应收取的股利数额，贷方登记已经收到的现金股利或利润，期末余额一般在借方，反映企业应收而尚未收到的现金股利或利润。不同情形下的应收股利的账务处理有明显区别，如表3-2所示。

表3-2 应收股利的各种账务处理

情形	账务处理
在持有交易性金融资产（即以公允价值计量且其变动计入当期损益的金融资产）期间，被投资单位宣告发放现金股利或利润	按应享有的份额，确认为当期投资收益。 借：应收股利 贷：投资收益
在持有长期股权投资期间，被投资单位宣告发放现金股利或利润	按应享有的份额，借记"应收股利"科目，贷方科目要区分情况使用，如果采用成本法核算长期股权投资，则贷记"投资收益"科目；如果采用权益法核算长期股权投资，则贷记"长期股权投资——损益调整"科目

| 范例解析 | 长期股权投资应收取的现金股利的核算

甲公司持有某股份有限公司的一些股份，且规定采用成本法核算。2020年

1月10日，该股份有限公司通知甲公司2019年拟分配的现金股利有150.00万元，而款项尚未收到。假定不考虑相关税费，甲公司应做如下账务处理。

借：应收股利——××股份有限公司　　　　　1 500 000.00
　　贷：投资收益——××股份有限公司　　　　　　　1 500 000.00

如果甲公司以权益法核算长期股权投资，则会计分录编制如下。

借：应收股利——××股份有限公司　　　　　1 500 000.00
　　贷：长期股权投资——损益调整　　　　　　　　　1 500 000.00

无论是应收利息还是应收股利，在实际收到利息款项、现金股利款项和利润款项时，借方都登记"银行存款"科目，贷方分别登记"应收利息""应收股利"科目。

3.1.5　其他应该收取的钱是其他应收款

其他应收款是指除应收账款、应收票据、预付账款、应收利息和应收股利等以外的其他各种应收及暂付款项。如应收的各种赔款、罚款、包装物租金、为职工垫付的各种款项以及租入包装物支付的租金等。

企业通过"其他应收款"科目核算其他应收款的增减变动和结存情况，借方登记应收而未收到的其他应收款数额，贷方登记收到或收回的其他应收款数额，期末余额一般在借方，反映企业尚未收回的其他应收款。

在本书第 2 章的 2.2.7 节内容中已经讲到确认为"其他应收款"的过失人和保险公司的赔偿款，这里我们来看看职工借备用金出差、企业为职工垫付的款项、应收取的包装物租金以及支付的租用包装物的押金等的处理。

| 范例解析 |　员工借支的备用金做其他应收款处理

2020年1月14日，甲公司工程部员工李伟向财务部申请备用金2 000.00元用于出差。经财务部审核同意支取现金。出纳员向李伟交付了备用金后将借款单的其中一联递交给财务部，财会人员根据收到的借款单做如下账务处理。

借：其他应收款——备用金——李伟   2 000.00

    贷：库存现金   2 000.00

| 范例解析 | 公司为受伤员工垫付医药费

2020年1月15日，丙公司某员工在上班时间突发疾病，同事将其送往医院，由公司为该员工垫付了医药费500.00元。财务部同事根据缴费单据，编制了如下会计分录。

借：其他应收款——××   500.00

    贷：银行存款   500.00

如果最后这笔垫付款项并不收回，而是以从该员工的工资中扣回的方式处理，则账务处理如下。

借：应付职工薪酬——××   500.00

    贷：其他应收款——××   500.00

| 范例解析 | 将包装物租给外单位收取租金

2020年1月17日，乙公司向丙公司销售了一批商品，同时向丙公司租出了一批包装物，收取租金300.00元，双方约定到期后退还包装物。乙公司向丙公司开具了增值税专用发票，注明了税款39.00元。假设该批包装物的价值为200.00元，应做的账务处理如下。

①尚未收到租金时，确认其他应收款。

借：其他应收款——包装物租金   339.00

    贷：其他业务收入   300.00

        应交税费——应交增值税（销项税额）   39.00

借：周转材料——包装物——在用   200.00

    贷：周转材料——包装物——在库   200.00

②实际收到租金时转销其他应收款。

借：银行存款   339.00

    贷：其他应收款——包装物租金   339.00

③收回包装物时应调整周转材料的账面价值。

借：周转材料——包装物——在库　　　　　　　200.00

　　贷：周转材料——包装物——在用　　　　　　　200.00

注意，如果出租的包装物不收回，则相当于出售包装物，需结转包装物的成本，一般借记"其他业务成本"科目，贷记"周转材料——包装物"科目。

| 范例解析 |　从外单位租入包装物支付的押金

2020年1月18日，丙公司从外单位租入一批包装物，以库存现金支付了押金250.00元。1月20日，丙公司将租入的包装物悉数退回给出租方，整个过程应做的账务处理如下。

①租入包装物支付押金。

借：其他应收款——包装物押金　　　　　　　250.00

　　贷：库存现金　　　　　　　　　　　　　　　　250.00

②退回包装物，收回押金。

借：银行存款　　　　　　　　　　　　　　　250.00

　　贷：其他应收款——包装物押金　　　　　　　250.00

| 范例解析 |　代扣代缴的员工个人部分社保和公积金是其他应收款

2020年1月上旬，丙公司核算出的2019年12月应支付的员工工资共25.00万元，在实际支付员工工资时，代扣代缴了员工个人部分的社保1.40万元和住房公积金1.00万元，而企业为员工缴纳的社保和住房公积金分别为2.80万元和1.00万元。相关账务处理如下。

①支付工资并代扣代缴员工个人部分社保和住房公积金。

借：应付职工薪酬——工资　　　　　　　　250 000.00

　　贷：其他应收款——社会保险费（个人）　　　14 000.00

　　　　　　　　　——住房公积金（个人）　　　10 000.00

　　　　银行存款　　　　　　　　　　　　　226 000.00

②上交社会保险费和住房公积金。

借：应付职工薪酬——社会保险费（企业）		28 000.00
——住房公积金（企业）		10 000.00
其他应收款——社会保险费（个人）		14 000.00
——住房公积金（个人）		10 000.00
贷：银行存款		62 000.00

| 3.2 |
确认为负债的往来账处理

确认为企业负债的往来账也有不少，如应付账款、应付票据、预收账款、应付利息、应付股利以及其他应付款等。总的来说是一些应付、暂收款项。这些往来账关系着企业的负债多少和偿债能力，因此该类账务处理也必须掌握。

3.2.1　应付而未付的钱是应付账款

对企业来说，应该对外支付的款项但暂时尚未实际支付的，确认为应付账款。虽然钱还在企业手里，但最终这部分钱是要支付给外单位的，所以属于企业的负债。

在本书第 2 章中涉及的采购业务，如果企业没有及时支付货款，就不能用"银行存款"科目核算，而应先确认应付账款，即贷记"应付账款"科目，核算采购货物的买价和税额的总价款。

| 范例解析 |　货物已经收到但尚未支付货款的账务处理

2020年1月15日，甲公司向乙公司采购了一批原材料，价值1.80万元，当天收到了乙公司开具的增值税专用发票，注明了价款和2 340.00元的税额，且当天收到了全部材料并验收入库，但尚未向乙公司支付货款。1月17日，甲公司通过银行转账支付了该笔货款。相关账务处理如下。

①1月15日，材料验收入库，未支付货款，确认应付账款。

借：原材料　　　　　　　　　　　　　　　18 000.00

　　应交税费——应交增值税（进项税额）　　2 340.00

　　　贷：应付账款——乙公司　　　　　　　　20 340.00

②1月17日，支付货款。

借：应付账款——乙公司　　　　　　　　　20 340.00

　　贷：银行存款　　　　　　　　　　　　　　20 340.00

在该案例中，1 月15 日交易已经完成，但实际还没有支付应付的货款，因此要确认应付账款，会计分录的贷方记"应付账款"科目。

3.2.2　采购业务完成时向供应商开具商业汇票是应付票据

在经济实务中，合作密切的企业之间发生往来账时可能不会要求给予任何保证就允许对方延迟付款，但对于一些新合作的客户，双方对彼此的信用情况还不太了解，因此常常会涉及承诺付款的问题。其中最常用的手段就是购货方向售货方开具商业汇票，承诺付款，售货方在票据到期时即可提示付款并取得货款。

站在采购方的角度，企业购入货物或商品后向售货方开具商业汇票，企业内部就会形成负债，通常用"应付票据"科目来核算，借方登记已经偿付的票据金额，贷方登记需要支付的票据金额，期末余额一般在贷方，反映企业应支付但尚未到期的票据金额。

| 范例解析 |　购进货物以商业汇票支付价款

2020年1月18日，乙公司从外单位购入一批原材料，增值税专用发票上注明价款为2.20万元，增值税税率为13%，税额为2 860.00元。由于乙公司近日资金周转紧张，所以向供应商开具了商业承兑汇票，期限为3个月。该汇票

为不带息汇票，账务处理如下。

借：原材料　　　　　　　　　　　　　　　　　22 000.00

　　应交税费——应交增值税（进项税额）　　　 2 860.00

　　　贷：应付票据　　　　　　　　　　　　　　24 860.00

3个月后票据到期，如果支付货款，则编制如下会计分录。

借：应付票据　　　　　　　　　　　　　　　　24 860.00

　　　贷：银行存款　　　　　　　　　　　　　　24 860.00

如果3个月后票据到期时乙公司无力支付票款，则编制如下会计分录。

借：应付票据　　　　　　　　　　　　　　　　24 860.00

　　　贷：应付账款　　　　　　　　　　　　　　24 860.00

　　如果开具的商业汇票是由付款方的开户银行承兑的银行承兑汇票，则还会涉及汇票承兑手续费，发生时由付款方计入财务费用，涉及税款的，还要确认"应交税费——应交增值税（进项税额）"。另外，银行承兑汇票到期后无力支付票款的，会计分录也与案例中的不同，应结转为短期借款，相当于银行对付款方的贷款处理，具体如下。

借：财务费用——手续费

　　应交税费——应交增值税（进项税额）

　　　贷：银行存款

借：应付票据

　　　贷：短期借款

　　如果开具的商业汇票是带息票据，还会涉及票据利息的核算。带息商业汇票的利息由付款方计入"财务费用"科目，同时贷记"应付票据"科目。

3.2.3　应收且预先收取的钱是预收账款

　　虽然企业应该向外单位收取的钱款是企业的资产，但对这部分应收取的钱款采取预收的方式预先收取时，经济事项或交易一般还未完成，预收钱款的所有权仍然属于付款方，而收款方后期需要用商品、劳务或服务来偿还，对收款方来说预收的钱款也就属于负债，通常用"预收账款"科目核算。

该科目借方登记企业向购货方（即付款方）发货后冲销的预收账款金额和退回购货方多付账款的金额，贷方登记企业实际预收的款项金额；期末若为借方余额，反映企业还有尚未转销的预收款项；若为贷方余额，反映企业预收的款项。预收账款业务不多的企业，可不单独设置"预收账款"科目，而发生的预收货款通过"应收账款"科目核算，计入"应收账款"科目的贷方，简单理解为冲减企业的应收账款。

| 范例解析 |　货物尚未发出但已经收到部分货款的账务处理

2020年1月10日，丙公司和丁公司签订了商品购销合同，约定由丙公司售出价值3.50万元的商品，发货时会由丁公司自己安排车辆运输。1月13日，丙公司收到了丁公司预先支付的商品货款2.00万元，并承诺在收到货物验收无误入库后支付剩余的货款。

已知两家公司都是增值税一般纳税人，适用税率为13%，1月15日，丙公司完成该批商品的生产并立即通知丁公司接货，当天商品出库，丙公司开具了增值税专用发票给丁公司，注明价款3.50万元和增值税税额4 550.00元。1月16日，丙公司收到了丁公司支付的剩余货款。相关账务处理如下。

①1月13日，收到预付的货款，确认预收账款。

借：银行存款　　　　　　　　　　　　　　　　　20 000.00

　　贷：预收账款——丁公司　　　　　　　　　　　　20 000.00

②1月15日，发出商品，开具发票，确认收入，转销货款。

借：预收账款——丁公司　　　　　　　　　　　　39 550.00

　　贷：主营业务收入　　　　　　　　　　　　　　　35 000.00

　　　　应交税费——应交增值税（销项税额）　　　　4 550.00

③1月16日，收到剩余的货款。

剩余货款=39 550.00−20 000.00=19 550.00（元）

借：银行存款　　　　　　　　　　　　　　　19 550.00

　　贷：预收账款——丁公司　　　　　　　　　　19 550.00

如果丙公司没有设置"预收账款"科目，则该案例中所有"预收账款——丁公司"科目换为"应收账款——丁公司"科目即可。

3.2.4　应付利息和应付股利应确认为企业的负债

应付利息和应付股利是企业按照合同约定应支付的利息、现金股利或利润，主要由企业的短期借款、分期付息到期还本的长期借款、债券以及股票、股权等形成。

应支付的利息通过"应付利息"科目核算，借方登记实际支付了的利息，贷方登记按照合同约定计算应支付的利息，期末余额一般在贷方，反映企业应付但尚未支付的利息。实务中，该科目一般按债权人设置明细科目进行明细核算。

在本书第 1 章的 1.4.1 节内容中我们已经了解了企业向银行借入为期 3 年的长期借款的账务处理，涉及了应付利息的核算，此时应支付的利息计入了"财务费用"科目，而企业因短期借款发生的应付利息也是同样的处理方法。本小节来讲讲应付利息计入"在建工程"科目的情况。

| 范例解析 |　建造厂房购入工程物资开出带息的银行承兑汇票

某新设企业于2020年1月6日向当地建材市场购入了一批工程物资，用于建造生产、经营用厂房。已知该批物资不含税价款为50.00万元，收到的增值税专用发票注明税额为6.50万元。该新设企业向建材市场的货物供应商开具了一张带息银行承兑汇票，票面金额为56.50万元，期限为3个月，年利率为5%。该企业应做如下账务处理。

①1月6日，购入工程物资，核算在建工程。开出带息银行承兑汇票，应

付利息计入在建工程。

应支付的利息=565 000.00×5%÷12×3=7 062.50（元）

借：工程物资	500 000.00
应交税费——应交增值税（进项税额）	65 000.00
贷：应付票据	565 000.00
借：在建工程	507 062.50
贷：工程物资	500 000.00
应付利息——××银行	7 062.50

②票据到期，公司支付利息时编制如下会计分录。

借：应付利息——××银行	7 062.50
贷：银行存款	7 062.50

如果企业在进行技术研发，且在研发阶段发生了应付利息，则应支付的利息通过"研发支出"科目核算。

应付股利则是企业根据股东大会或类似机构审议批准的利润分配方案确定分配给投资者的现金股利或利润，核算科目为"应付股利"。该科目借方登记实际支付的现金股利或利润，贷方登记确定或宣告发放但尚未实际支付的现金股利或利润，期末一般为贷方余额，反映企业应付但尚未支付的现金股利或利润。实务中，按照投资者设置明细科目进行明细核算。需要注意的是，在企业根据分配方案确认应付给投资者的现金股利或利润时，借记"利润分配——应付股利或利润"科目，贷记"应付股利"科目。

| 范例解析 |　企业盈利后决定向投资者分配股利

某企业由A、B、C、D这4位投资者出资建成，分别占注册资本的份额为15%、20%、30%和35%。2019年度该公司实现了净利润700.00万元，经过股东会批准，决定2020年初分配股利400.00万元。2020年1月9日，股利已用银行存款支付，该公司应做如下账务处理。

①2020年初，决定向股东分配股利，确认应付股利。

A投资者应分配股利=15%×4 000 000.00=600 000.00（元）

B投资者应分配股利=20%×4 000 000.00=800 000.00（元）

C投资者应分配股利=30%×4 000 000.00=1 200 000.00（元）

D投资者应分配股利=35%×4 000 000.00=1 400 000.00（元）

借：利润分配——应付股利或利润　　　　　　4 000 000.00

　　贷：应付股利——A　　　　　　　　　　　　600 000.00

　　　　　　　　——B　　　　　　　　　　　　800 000.00

　　　　　　　　——C　　　　　　　　　　　1 200 000.00

　　　　　　　　——D　　　　　　　　　　　1 400 000.00

②1月9日，支付股利。

借：应付股利——A　　　　　　　　　　　　　600 000.00

　　　　　　——B　　　　　　　　　　　　　800 000.00

　　　　　　——C　　　　　　　　　　　　1 200 000.00

　　　　　　——D　　　　　　　　　　　　1 400 000.00

　　贷：银行存款　　　　　　　　　　　　　4 000 000.00

3.2.5　其他一些应该支付的钱是其他应付款

其他应付款是企业除了应付账款、应付票据、预收账款、应付利息和应付股利等以外的其他各项应付、暂收款项，如应付的以经营租赁方式租入固定资产的租金、出租包装物收取的押金等。

企业通过"其他应付款"科目来核算这些款项，借方登记偿还了的或已经转销的其他各种应付、暂收款，贷方登记发生的其他各种应付、暂收款，期末余额一般在贷方，反映企业应付但尚未支付的其他应付款。

在发生其他应付款时，财会人员根据款项的用途计入相应的费用中。

| 范例解析 | 　以经营租赁方式租入办公设备应付的租金为其他应付款

2019年10月20日，甲公司以经营租赁方式租入一批管理用办公设备，约定每月租金1.00万元，按季支付。2020年1月20日，甲公司以银行存款支付了应付的租金3.00万元，由租赁方开出的增值税专用发票注明税额为3 900.00元。相关账务处理如下。

①2019年11月20日，计提第一个月应支付的经营租赁方式租入办公设备的租金。

借：管理费用　　　　　　　　　　　　　　　　　10 000.00

　　贷：其他应付款　　　　　　　　　　　　　　　　　10 000.00

2019年12月20日，计提第二个月应支付的以经营租赁方式租入办公设备的租金时，编制相同的会计分录。

②2020年1月20日，支付一个季度的租金和税费，转销其他应付款。

借：其他应付款　　　　　　　　　　　　　　　　　20 000.00

　　管理费用　　　　　　　　　　　　　　　　　　　10 000.00

　　应交税费——应交增值税（进项税额）　　　　　　3 900.00

　　贷：银行存款　　　　　　　　　　　　　　　　　33 900.00

| 范例解析 | 　出租包装物收取的押金确认为其他应付款

2020年1月15日，乙公司将企业内部的一批包装物租给购货方，以收取押金的方式发出包装物，待购货方验收货物后将包装物退回乙公司时，将押金退还给购货方。已知乙公司针对该批包装物收取的押金是1 000.00元，1月16日，购货方全数、完整地退回包装物，乙公司也将押金全额退还给购货方。乙公司要做的账务处理如下。

①1月15日，乙公司收取包装物押金。

借：银行存款　　　　　　　　　　　　　　　　　　1 000.00

　　贷：其他应付款——包装物押金　　　　　　　　　　1 000.00

②1月16日，乙公司退还包装物押金。

借：其他应付款——包装物押金　　　　　　　　　　1 000.00

　　贷：银行存款　　　　　　　　　　　　　　　　　1 000.00

知识延伸｜应付职工薪酬和应交税费也确认为企业的负债

企业经营管理过程中，不仅前述这些往来账会确认为企业的负债，企业内部的一些账目也会确认为负债，如企业应支付给员工的工资、应向国家缴纳的税费等。

企业应支付给员工的工资通过"应付职工薪酬"科目核算，另外应支付给员工的福利费、奖金和津贴等，也都通过该科目核算。发生应支付的工资时，按照不同部门的员工，借记"生产成本""管理费用""销售费用"和"制造费用"等科目，贷记"应付职工薪酬——工资、奖金、津贴""应付职工薪酬——职工福利费"和"应付职工薪酬——社会保险费"等科目。实际支付员工的工资时，借记"应付职工薪酬"等科目，贷记"银行存款"科目。

例如，某公司2020年1月底核算出当月应支付的所有员工工资为24.00万元（企业应缴纳社保3.84万元和住房公积金1.20万元），其中生产工人工资、社保和住房公积金共12.10万元，销售人员工资、社保和住房公积金共8.47万元，管理人员工资、社保和住房公积金共6.05万元，车间管理人员工资社保和住房公积金共2.42万元。应缴纳的社保和住房公积金个人部分分别为1.92万元和1.20万元。2020年2月初，公司实际支付并缴纳社保和住房公积金。相关账务处理如下。

①1月底，核算应支付的员工工资和应缴纳的社保与住房公积金。

```
借：生产成本                                      121 000.00
    制造费用                                       24 200.00
    销售费用                                       84 700.00
    管理费用                                       60 500.00
    贷：应付职工薪酬——工资、奖金、津贴            240 000.00
              ——社会保险费（企业）                38 400.00
              ——住房公积金（企业）                12 000.00
```

②支付工资并代扣代缴员工个人应交的社保和住房公积金。

```
借：应付职工薪酬——工资、奖金、津贴              240 000.00
    贷：其他应收款——社会保险费（个人）            19 200.00
              ——住房公积金（个人）                12 000.00
        银行存款                                  208 800.00
借：其他应收款——社会保险费（个人）                19 200.00
          ——住房公积金（个人）                    12 000.00
    应付职工薪酬——社会保险费（企业）              38 400.00
          ——社会保险费（企业）                    12 000.00
    贷：银行存款                                   81 600.00
```

而应缴纳的各种税费，需根据不同税种的核算方法进行处理，在本章前面的内容中已经学习了增值税通过"应交税费"科目核算，而其他的税种中，除了印花税、耕地占用税、契税和车辆购置税等直接以银行存款支付外，其余也都用"应交税费"科目核算，这4类特殊的税费通过"税金及附加"科目和相关的资产类科目核算。

| 3.3 |
坏账准备的账务处理

　　企业对外应收取的款项在还未收回来时都有可能成为坏账造成损失，即应收账款减值损失。常用的应收款项减值有两种核算方法：一是直接转销法，二是备抵法，我国企业会计准则规定使用的是备抵法。

　　备抵法是为了给这些可能发生的损失提前做好欠账准备，企业通过预估坏账损失，再根据内部的应收账款计提坏账准备的一种方法。当实际发生坏账时，就要冲减已计提的坏账准备。下面来了解常见的坏账准备的账务处理。

3.3.1　计提坏账准备做好坏账的打算

　　企业应设置"坏账准备"科目，核算应收款项的坏账准备计提与转销等情况。该科目借方登记实际发生的坏账损失金额和冲减的坏账准备金额，贷方登记当期计提的坏账准备以及收回已转销的应收账款而恢复的坏账准备，期末余额一般在贷方，反映企业已经计提但尚未转销的坏账准备。有一个计算公式需要牢记。

　　当期应计提的坏账准备=当期按应收款项计算应计提的坏账准备金额-以前已经计提的坏账准备金额（即"坏账准备"科目的贷方余额）

| 范例解析 |　对应收款项计提坏账准备

　　2020年1月17日，丙公司清查公司账目，发现有乙公司的应收账款余额40.00万元。丙公司根据企业会计准则的规定和所有应收账款的账龄情况，对这部分应收账款计提了坏账准备共6.00万元。假设丙公司此前没有计提任何坏账准备，则账务处理如下。

　　　　借：信用减值损失——计提的坏账准备　　　　60 000.00
　　　　　　贷：坏账准备　　　　　　　　　　　　　　60 000.00

如果后期应收账款的余额小于 40.00 万元，如 30.00 万元，且根据规定应计提的坏账准备为 4.00 万元，则应按照本期应计提的坏账准备金额与已计提的坏账准备金额的差额编制会计分录，由于差额为负，所以需编制相反分录。

借：坏账准备　　　　　　　　　　　　　20 000.00
　　贷：信用减值损失——计提的坏账准备　　　　　20 000.00

同理，如果所有应收账款都收回，则应收账款的余额为 0 元，此时不需要计提坏账准备，则应按差额 6.00 万元编制冲减坏账准备的会计分录。

3.3.2　应收取的款项确实收不回来就是发生了坏账损失

企业的应收款项能够收回固然很好，但在经营实务中，应收款项难免会发生收不回来的情况，此时企业就要确认坏账损失，借记"坏账准备"科目，贷记"应收账款"科目，目的是登记实际发生的坏账损失，冲减应收账款。

| 范例解析 |　发生坏账损失时要冲减已计提的坏账准备

2020年1月19日，丙公司收到通知，乙公司已经因为破产清算而注销登记。前述应收账款40.00万元只能收回35.00万元。当天丙公司确认了坏账损失5.00万元，账务处理如下。

借：坏账准备　　　　　　　　　　　　　50 000.00
　　贷：应收账款　　　　　　　　　　　　　50 000.00

这样一来，丙公司的"坏账准备"科目的余额就只有 1.00 万元（6.00-5.00）了。如果后期根据应收款项确定应计提的坏账准备超过 1.00 万元，则需按照本期应计提的坏账准备金额与已计提的坏账准备金额的差额，编制计提坏账准备的会计分录。比如后期确定应计提坏账准备 3.00 万元，则要按差额 2.00 万元计提坏账准备，会计分录如下。

借：信用减值损失——计提的坏账准备　　　　20 000.00
　　贷：坏账准备　　　　　　　　　　　　　20 000.00

3.3.3　已经转销的坏账又收回时该怎么办

已经转销的坏账是指已经确认为坏账而减少的应收款项，这类款项又收回时，需按照实际收到的金额增加坏账准备的账面余额，即借记"应收账款"或"其他应收款"科目，贷记"坏账准备"科目，同时，借记"银行存款"科目，贷记"应收账款"科目。

| 范例解析 |　收回已转销的应收账款应增加坏账准备的账面余额

假设2020年1月20日，丙公司又从乙公司的相关负责人处收回了1月19日已经转销的坏账准备5.00万元，并将款项存入公司的银行账户，则应根据相关规定做如下账务处理。

①增加坏账准备的账面余额，核算应收账款。

借：应收账款　　　　　　　　　　　　　　　50 000.00

　　贷：坏账准备　　　　　　　　　　　　　　　50 000.00

②收回的已转销的应收账款存入银行账户。

借：银行存款　　　　　　　　　　　　　　　50 000.00

　　贷：应收账款　　　　　　　　　　　　　　　50 000.00

这样一来，丙公司的"坏账准备"科目的余额变为6.00万元（1.00+5.00）。

| 3.4 |
往来账的管理工作要谨慎

往来账是企业与外单位之间发生的账目，为了尽可能全面、细致且正确地管理往来账，财会人员不仅要认真处理往来账的核算工作，对于往来账的备查登记工作也要做好，比如，按时编制应收账款账龄分析表。另外，企业也要在内部制定符合自身情况的应收账款管理制度，以此规范各人员的行为。

3.4.1　编制应收账款账龄分析表

账龄是指企业的债务人所欠账款的时间，比如，A 欠 B 一笔款项，约定一年后支付，则"一年"就是该笔款项的账龄。对需要收回账款的企业来说，应收账款的账龄越长，发生坏账损失的可能性就越大，因此，需要及时编制应收账款账龄分析表来监督企业的应收账款情况，如各位客户之间的应收账款金额分布情况和拖欠时间的长短等。

不同企业会根据自身经营需求，制作出包含不同内容的应收账款账龄分析表，比较全面的表内容包括：客户名称、欠款日期、欠款金额、信用期限、到期日期、未到期的总金额、欠款的时间段、逾期金额以及逾期时间等。如图 3-1 所示的是某公司制作的含有部分数据的应收账款账龄分析表。

应收账款账龄分析表

当前日期：2020-1-20　　　　　　　　　　　　　　　　　　　　　　　　　　　　　　单位：元

开票日期	客户名称	应收金额	已收款金额	未收款金额	收款期	到期日期	是否到期	未到期金额	0～30天	31～60天	61～90天	90天以上	合计	百分比
2019-11-22	李石	72 500.00	34 500.00		90	2020-2-20								
2019-11-27	杨笑	66 200.00	50 200.00		30	2019-12-27								
2019-12-1	柳杨	100 500.00	68 500.00		30	2019-12-31								
2019-12-2	王静	113 000.00	84 000.00		120	2020-3-31								
2019-12-3	程成	70 000.00	54 000.00		60	2020-2-1								
2019-12-6	李石	40 000.00	38 000.00		90	2020-3-5								
2019-12-10	杨柳	37 500.00	25 000.00		30	2020-1-9								
2019-12-15	杨笑	44 000.00	34 000.00		30	2020-1-14								
2019-12-25	程成	95 500.00	81 000.00		60	2020-2-23								
2020-1-6	王静	119 500.00	63 000.00		120	2020-5-5								
2020-1-10	杨柳	80 000.00	55 000.00		30	2020-2-9								
2020-1-11	李石	56 000.00	50 000.00		90	2020-4-10								
2020-1-14	程成	107 500.00	84 500.00		60	2020-3-14								
2020-1-16	杨笑	116 200.00	76 200.00		30	2020-2-15								
2020-1-20	王静	88 500.00	58 500.00		120	2020-5-19								
合计		1 206 900.00	856 400.00											

图 3-1　应收账款账龄分析表

在编制应收账款账龄分析表时，应尽可能地细化应收账款的拖欠时间，按照拖欠时间的长短分为若干区间，统计出各个区间内应收账款的总金额，同时为每一个区间估计一个坏账损失百分比，尽可能精准地预估坏账损失。

任何企业编制的应收账款账龄分析表都不会是一成不变的，一般都会随着应收账款的拖欠情况进行格式的调整，从而不断完善应收账款账龄分析表记录的内容，使企业能掌握和监督最真实的应收账款拖欠与收回情况。

对企业和财会人员来说，仅编制应收账款账龄分析表还不够，还应根据账龄分析表对应收账款进行账龄分析，按各位客户的应收账款拖欠时间的长短，分析判断可收回金额和坏账金额。

3.4.2　建立应收账款管理制度

财会人员进行应收账款的核算和账龄分析，实际上是实施应收账款管理工作。作为企业，要使财会人员甚至内部所有员工都参与到应收账款的管理工作中，并督促全体员工做好该工作，就要事先建立比较完善的应收账款管理制度。

由于应收账款管理的重点是根据企业的实际经营情况和客户的信用情况制定企业的合理信用政策，所以信用政策是应收账款管理制度的主要内容，具体包括信用标准、信用条件和收账政策 3 个部分，简单介绍如表 3-3 所示。

表 3-3　应收账款管理制度的信用政策

部分	内容
信用标准	指企业决定给予客户信用而要求的最低标准，简单说就是企业对客户的资信情况进行要求的最低标准
信用条件	指企业要求赊购方支付货款的条件，包括信用期限、折扣期限和具体的现金折扣条件等。其中信用期限是企业规定的客户最长付款时间，折扣期限是规定客户可享受折扣的付款时间，现金折扣是约定客户提前付款时给予的具体优惠，比如常见的"2/10，1/20，N/30"，30 表示最长付款时间为 30 天，20 和 10 表示可享受不同折扣的不同付款时间是 20 天内和 10 天内，而 2 和 1 则表示不同付款时间对应的具体折扣比例为 2% 和 1%
收账政策	是指当客户违反信用条件，甚至拖欠或拒付账款时企业会采用的收款策略与具体措施

从应收账款管理制度的书面文件结构来看，一般应包括制定管理制度的目的或依据、各职能部门的具体管理工作内容、信用政策、问题账款的管理、坏账的处理以及其他需要说明的事项等方面的内容。如图 3-2 所示的是某企

业的应收账款管理制度的书面文件内页内容。

××有限公司应收账款管理制度

第一章　总则

第一条　目的

为确保××有限公司（以下简称"公司"）利益，保证公司现金流，减少问题账款、坏账损失，增加有效销售，根据《公司法》《企业会计准则》《企业内部控制应用指引第9号——销售业务》等法律规则，结合公司具体情况，特制定本规定。

第二条　释义

本办法所称"应收账款"指公司因销售产品或提供劳务等原因，应向购货单位或接受劳务单位收取的款项。

第三条　应收账款确认

在收入实现时，确认应收款。

第四条　应收账款计价

应收账款以原则上按照实际发生额计入账。应收账款计价时要受到公司所给予客户的信用政策的影响。公司营销中心应在合同签订时对将对客户采用的信用政策告知公司财务部，以便于财务部准确计算应收数额。

第二章　应收账款管理中各部门职责

第五条　公司应收账款工作中，不同性质的部门承担不同的职责。

（一）负责应收账款的核算和监控。

（二）负责应收账款、坏账准备金的定期分析与通报。

（三）负责账处理的账务操作。

（四）负责催账、发布账务报告，与客户对账，为催收提供账款数据确认等工作。

（五）监控、协调和支持催收工作。

（六）负责问题账款案件的诉讼工作。

第六条　营销中心

（一）负责组织制订公司信用政策，确定等级，制定不同等级客户的信用限额标准化。

（二）负责公司应收账项回收、应收账款催收。

（三）对款合同，根据账务所传递的信息对逾期未付款、未到期退还"往来账款确认单"的客户冻结其订单或停止对其发货。

（四）协助客户问题账款诉讼案资料的收集、问题的解决。

第七条　业务员

（一）负责即时向营销中心反馈客户的重大经营情况，更新对客户的信用政策。

（二）负责所属客户的合同款项回收。

（三）对于逾期××天的应收账款，及时报告财务部、营销中心。

（四）协助所属客户问题账款诉讼案件的处理工作。

第三章　客户信用政策制定

第八条　公司营销中心负责进行客户信用调查的变化（可利用机会通过A客户调查B客户的信用情况）；建立和维护公司市场信息库；根据调查结果组织客户信用等级和信用额度的制定和评审工作，制定公司信用政策。

第九条　信用限额是指公司可以赊销某客户的最高限额，即指客户的未到期商业承兑票据

及应收账款和拆合同款回款的金额之和的最高限额。任何客户的未期票款，不得超过信用额度，否则应由业务员、营销经理、应收账款会计人员负责。

第十一条　在公司营销中心组织下对现有客户建立"客户信用卡"，每半年营销中心依照过去半年的销售业绩及续回情况的判断，会同财务部确定客户信用限额，拟定其信用限额。（若有设立抵押的客户，以其抵押额的担保值为信用限额），经公司总经理或常务副总审批后，通知应收账款会计入账务重表。

第十二条　常务副总、总经理可视客户的临时变化，在授权范围内调整对各客户的信用限额。

第十三条　为适应市场，并配合客户的营业消长，实际运作中业务员可临时申请调整客户信用限额，经营销总监确认，财务副总审核、总经理或常务副总审批后，可对该客户的信用调整信用限额。

第十四条　对于新客户，在合同评审时由营销中心、财务部综合考虑客户情况、合同成本及风险情况，确定客户信用等级，拟订其信用限额。

第十五条　未经销售总监审批，而出现超过信用限额的销售导致的坏账，其关信用限额的交易金额，由业务员承担责任。

第四章　应收账款管理和催收

第十六条　财务部应认真登记客户往来账，按照应收账，部门或个人分别核算，及时核对，协助催收应收账款。

第十七条　所有应收账项均按账龄基础记录，公司负责收款的财务人员必须将核查所有应收账项（至少每月一次）、每月编制账龄分析，交财务总监审核，定期向营销中心发布上个月的应收账款分析表。

第十八条　公司负责回款的财务人员应与客户保持联系，每向客户发送、回收"往来账款确认单"，并向营销中心通报回款情况统计。

第十九条　公司对应收账款的管理应遵循"谁经办、谁负责，及时清理"的原则，财务部定期提供应收账款回款情况指标，用于对部门的考核。

第二十条　营销中心业务员对所负责账项的及时催收，保证应收账款的按时到账。

第二十一条　逾期的催收

跟单员每月月末统计于下月付款客户名单及合同情况，发送至营销总监及业务处业处，由业务员对所负责的客户催账×天进行付款书面提示，提示其客户在付款计划书的约定付款日业务员要确认该客户是否按时付款，如不能按时付款要督促某天内给出付款计划。

第二十二条　某一合同逾期后的催收

（一）逾期款10天

1.各业务员负责催收，并及时向营销总监汇报客户逾期原因、客户还款计划等。

2.营销总监视情况组织有关人员协助业务员催收账项。

3.对于逾期账款或未缴款的应收账款，如存在下列情况之一的，该笔账款视为"问题账款"，财务部应立即处理，必要时提起诉讼或提请报案。

（1）客户信用情况严重恶化；（2）客户恶意支营业场所；（3）客户法定代表人携款潜逃；（4）客户采用付款手段（货如电汇）等编取货物；（5）客户恶意逃避我公司产生坏账的其他情况。

（二）逾期款30天

各业务员客户情况通知营销总监及常务副总，由营销、常务副总协助催收。

（三）逾期款45天以上

该账款视为"问题账款"（具体见第五章），在与客户协商解决不成后，可提出法律诉讼。

第二十三条　对于某一客户累计逾期一定金额的催收

1.某一客户累计逾期××万元以下时，由业务员直接催收。

2.某一客户累计逾期在××万元以上××万元以下时，营销总监作为催收工作的总负责人。负责指挥、协调催收工作，调动有关资源，促进催收工作的进行，必要时，总负责人应直接与客户沟通、协商催收工作。

3.某一客户累计逾期超过××万元，应建立催收临时小组，总经理或常务副总作为总负责人，各部、业务员、法律顾问等有关人员作为工作人员进行催收工作，负责指挥、协调催收工作，调动有关资源，促进催收工作的进行，必要时，总负责人应直接与客户沟通、协商催收工作。

第二十四条　对回款量、款进度度及其他回款导致客户付款款期间，生产部门心须出具申请报告，确定明确的办法和处理期限。由常务副总或总经理审批，发送至营销中心继续执行合同或对该客户发货。

第五章　问题账款管理

第二十五条　本办法所称的"问题账款"，是指本公司业务员于销售产品（业务运作）过程中所发生被骗、收回票据无法实现或部分款未能如期回款的45天等情况的账款事件。

第二十六条　因销售产品（业务运作）而发生的应收账款，代理业务自发生之日起逾30天未收回，工程业务自发要开立之日起逾期45天也将有按公司规定的退销货退回，视同"问题账款"，但情况特殊，经公司总经理批准，不在此。

第二十七条　各业务员负责回收回货款，发生"问题账款"时，应收账款收回部门应承担相应的赔偿责任。

1.发生"问题账款"，营销中心业务员的绩效工资将相应扣减。

2.考核结果直接影响业务员的绩效工资和绩效提成。

第二十八条　"问题账款"发生后，业务员应于7日内填写，并附有关证据、资料等，由营销总监签字并签署意见后，送交至财务部或其他相关门协助办理。

第二十九条　由业务员组织填写"问题账款报告"。基本资料由业务员填写，经过情况、处理意见及附件由财务部、会计人员填写。

第三十条　财务部或其他相关门应于收到"问题账款报告"后两个工作日内，与业务员及营销总监沟通，了解情况后拟订处理办法，并经营销批准后，协助业务员回收账款。

第三十一条　业务员填写"问题账款报告"时，应注意：

（一）务必自据实填写，不得遗漏。

（二）发生原因应简要注明发生原因。

（三）经过情况栏应以与客户接触的，按时间的先后，逐一写明至填报日期止的所有经过情况，本栏空白若不够填写，可另加白纸填写。

（四）处理意见见栏"供给办人员自己表明赔偿意见，如有需要部门协助，需在本栏内填明。

第三十二条　未按以上规定填写"问题账款报告"者，财务部或其他相关门应退回业务，进其于收到报告的3天内重新填写妥。

第三十三条　对于"问题账款"处理期间，业务员及营销总监应与相关部门充分合作于财务部或其他部门提出问题的处理，自该"问题账款"。

第三十四条　财务部或其他相关门协助该部门处理的"问题账款"，自该"问题账款"

发生之日起30天内，尚未处理完毕（指指阶段性结果），应报告总经理或常务副总经理。

第三十五条　财务部或其他相关门对"问题账款"的处理要以客户的收受为依据，如情况紧急时，应由业务员先以口头通报财务部或其他相关门处理，但业务应于下次口头汇报告。

第三十六条　业务员未报实填写报告书，以致妨碍"问题账款"的处理，财务部或其他相关部门可视情节轻重据请求调查处。

第六章　坏账处理

第三十七条　坏账是指公司无法收回或收回可能性极小的应收账款。

第三十八条　坏账的确认

（一）债务单位户户的破产或撤消，依法定程序清偿后，确定该未能收回的应收账款。

（二）债务人死亡、无遗产偿还不足清偿，无法收回的应收账款。

（三）债务人逾期3年未履行偿债务，无法收回的应收账款。

第三十九条　下列各种情况不能全额提取坏账准备：

（一）当年发生的应收账款，或没到期的应收账项。

（二）计划对应收账项作重拟前重组，或以其他方式进行重组。

（三）与关联方发生的应收款。

（四）其他已清偿，但无确证据证明不能收回的应收账项。

第四十条　公司按照账龄基础核算坏账准备。

第四十一条　财务部按照账龄分析法计提坏账准备，计提的坏账准备直接计入管理费用冲减公司当年利润，坏账准备，环账准备计提比例如下：

坏账准备计提比例

应收账款账龄	比例（％）
1年以内（不包括1年）	5
1～2年（包括1年，不包括2年）	30
2～3年（包括2年，不包括3年）	50
3年以上（包括3年）	100

第四十二条　对于特殊的坏账项，公司财务部经财务总监批准后可按较款的比例计提坏账准备。

第四十三条　财务部则于期末对对应收账项计提坏账准备。坏账准备金单独核算，在资产负债表中应收账项项下扣减之计提后的坏账准备后的净额反映。

第四十四条　公司财务部应应每年按应收账款审查，坏账的核销由董事会授权范围内由公司总经理批准核销，超过董事会授权金额的核销需要董事会会批准。

第七章　附则

第四十五条　本办法经总经理办公会通过颁布实施，修改时由财务部颁发，财务总监审核，总经理批准。

第四十六条　本办法由公司财务部负责解释说明。

第四十七条　本管理办法中的有关参数由公司总经理办公会根据实际情况调整。

图3-2　应收账款管理制度的书面文件

第**4**章

管理好货币资金和其他资产可保存实力

企业的货币资金主要包括库存现金、银行存款和其他货币资金，而其他资产包括固定资产和无形资产等。这些资金和资产都是企业赖以生存和发展的基础，只有管理好了，才能有效地保存经营实力，才能为企业的可持续经营提供最基本的保障。

| 4.1 |
货币资金的使用要记好账

　　企业的日常经营活动大多数都需要通过货币资金来完成，无论是使用库存现金、银行存款，还是使用银行汇票存款、银行本票存款、信用证保证金存款、外埠存款和存出投资款等其他货币资金，都会涉及企业的现金与银行结算账户的管理。这些都是实实在在的货币，直接关系着企业的经济利益，因此所有业务的账目都要认真核算，防止因账目错乱而造成经济损失。

　　本节只介绍普通企业常见的货币资金账务处理，对于信用证保证金存款、外埠存款和存出投资款等不常见的货币资金业务，这里不作讲解。

4.1.1　从银行提取现金补足备用金

　　对经济市场中的企业来说，备用金通常指存放在企业内部的库存现金。虽然因为经济活动的需要，企业可以在公司内部存放库存现金，但必须有一个金额的限制，也就是库存现金限额。这个限额一般按照企业 3 ~ 5 天的日常零星开支所需的现金确定，只有边远地区和交通不便地区的企业，库存现金的限额才能按超过 5 天但不超过 15 天的日常零星开支所需来确定。

　　在连续不断的生产、经营活动过程中，企业会用掉存放在公司内部的限额内的库存现金，为了保证企业有充足的库存现金用于日后的经济事项和交易，企业必须在库存现金实有数低于限额的情况下，从银行提取现金以补足实有数与限额之间的差额。这时企业财会人员就需要做提现的账务处理。

| 范例解析 |　从银行提取1000.00元以补充库存现金

　　根据现金管理的相关规定，甲公司的开户银行核定公司的库存现金限额为 4 000.00元。2020年1月16日，公司因为业务需要而用库存现金支付了 1 000.00元的款项，使得库存现金余额为 3 000.00元。当天，出纳人员在自己的权限和职责范围内，从银行提取1 000.00元以补充库存现金，同时将银行出具的提现单据提交给公司财务部，财会人员根据该单据需要做如下账务处理。

借：库存现金　　　　　　　　　　　　　　1 000.00

　　贷：银行存款　　　　　　　　　　　　　　1 000.00

出纳人员在从银行提取现金以补充企业的备用金时，最终库存现金的实有数不能超过确认的库存现金限额，这就说明提现的金额是有限制的。比如，该案例中，库存现金实有数只有2 000.00元，则出纳人员最多可提现2 000.00元，一旦超过2 000.00元，最终库存现金实有数就会超过4 000.00元，即超过限额，这是现金管理制度中不允许的。

4.1.2　将多余的现金送存银行

任何企业在生产、经营过程中，并不只是会对外支出库存现金，也会发生收到现金的情形。一般情况下，企业的库存现金数额都会保证在限额的水平，也就是说，一旦企业收到现金，如果放入企业内部的保险柜，就会使库存现金实有数超过限额，这时就需要将多余的现金送存银行。这一点，也与企业现金管理中的"收支两条线"一致，即收到的现金不能存为库存现金，否则就会被认定为"坐支"现金。

当出纳人员将企业多余的现金送存银行账户时，财会人员需根据相关凭据做账。

| 范例解析 |　将收到的现金货款送存银行

2020年1月17日，乙公司对外销售一批商品，收到购货方当即支付的现金5 650.00元。当天出纳人员没有来得及将款项送存银行。第二天出纳人员将款项送存银行后，向财务部递交了存款通知单。财会人员应做如下账务处理。

①1月17日，收到货款。

借：库存现金　　　　　　　　　　　　　　5 650.00

　　贷：主营业务收入　　　　　　　　　　　　5 000.00

　　　　应交税费——应交增值税（销项税额）　　　650.00

②1月18日，现金送存银行。

借：银行存款　　　　　　　　　　　　　　　5 650.00

　　贷：库存现金　　　　　　　　　　　　　　5 650.00

4.1.3　现金的清查工作要做好

　　现金的清查主要是指对企业内部的库存现金进行清查盘点，盘点结果主要包括 3 种：一是盘盈，二是账实相符，三是盘亏。对于账实相符的现金盘点结果，企业财会人员无须做任何处理，而对盘盈或者盘亏的现金必须根据实际情况和批准处理意见进行调账。

（1）现金盘盈

　　现金盘盈是指盘点出的库存现金实有数大于库存现金账面余额，是账实不符的一种表现。当企业发生现金盘盈时，要通过"待处理财产损溢"科目调账。在报经批准前，调增库存现金账面余额，即借记"库存现金"科目，贷记"待处理财产损溢"科目；审批后，再将盘盈的库存现金按照处理意见从"待处理财产损溢"科目转入其他相关科目，如"其他应付款"和"营业外收入"等。

| 范例解析 |　　**盘盈的现金是应付给员工的款项**

　　2020年1月18日，甲公司开展了一次库存现金清查盘点工作。在盘点过程中发现库存现金实有数比账面余额多了500.00元，经查明原因，是应该支付给行政部员工黎辉的差旅费报销款。报经公司有关领导审批后，按照处理意见确认为需向黎辉支付的钱款。财会人员应做如下账务处理。

①盘盈现金，报经审批前调增库存现金账面余额。

借：库存现金　　　　　　　　　　　　　　　500.00

　　　　贷：待处理财产损溢　　　　　　　　　　　　　500.00

②报经审批后，将500.00元现金确认为将支付给员工的款项。

　　借：待处理财产损溢　　　　　　　　　　　　　　500.00

　　　　贷：其他应付款——黎辉　　　　　　　　　　500.00

　　如果盘盈的库存现金无法查明原因，一般会给出确认为营业外收入的处理意见，此时审批后的会计分录的贷方科目就为"营业外收入"。

（2）现金盘亏

　　实务中，现金不仅可能发生盘盈，还可能发生盘亏。现金盘亏是指盘点出的库存现金实有数小于库存现金账面余额，是账实不符的另一种表现。当企业发生现金盘亏时，仍然要通过"待处理财产损溢"科目调账。在报经批准前，调减库存现金账面余额，即借记"待处理财产损溢"科目，贷记"库存现金"科目；审批后，再将盘亏的库存现金按照处理意见从"待处理财产损溢"科目转入其他相关科目，如"管理费用"和"其他应收款"等。

| 范例解析 |　盘亏的现金无法查明原因时确认为管理费用

　　2020年1月17日，乙公司进行了一次库存现金的清查盘点，盘点过程中发现现金短缺600.00元。经过仔细的核查，仍然无法查明短缺的原因，于是报经领导审批后，根据处理意见将短缺的现金确认为管理费用。财会人员应做如下账务处理。

①盘亏现金，报经审批前调减库存现金账面余额。

　　借：待处理财产损溢　　　　　　　　　　　　　　600.00

　　　　贷：库存现金　　　　　　　　　　　　　　　600.00

②报经审批后将短缺的现金确认为管理费用。

　　借：管理费用　　　　　　　　　　　　　　　　　600.00

　　　　贷：待处理财产损溢　　　　　　　　　　　　600.00

如果乙公司经核查账目，发现短缺的 600.00 元现金是某员工归还的借款，或者是应由保险公司赔偿的钱款，则审批后的会计分录借方科目应为"其他应收款——××"或"其他应收款——×× 保险公司"。

| 4.2 |
固定资产从购进到处置的全流程账务

固定资产属于企业的非流动资产，包括有形动产和不动产，如生产设备、机器以及厂房和办公楼等。由此可见，固定资产是一家企业赖以维持生产和经营的经济基础，各位财会人员必须熟练掌握涉及的账务处理。

4.2.1　外购固定资产核算入账价值

经济市场中，一些没有太多精力自行建造生产经营用办公设施的企业会直接对外购置固定资产，而日常生产用的机器设备一般也都通过外购形式获取。

企业外购的固定资产，应按实际支付的买价、相关税费以及使固定资产达到预定可使用状态前所发生的可归属于固定资产的运输费、装卸费、安装费和专业人员服务费等，计入固定资产的成本。但要注意，这里的相关税费不包括按照现行增值税制度规定可从销项税额中抵扣的增值税进项税额。

| 范例解析 |　购入一台不需安装的机器设备

2020年1月16日，丙公司购入一台不需要安装就可投入使用的生产设备，取得增值税专用发票，上面注明了价款6.00万元，增值税税额7 800.00元。同时还支付了运输费300.00元，增值税专用发票上注明税款为27.00元。所有款项均以银行存款支付，相关账务处理如下。

需要计入固定资产成本的金额=60 000.00+300.00=60 300.00（元）

借：固定资产	60 300.00
应交税费——应交增值税（进项税额）	7 827.00
贷：银行存款	68 127.00

如果企业购入的机器设备需要进行安装才能投入使用，则发生的安装费要计入固定资产的成本，此时需要先通过"在建工程"科目核算，最后设备达到预定可使用状态时再从"在建工程"科目转入"固定资产"科目。

| 范例解析 | 购入一台需要安装的机器设备

假设2020年1月16日丙公司购入的一台生产设备需要安装后才能投入使用，且最终支付安装费4 000.00元，获得的增值税专用发票注明税率为9%，税额为360.00元。所有款项也都用银行存款支付完毕，账务处理如下。

①购入生产设备进行安装。

借：在建工程	60 300.00
应交税费——应交增值税（进项税额）	7 827.00
贷：银行存款	68 127.00

②支付安装费。

借：在建工程	4 000.00
应交税费——应交增值税（进项税额）	360.00
贷：银行存款	4 360.00

③设备安装完毕投入使用。

设备的入账成本=60 300.00+4 000.00=64 300.00（元）

借：固定资产	64 300.00
贷：在建工程	64 300.00

如果企业同一批次购入不同的生产设备，且货款是统一结算的，则在确认每一种生产设备的入账成本时，需根据每一种生产设备的公允价值比例分配买价。

如果企业外购的是厂房、办公楼等不动产，则账务处理与外购有形动产类似，而按照增值税新规的规定，外购不动产发生的增值税进项税额也一次性抵扣，不再分年抵扣。

4.2.2 自建固定资产不同环节的账务处理

企业若自行建造固定资产，应按建造该项固定资产使其达到预定可使用状态前发生的必要支出总额，确认固定资产的成本。

与购入需要安装的生产设备一样，自行建造固定资产的，应先通过"在建工程"科目核算，待固定资产达到预定可使用状态时再从"在建工程"科目转入"固定资产"科目。

企业自行建造固定资产的方式有两种：一是完全自营建造；二是出包建造，两种情况下的账务处理是不同的。

（1）自营工程的自建

自营工程的自建是指企业自行采购建造固定资产的工程物资，自行组织施工人员和设备安装人员的固定资产自建活动。购入物资时，先用"工程物资"科目核算物料的成本；将物资投入建造固定资产时，将"工程物资"科目的借方发生额合计数转入"在建工程"科目的借方；当固定资产达到预定可使用状态时，再将"在建工程"科目的借方发生额合计数转入"固定资产"科目的借方。

在建造过程中，领用的本企业自产货物或者外购货物、支付的工程人员工资等，均计入"在建工程"科目核算。需要注意的是，如果领用的是本企业自行生产的货物，则视同销售行为；如果领用的是企业外购的除工程物资以外的其他货物，则对应的增值税进项税额需要做转出处理。来看看具体例子。

| 范例解析 | 公司自行建造厂房的账目核算

2020年1月初，乙公司开始自行建造生产用的厂房，已知1月3日购入

一批工程物资，价款为60.00万元，增值税专用发票上注明的增值税税额为78 000.00元，全部用于厂房的修建。已知修建过程中领用了一些企业自产的成品材料，实际成本为20.00万元，按市场售价确认增值税销项税额为39 000.00元。应付建造工人工资共20.00万元，应支付的其他费用价税总计22 600.00元（其中增值税税额为2 600.00元）。厂房达到预定可使用状态，应做的账务处理如下。

①购入工程物资待用。

借：工程物资　　　　　　　　　　　　　　　　600 000.00

　　应交税费——应交增值税（进项税额）　　　78 000.00

　　贷：银行存款　　　　　　　　　　　　　　678 000.00

②建造厂房领用全部工程物资。

借：在建工程　　　　　　　　　　　　　　　　600 000.00

　　贷：工程物资　　　　　　　　　　　　　　600 000.00

③领用本企业自产成品材料。

借：在建工程　　　　　　　　　　　　　　　　239 000.00

　　贷：库存商品　　　　　　　　　　　　　　200 000.00

　　　　应交税费——应交增值税（销项税额）　　39 000.00

④确认应支付给建造工人的工资。

借：在建工程　　　　　　　　　　　　　　　　200 000.00

　　贷：应付职工薪酬　　　　　　　　　　　　200 000.00

⑤确认支付的其他费用。

借：在建工程　　　　　　　　　　　　　　　　20 000.00

　　应交税费——应交增值税（进项税额）　　　2 600.00

　　贷：银行存款　　　　　　　　　　　　　　22 600.00

⑥厂房修建完工并达到预定可使用状态。

确认计入固定资产成本的金额=600 000.00+239 000.00+200 000.00+20 000.00

=1 059 000.00（元）

借：固定资产   1 059 000.00

　　贷：在建工程   1 059 000.00

也就是说，乙公司自行建造的厂房入账价值为105.90万元。

注意，当企业在领用自产货物用于自建固定资产时，确认的是增值税销项税额；如果领用的是外购的原材料或者外购后直接用于销售的商品，则需要转销领用部分的增值税进项税额。

（2）出包工程的自建

出包工程的自建是指企业通过招标方式将需要修建的固定资产项目出包给建造承包商，由建造承包商组织施工的建造活动。在这种自建方式下，工程的具体支出主要由建造承包商核算，而发包企业的"在建工程"科目则主要核算企业与建造承包商之间办理工程价款结算的款项，即企业支付给建造承包商的工程价款，作为工程成本，通过"在建工程"科目核算。

企业根据合同规定，按照合理估计的发包工程的具体进度向建造承包商结算进度款，并由建造承包商开具增值税专用发票，发包企业按发票注明的价款，借记"在建工程"科目；按注明的税额，借记"应交税费——应交增值税（进项税额）"科目；按实际支付的金额，贷记"银行存款"科目。同理，工程达到预定可使用状态时，将入账成本从"在建工程"科目转入"固定资产"科目。

| 范例解析 |　企业以出包方式建造厂房

2019年下半年，甲公司的业务拓展很快，产品的生产供应已经达不到客户的购买需求。于是公司决定扩建厂房，由于员工们都参与了产品的生产、销售等业务，所以没有多余的人负责建造厂房。甲公司遂将该工程出包给了一位建造承包商，双方都是增值税一般纳税人。按照双方签订的合同规定和合理估计的发包工程进度，甲公司向承包商结算了进度款，并取得承包商开具的增值税专用发票，注明价款为68.00万元，增值税税额为6.12万元（税率

为9%）。2020年1月，厂房建造完工后，甲公司收到承包商开具的有关工程结算的增值税专用发票，补付了工程款45.00万元和增值税税款4.05万元。厂房达到预定可使用状态，甲公司应做的账务处理如下。

①按照工程进度结算工程款。

借：在建工程　　　　　　　　　　　　　　680 000.00

　　应交税费——应交增值税（进项税额）　61 200.00

　　贷：银行存款　　　　　　　　　　　　　741 200.00

②补付剩余工程款。

借：在建工程　　　　　　　　　　　　　　450 000.00

　　应交税费——应交增值税（进项税额）　40 500.00

　　贷：银行存款　　　　　　　　　　　　　490 500.00

③厂房达到预定可使用状态，确认固定资产入账价值。

固定资产入账成本=680 000.00+450 000.00=1 130 000.00（元）

借：固定资产　　　　　　　　　　　　　1 130 000.00

　　贷：在建工程　　　　　　　　　　　　1 130 000.00

4.2.3　固定资产使用消耗要计提折旧

企业的固定资产在使用过程中会发生必要的耗损，这也是资产成本在不断转销的表现。为了准确反映固定资产的成本转销情况，企业应在固定资产的使用寿命期内，按照确定的方法计提折旧。通俗理解，计提的折旧就是固定资产已经发挥了作用而不再继续发挥作用的那部分价值。

固定资产的折旧处理中需要明确的知识点有很多，如不同用途的固定资产的折旧额应计入不同的费用、计提折旧的起止时间、需要计提折旧的固定资产范围以及具体的折旧方法等。如表4-1所示的是不同用途的固定资产折旧额的确认。

表 4-1　不同用途的固定资产的折旧额计入的会计科目

固定资产	账务处理
生产车间使用的固定资产	计提的固定资产折旧额计入制造费用
财务部门和行政管理部门使用的固定资产	计提的固定资产折旧额计入管理费用
销售部门使用的固定资产	计提的固定资产折旧额计入销售费用

固定资产的折旧时间也要牢记，主要有如表 4-2 所示的 6 种情形。

表 4-2　不同情形下的固定资产折旧时间

情形	折旧时间
当月增加的固定资产	当月不计提折旧，次月开始计提折旧
当月减少的固定资产	当月要计提折旧，下月开始不再计提折旧
已经提足折旧的固定资产	无论是否继续使用，都不再计提折旧
没有提足折旧的固定资产不再使用	未提足的折旧不需要补提
已达到预定可使用状态但尚未办理竣工决算的固定资产	应按估计价值确定资产的成本，并计提折旧；待办理竣工决算后，再按实际成本调整原来的暂估价值，但不需要调整原来已经计提的折旧额
固定资产被重新估计了可变现净值	将可变现净值作为固定资产新的原值，计提折旧

了解了不同用途的固定资产折旧额计入的费用项目以及计提折旧的时间，那么，究竟哪些固定资产需要计提折旧呢？情况非常多，但是有两种情形下的固定资产不需要计提折旧，除了这两种情形外的所有固定资产均要计提折旧。

◆　已提足折旧但仍继续使用的固定资产。

◆　单独计价入账的土地。

每家企业至少应在每年年终时，对固定资产的使用寿命、预计净残值和折旧方法等进行复核，根据实际情况进行恰当的调整。固定资产的折旧方法主要有 4 种：年限平均法、工作量法、双倍余额递减法和年数总和法。为了进行对比学习，下面我们以与生产经营活动有关的器具和工具等这样的有形动产为例，讲解不同折旧方法下的固定资产折旧处理。

采用年限平均法时，将固定资产应计提的折旧总额均匀地分摊到固定资产的预计使用寿命内，这样每一个会计期间的折旧额都是相等的。涉及的计算公式如下。

年折旧额=固定资产原值×年折旧率=固定资产原值×［（1-预计净残值率）÷预计使用寿命（年）］

月折旧率=年折旧率÷12

月折旧额=固定资产原值×（1-预计净残值率）×月折旧率

| 范例解析 |　用年限平均法计提固定资产折旧

2020年1月，丙公司购入了一批用于生产经营活动的器具，价值5 000.00元，预计使用年限为5年，净残值率为4%。采用年限平均法对该批器具进行折旧，相关计算和账务处理如下。

这批器具的年折旧额=5 000.00×［（1-4%）÷5]=960.00（元）

月折旧额=960.00÷12=80.00（元）

从2020年2月开始，每月计提折旧时需要编制如下会计分录。

借：制造费用　　　　　　　　　　　　　　　　　80.00
　　贷：累计折旧　　　　　　　　　　　　　　　　　80.00

采用工作量法时，会根据实际工作量计算固定资产每个会计期间应计提的折旧额。这样每个会计期间的折旧额大小由固定资产的当期实际工作量决定。涉及的计算公式如下。

单位工作量折旧额=[固定资产原值×（1-预计净残值率）]÷预计总工作量

某项固定资产月折旧额=该项固定资产当月工作量×单位工作量折旧额

| 范例解析 |　用工作量法计提固定资产折旧

2020年1月，丙公司购入了一批用于生产经营活动的器具，价值5 000.00元，预计使用年限为5年，净残值率为4%。采用工作量法对该批器具进行折

旧，预估该批器具总的使用时间为36 500小时，第一年使用时间为8 200小时，第二年使用时间为7 600小时，第三年使用时间为7 200小时，第四年使用时间为6 800小时，第五年使用时间为6 700小时，相关计算和账务处理如下。

单位工作量折旧额=5 000.00×（1−4%）÷36 500=0.13（元）

第一年应计提的折旧额=8 200×0.13=1 066.00（元）

第二年应计提的折旧额=7 600×0.13=988.00（元）

第三年应计提的折旧额=7 200×0.13=936.00（元）

第四年应计提的折旧额=6 800×0.13=884.00（元）

第五年应计提的折旧额=6 700×0.13=871.00（元）

注意，因为此处的单位工作量折旧额进行了小数位数的取舍，所以导致5年总共的折旧额不等于理论上的4 800.00元（5 000.00−5 000.00×4%），但接近4 800.00元。这不影响计算的正确性。

第一年每月计提折旧额=1 066.00÷12=88.83（元）

借：制造费用   88.83

　　贷：累计折旧   88.83

以后每年每月计提该批器具的折旧额时，按照当月应计提的折旧金额编制借贷方会计科目相同的会计分录即可。

采用双倍余额递减法时，一般不考虑固定资产的预计净残值，然后根据每期期初固定资产原值减去累计折旧后的余额和双倍的直线法折旧率计算每期的应计提折旧额。但在使用寿命到期前的两年内，要考虑固定资产的预计净残值，然后对剩余的未计提折旧额进行平均分。涉及的计算公式如下。

年折旧率=2÷预计使用寿命（年）×100%

年折旧额=每个折旧年度年初固定资产账面净值×年折旧率

最后两年每年折旧额=（固定资产原值−已计提折旧总额−预计净残值）÷2

| 范例解析 | 　用双倍余额递减法计提固定资产折旧

2020年1月，丙公司购入了一批用于生产经营活动的器具，价值5 000.00元，预计使用年限为5年，净残值率为4%。采用双倍余额递减法对该批器具进行折旧，相关计算和账务处理如下。

年折旧率=2÷5×100%=40%

第一年应计提的折旧额=5 000.00×40%=2 000.00（元）

第二年应计提的折旧额=（5 000.00-2 000.00）×40%=1 200.00（元）

第三年应计提的折旧额=（5 000.00-2 000.00-1 200.00）×40%=720.00（元）

第四年、第五年每年应计提折旧额=（5 000.00-2 000.00-1 200.00-720.00-5 000.00×4%）÷2=440.00（元）

第一年每月计提折旧额=2 000.00÷12=166.67（元）

借：制造费用　　　　　　　　　　　　　　　166.67
　　贷：累计折旧　　　　　　　　　　　　　　166.67

与前面两个案例中第一年每月计提的折旧额相比，几乎是两倍的差距，这就是双倍余额递减法的实施效果。

以后每年每月计提该批器具的折旧额时，按照当月应计提的折旧金额编制借贷方会计科目相同的会计分录。

采用年数总和法时，将固定资产的原值减去预计净残值后的余额，乘以一个逐年递减的分数折旧率计算每年应计提的折旧额。这个分数折旧率的分子是固定资产尚可使用的年限，而分母是固定资产预计使用寿命的各年年数数字之和。涉及的计算公式如下。

年折旧率=尚可使用年限÷预计使用寿命的年数总和

尚可使用年限=预计使用寿命-已使用年限

预计使用寿命的年数总和=预计使用寿命×（预计使用寿命+1）÷2

年折旧额=（固定资产原值-预计净残值）×年折旧率

| 范例解析 | 用年数总和法计提固定资产折旧

2020年1月，丙公司购入了一批用于生产经营活动的器具，价值5 000.00元，预计使用年限为5年，净残值率为4%。采用年数总和法对该批器具进行折旧，相关计算和账务处理如下。

预计使用寿命的年数总和=5×（5+1）÷2=15

第一年的年折旧率=5÷15=1/3

第一年应计提折旧额=（5 000.00-5 000.00×4%）×1/3=1 600.00（元）

第二年的年折旧率=4÷15=4/15

第二年应计提折旧额=（5 000.00-5 000.00×4%）×4/15=1 280.00（元）

第三年的年折旧率=3÷15=1/5

第三年应计提折旧额=（5 000.00-5 000.00×4%）×1/5=960.00（元）

第四年的年折旧率=2÷15=2/15

第四年应计提折旧额=（5 000.00-5 000.00×4%）×2/15=640.00（元）

第五年的年折旧率=1÷15=1/15

第五年应计提折旧额=（5 000.00-5 000.00×4%）×1/15=320.00（元）

第一年每月计提折旧额=1 600.00÷12=133.33（元）

借：制造费用   133.33
　　贷：累计折旧   133.33

同样地，以后每年每月计提该批器具的折旧额时，按照当月应计提的折旧金额编制借贷方会计科目相同的会计分录。

通过本小节的4个案例可知，不同的固定资产折旧方法，每年或每月计提的折旧额是不同的。企业一旦确定折旧方法，一年内不得随意变更。若需变更，要先提出申请，批准同意后才能实施新的折旧方法。

4.2.4　固定资产可能发生减值的账务处理

对企业来说，大部分固定资产的使用时间较长，过程中可能会因为市场条件和经营环境等的变化，导致固定资产的真实价值有可能低于其账面价值，此时就表现为固定资产减值。

也就是说，固定资产在资产负债表日存在可能发生减值的迹象，即可收回金额<账面价值，这时企业应将固定资产的账面价值减记到可收回金额的水平，而减记的金额就确认为固定资产的减值损失，计入当期损益，即借记"资产减值损失——计提的固定资产减值准备"科目，贷记"固定资产减值准备"科目。和存货的减值损失不同，存货后期的价值上升后，以前转销的减值损失还可以转回，但固定资产的减值损失一旦确认，以后会计期间不得转回。

| 范例解析 |　固定资产发生减值要确认损失

2020年1月初，乙公司的某生产设备存在可能发生减值的迹象。1月18日，经企业相关人员测算，该设备的可收回金额为52.00万元，账面价值为54.00万元，以前年度也没有对该设备计提过减值准备。账务处理如下。

由于该设备可收回金额为52.00万元，但账面价值为54.00万元，可收回金额低于账面价值，说明设备减值了，财会人员应按两者之间的差额2.00万元计提固定资产减值准备，并编制如下会计分录。

借：资产减值损失——计提的固定资产减值准备　20 000.00

　　贷：固定资产减值准备　　　　　　　　　　　　　　　20 000.00

如果该设备在以前年度已经计提过减值准备，比如计提了1.00万元，则该案例中会计分录中的数据要变为10 000.00元；如果已经计提了3.00万元，则该案例不需要做任何账务处理，因为固定资产已经确认的减值损失在以后会计期间是不得转回的。

4.2.5　处置固定资产要借助"固定资产清理"科目

处置固定资产就是终止固定资产的确认，具体的处置情形包括出售、报废、毁损、对外投资、非货币性资产交换以及债务重组等。比如不再需要的固定资产对外出售、因技术进步或磨损等原因报废固定资产以及因遭受自然灾害而毁损固定资产等。这些情形都要按规定程序办理手续，结转固定资产的账面价值，计算相应的清理收入、费用和残料回收价值等。

无论是哪种处置情形，都要通过"固定资产清理"科目核算，在处置的过程中有如表 4-3 所示的 5 个重要的账务处理环节。

表 4-3　处置固定资产的重要环节

环节	账务处理
因出售、报废、毁损、对外投资、非货币性资产交换以及债务重组等转出固定资产	借：固定资产清理　（按固定资产的账面价值） 　　累计折旧　（按已计提的累计折旧） 　　固定资产减值准备　（按已计提的减值准备） 　贷：固定资产　（按账面原值）
发生清理费用（清理费用开具增值税专用发票的，借方核算进项税额）	借：固定资产清理　（按应支付的清理费用） 　　应交税费——应交增值税（进项税额） 　贷：银行存款
收回出售固定资产的价款、残料和变价收入等	借：银行存款　（按出售的价税合计） 　贷：固定资产清理　（按发票注明的售价） 　　　应交税费——应交增值税（进项税额） 借：原材料　（按回收入库残料的价值） 　贷：固定资产清理
发生保险赔偿	借：其他应收款　（按应由保险公司或过失人赔偿金额） 　贷：固定资产清理
处置固定资产的净损益	1. 属于生产经营期间的正常处置收益 借：固定资产清理 　贷：资产处置损益 2. 属于生产经营期间的正常处置损失 借：资产处置损益 　贷：固定资产清理 3. 属于自然灾害等非正常原因引起的处置收益 借：固定资产清理 　贷：营业外收入——非流动资产处置利得 4. 属于自然灾害等非正常原因引起的处置损失 借：营业外支出——非常损失 　贷：固定资产清理

| 范例解析 |　生产设备的性能太低需要报废的账务处理

2020年1月19日，丁公司在清理固定资产时，发现现有的一台生产设备由于技术进步的原因不再适用，而市场中也没有该设备的买家，于是公司只能做报废处理。已知该设备原价为36.00万元，购入时增值税税额为46 800.00元，已计提折旧32.40万元，没有计提减值准备，报废处置时，将残料售出获得变价收入1.60万元，增值税税额为2 080.00元，此次损失会由相关保险公司赔偿6 000.00元，处理过程中发生清理费用2 700.00元。所有款项已经通过银行存款结算完毕。相关账务处理如下。

①报废处理时将设备的账面价值转入清理。

借：固定资产清理　　　　　　　　　　　　　　36 000.00

　　累计折旧　　　　　　　　　　　　　　　 324 000.00

　　贷：固定资产　　　　　　　　　　　　　　　　 360 000.00

②确认残料的变价收入。

借：银行存款　　　　　　　　　　　　　　　　18 080.00

　　贷：固定资产清理　　　　　　　　　　　　　　 16 000.00

　　　　应交税费——应交增值税（销项税额）　　　 2 080.00

③确认保险公司的赔偿款。

借：其他应收款——××保险公司　　　　　　　 6 000.00

　　贷：固定资产清理　　　　　　　　　　　　　　　 6 000.00

借：银行存款　　　　　　　　　　　　　　　　 6 000.00

　　贷：其他应收款——××保险公司　　　　　　　　 6 000.00

④核算处置过程中发生的清理费用。

借：固定资产清理　　　　　　　　　　　　　　 2 700.00

　　贷：银行存款　　　　　　　　　　　　　　　　　 2 700.00

⑤结转报废设备发生的净损益。

固定资产清理的借方余额=36 000.00+2 700.00-16 000.00-6 000.00=16 700.00（元）

该设备的报废处理最终表现为报废损失，要将"固定资产清理"科目的借方余额从其贷方转入"资产处置损益"科目的借方。

借：资产处置损益　　　　　　　　　　　16 700.00
　　贷：固定资产清理　　　　　　　　　　　　16 700.00

在处置固定资产时，需要清楚区分出售和报废。出售时，变价收入对应的增值税销项税额要按照出售固定资产对应的增值税税率13%或9%处理，出售的是生产设备等有形动产，适用13%；出售厂房、办公楼等不动产，适用9%。报废时，变价收入对应的销项税额要按照出售材料或商品等存货对应的增值税税率13%处理。

4.2.6　固定资产不同的清查结果做不同的账

固定资产的清查工作主要适用实地盘点法，企业应定期或至少不长于一年的时间对固定资产进行清查盘点，以确保固定资产的核算工作准确无误，固定资产账实相符。在清查盘点过程中，为了详细记录固定资产的盘点情况和最终结果，需要编制《固定资产盘盈盘亏报告表》，并及时查明盘盈、盘亏的原因，同时按规定程序报批处理。

（1）固定资产盘盈

固定资产盘盈是指清查盘点过程中发现固定资产的实有数大于其账面数，盘盈的固定资产要根据企业会计准则的相关规定，作为重要的前期差错进行更正处理。此时需要用到"以前年度损益调整"科目进行核算，同时还涉及补缴企业所得税、补提盈余公积等。盘盈的固定资产要按照重置成本确定入账价值，调整固定资产的账面价值。

| 范例解析 |　前期未入账的固定资产要做前期差错更正

2020年1月20日，甲公司对内部的固定资产进行了一次全面的清查盘点，发现有一台2019年12月购入的生产设备没有入账，该设备的重置成本为8.00

万元。根据规定，公司需按净利润的10%提取法定盈余公积，已知该公司适用企业所得税税率为25%，账务处理如下。

①盘盈固定资产，审批前，调增固定资产的账面价值。

借：固定资产　　　　　　　　　　　　　80 000.00

　　贷：以前年度损益调整　　　　　　　　　　80 000.00

②审批后，补缴企业所得税，计提盈余公积并结转留存收益。

应补缴的企业所得税税额=80 000.00×25%=20 000.00（元）

借：以前年度损益调整　　　　　　　　　20 000.00

　　贷：应交税费——应交企业所得税　　　　　20 000.00

净利润增加数=80 000.00-20 000.00=60 000.00（元）

提取的法定盈余公积=60 000.00×10%=6 000.00（元）

借：以前年度损益调整　　　　　　　　　60 000.00

　　贷：盈余公积——法定盈余公积　　　　　　6 000.00

　　　　利润分配——未分配利润　　　　　　　54 000.00

在该案例中，对盘盈的固定资产在审批后补缴企业所得税、补提盈余公积以及结转留存收益等处理，都是进行前期差错更正的具体内容。

（2）固定资产盘亏

固定资产盘亏是指清查盘点过程中发现固定资产的实有数小于其账面数，盘亏的固定资产与本书第 2 章 2.1.7 节讲解的存货的盘亏以及本章 4.1.3 节讲解的现金的盘亏处理类似，也通过"待处理财产损溢"科目核算。

固定资产盘亏的账务处理中，按照盘亏的固定资产的账面价值，借记"待处理财产损溢"科目；按已计提的累计折旧，借记"累计折旧"科目；按已计提的减值准备，借记"固定资产减值准备"科目；按固定资产的原值，贷记"固定资产"科目。报经审批处理后，按可收回的保险赔偿或过失人赔偿，借记"其他应收款"科目；按净损失，借记"营业外支出——盘亏损失"科目；贷记"待处理财产损溢"科目。

另外，如果盘亏的固定资产经查明后发现是人为造成的，则盘亏固定资产对应的增值税进项税额要做转出处理；非人为造成的，不做转出处理。

| 范例解析 | 生产设备短缺有过失人的账务处理

2020年1月21日，丙公司对自身拥有的固定资产进行了清查，发现短缺了一台生产设备，原值为3.60万元，对应的增值税进项税额为4 680.00元，前期已经抵扣。已知该设备已经计提折旧2.52万元，没有计提减值准备，查明原因后发现是因某员工使用不当造成的报废，报经审批后决定由过失人赔偿500.00元，其余短缺损失确认为营业外支出。财会人员要做的账务处理如下。

①盘亏生产设备，审批前，调减固定资产账面价值。

借：待处理财产损溢　　　　　　　　　　　　　10 800.00

　　累计折旧　　　　　　　　　　　　　　　　25 200.00

　　贷：固定资产　　　　　　　　　　　　　　36 000.00

②审批后，转出固定资产的增值税进项税额，同时确认净损失。

借：待处理财产损溢　　　　　　　　　　　　　4 680.00

　　贷：应交税费——应交增值税（进项税额转出）　4 680.00

待处理财产损溢的借方发生额合计=10 800.00+4 680.00=15 480.00（元）

借：其他应收款——××　　　　　　　　　　　500.00

　　营业外支出——盘亏损失　　　　　　　　　14 980.00

　　贷：待处理财产损溢　　　　　　　　　　　15 480.00

该案例中盘亏的生产设备是人为因素造成的，因此对应的增值税进项税额不得抵扣，前期抵扣的，就要做进项税额转出处理。如果盘亏的固定资产有保险公司赔偿，则由保险公司赔偿的部分也用"其他应收款"科目核算。盘亏的固定资产与出售或报废的固定资产不同，盘亏的固定资产一定表现为净损失。

| 4.3 |
无形资产从取得到处置的全流程账务

无形资产是企业拥有的、没有实物形态的、可辨认的非货币性资产，通常从狭义范围理解，有专利权、非专利技术、商标权、特许经营权和著作权等。无形资产对企业的作用和影响是长久而深远的，但它不像固定资产最终一般有净残值，即无形资产的残值通常视为零。作为企业的财会人员，掌握无形资产的全流程账务处理也是必备专业技能之一。

4.3.1　外购无形资产核算入账价值

缺乏研发技术的企业，如果想拥有某项无形资产，只能通过外购的方式取得。外购无形资产时，资产的入账价值就是其购买时付出的成本，包括买价、相关税费和直接归属于使该项无形资产达到预定用途而发生的其他支出。需要说明的是，这里的相关税费不是增值税进项税额。

按照增值税发票上记载的价款，借记"无形资产"科目；按记载的税额，借记"应交税费——应交增值税（进项税额）"科目；按价税合计，贷记"银行存款"科目。不能抵扣增值税进项税额的，税额计入"无形资产"科目，与买价一起确认为无形资产的入账成本。

| 范例解析 |　购入一项非专利技术确认为无形资产

2020年1月2日，丁公司购入了一项非专利技术，取得增值税专用发票，注明价款85.00万元，税率6%，增值税税额51 000.00元，全部价款以银行存款付讫，相关账务处理如下。

借：无形资产		850 000.00
应交税费——应交增值税（进项税额）		51 000.00
贷：银行存款		901 000.00

如果因为一些原因，这 51 000.00 元的增值税进项税额不能抵扣，则该案例应编制的会计分录如下。

借：无形资产   901 000.00

 贷：银行存款   901 000.00

4.3.2　自行研发无形资产的费用核算

若企业拥有技术过硬的研发团队，也可自行研发所需的无形资产，如产品生产技术。但企业在自行研发无形资产时，必须严格区分研究阶段和开发阶段，因为不同阶段对发生的研发支出有不同的处理方法，具体如表4-4所示。

表4-4　对研发无形资产的支出做不同的处理

阶段	研发支出的处理
研究阶段	理论上，该阶段发生的所有支出全部费用化，计入"研发支出——费用化支出"科目，发生时计入借方，而贷方登记"应付职工薪酬""原材料"或"银行存款"等科目，如果有需要抵扣的增值税税额，则还要借记"应交税费——应交增值税（进项税额）"科目
开发阶段	1.不满足资本化条件的支出，计入"研发支出——费用化支出"科目，发生时计入借方。 2.满足资本化条件的支出，计入"研发支出——资本化支出"科目，发生时计入借方。 这两种处理方式下，贷方都应登记"应付职工薪酬""原材料"或"银行存款"等科目，如果有可抵扣的增值税税额，也都要借记"应交税费——应交增值税（进项税额）"科目

当研发的项目达到预定用途形成无形资产时，应将"研发支出——资本化支出"科目的借方发生额合计数全部转入"无形资产"科目的借方。不管是哪个阶段发生的费用化支出，都要确认为管理费用，即将"研发支出——费用化支出"科目的借方发生额合计数全部转入"管理费用"科目的借方。

如果企业在自行研发无形资产时无法明确区分研究阶段的支出和开发阶段的支出，应将发生的支出全部费用化，计入当期损益。

| 范例解析 |　公司自行研发一项生产技术的账务处理

　　乙公司内部拥有一支技术高超的研发团队，2019年2月开始研发一项生产技术，截至2019年7月底，发生研发支出共250.00万元。经测试该项研发活动才刚完成了研究阶段，从8月初开始进入开发阶段。2019年8月至2020年1月，总共发生开发支出120.00万元，全部符合企业会计准则规定的资本化条件，且取得的增值税专用发票上注明的增值税税额总计15.60万元。2020年1月底，该项研发活动结束，最终形成了一项新的生产技术。财会人员需要做的账务处理如下。

　　①2019年2~7月底发生的研发支出全部费用化。

　　借：研发支出——费用化支出　　　　　　　　　 2 500 000.00

　　　　贷：银行存款　　　　　　　　　　　　　　　　 2 500 000.00

　　②2019年7月底研究阶段结束后确认费用化的研究支出为管理费用。

　　借：管理费用　　　　　　　　　　　　　　　　 2 500 000.00

　　　　贷：研发支出——费用化支出　　　　　　　　　 2 500 000.00

　　③2019年8月初至2020年1月底发生的研发支出全部资本化。

　　借：研发支出——资本化支出　　　　　　　　　 1 200 000.00

　　　　应交税费——应交增值税（进项税额）　　　 156 000.00

　　　　贷：银行存款　　　　　　　　　　　　　　　　 1 356 000.00

　　④2020年1月底研发活动结束，形成新的生产技术，确认无形资产。

　　借：无形资产　　　　　　　　　　　　　　　　 1 200 000.00

　　　　贷：研发支出——资本化支出　　　　　　　　　 1 200 000.00

4.3.3　无形资产使用消耗要进行成本摊销

　　和固定资产一样，无形资产通过使用转销成本。但不同的是，在对无形资产的成本进行摊销时，使用的会计科目是"累计摊销"，而不是"累计折旧"。无形资产的摊销规则与固定资产有明显不同，具体内容如表4-5所示。

表 4-5　无形资产的各种摊销规则

情形	摊销规则
要不要摊销	企业应在取得无形资产时分析判断其使用寿命，寿命有限的无形资产要进行摊销，寿命不确定的无形资产不摊销
是否全额摊销	使用寿命有限的无形资产，一般没有净残值，即需要全额摊销
无形资产增加	从可供使用（即达到预定用途时）的当月开始摊销
无形资产减少	处置无形资产的当月不再摊销
摊销方法	主要有年限平均法（即直线法）、产量法、双倍余额递减法和年数总和法，与固定资产相同。如果无法确定无形资产预期的实现方式，则应采用年限平均法进行摊销

无形资产的摊销额一般计入当期损益，但不同用途的无形资产的摊销额需计入不同的会计科目，如表 4-6 所示。

表 4-6　计入不同会计科目的无形资产摊销额

情形	摊销额计入的科目
管理用的无形资产	计入"管理费用"科目，即借记"管理费用"科目
出租的无形资产	计入"其他业务成本"科目，即借记"其他业务成本"科目，此时租金收入计入"其他业务收入"科目
无形资产包含的经济利益可通过生产的产品或其他资产实现	计入相关资产的成本，即借记"生产成本""制造费用"等科目

| 范例解析 |　引进某生产技术的成本摊销处理

2020年1月18日，丙公司购买了一项生产技术，价值460.00万元，合同规定受益年限为10年，丙公司采用年限平均法按月进行摊销。账务处理如下。

丙公司每年应摊销金额=4 600 000.00÷10=460 000.00（元）

每月应摊销金额=460 000.00÷12=38 333.33（元）

每月核算应摊销额时编制如下会计分录。

借：生产成本　　　　　　　　　　　　　　　38 333.33

　　贷：累计摊销　　　　　　　　　　　　　　　38 333.33

在该案例中，无形资产直接用于生产活动，因此计入"生产成本"科目。

| 范例解析 |　对外出租生产技术的无形资产摊销处理

2020年1月15日，甲公司将自身拥有的一项生产技术出租给某外单位使用，合同约定租赁期限为5年。已知该生产技术的成本为400.00万元，已经自用了一年，累计摊销了40.00万元，总共使用期限为10年。公司采用年限平均法进行摊销，账务处理如下。

每年应摊销金额=4 000 000.00÷10=400 000.00（元）

每月应摊销金额=400 000.00÷12=33 333.33（元）

在生产技术出租期间，每月计提的摊销额确认为其他业务成本，财会人员应编制如下会计分录。

借：其他业务成本　　　　　　　　　　　　　33 333.33

　　贷：累计摊销　　　　　　　　　　　　　　　33 333.33

该案例中，由于无形资产出租给外单位使用，所以在出租期间发生的成本摊销额计入"其他业务成本"科目。另外租金收入的会计分录这里没有作讲解。

4.3.4　无形资产可能发生减值的账务处理

在经济实务中，不仅存货和固定资产会发生减值，无形资产也会。在资产负债表日，当无形资产的可收回金额低于其账面价值时，就说明该无形资产有减值的迹象，财会人员应将该无形资产的账面价值减记至可收回金额，而减记的金额就会确认为减值损失，计入当期损益。这一过程中涉及无形资产减值准备的计提，即按减记的金额，借记"资产减值损失——计提的无形资产减值准备"科目，贷记"无形资产减值准备"科目。

和固定资产一样，无形资产的减值损失一旦确认，在以后的会计期间不得转回。

| 范例解析 | 生产技术出现瑕疵导致减值的账务处理

乙公司拥有一项自创的生产技术，成本为380.00万元，预计使用寿命为10年。到2020年1月底，该项技术已经摊销了6年。1月18日，公司对该项生产技术进行了减值测试，发现了技术存在一些小瑕疵，可收回金额只有145.00万元。已知公司采用年限平均法摊销该无形资产，账务分析、计算和处理如下。

已摊销金额=380.00÷10×6=228.00（万元）

资产负债表日账面价值=380.00-228.00=152.00（万元）

由于账面价值152.00万元高于其可收回金额145.00万元，说明该项生产技术有减值的迹象，财会人员需要计提减值准备。应按两者的差额7.00万元（152.00-145.00）编制如下会计分录。

借：资产减值损失——计提的无形资产减值准备　70 000.00
　　贷：无形资产减值准备　　　　　　　　　　　　　　　70 000.00

如果后期该项生产技术的可收回金额有所增长，之前确认的无形资产减值损失也不能再转回。

4.3.5　处置无形资产要影响利润

无形资产的处置情形主要有两种：一是转让出售，二是报废。两种情形下的账务处理是不同的，但有一点是相同的，就是处置取得的价款扣除无形资产账面价值和相关税费后的差额作为资产处置损益进行核算。

（1）转让出售无形资产

转让出售无形资产时，企业应按实际收到或应收的金额，借记"银行存款""其他应收款"等科目；按已计提的累计摊销，借记"累计摊销"科目；

按实际支付的可抵扣增值税进项税额，借记"应交税费——应交增值税（进项税额）"科目；按无形资产的原值，贷记"无形资产"科目；按开具的增值税专用发票注明的销项税额，贷记"应交税费——应交增值税（销项税额）"科目；按借贷方的差额，贷记或借记"资产处置损益"科目。

| 范例解析 | 将拥有的专利权转让给其他单位

丙公司为增值税一般纳税人，公司旗下拥有一项专利权，原值为110.00万元，已计提摊销额22.00万元。2020年1月20日，公司将该项专利权转让给了外单位，开具了增值税专用发票，注明价款94.00万元，税率6%，增值税销项税额为56 400.00元。所有款项用银行存款办结。财会人员应做如下账务处理。

借：银行存款　　　　　　　　　　996 400.00

　　累计摊销　　　　　　　　　　220 000.00

　　贷：无形资产　　　　　　　　　　　1 100 000.00

　　　　应交税费——应交增值税（销项税额）　56 400.00

　　　　资产处置损益　　　　　　　　　　60 000.00

案例中"资产处置损益"科目的金额60 000.00元是根据"996 400.00+220 000.00-1 100 000.00-56 400.00"计算得出的，该科目在会计分录的贷方，表示丙公司转让该项专利权获得了净收益6.00万元。

如果"银行存款"科目和"累计摊销"科目的合计数＜"无形资产"科目和"应交税费——应交增值税（销项税额）"科目的合计数，那么"资产处置损益"科目就需列示在会计分录的借方，表示公司转让专利权时发生了净损失。

由于"资产处置损益"是利润表中的项目，在核算企业的营业利润时会涉及，所以，转让出售无形资产会影响企业当期的营业利润计算结果。

（2）报废无形资产

无形资产一旦做报废处理，就说明该项无形资产预期已经不能再为企业带来未来经济利益，此时应将无形资产的账面价值予以转销，计入当期损益，用"营业外支出"科目核算。具体账务处理为：按已计提的累计摊销额，借记"累计摊销"科目；按已计提的减值准备，借记"无形资产减值准备"科目；按无形资产的原值，贷记"无形资产"科目；按借贷方差额，借记"营业外支出"科目。

| 范例解析 | 生产技术落后不再适用做报废处理

随着市场中各种生产技术的不断改进和发展，丁公司发现其自行研发的一项生产技术已经不再适用现在的生产需要，也没有对外转让的任何价值。于是只能对该项技术做报废处理。已知该项生产技术的入账价值为360.00万元，已计提累计摊销额288.00万元，2020年1月19日，公司财会人员对该项生产技术做了如下账务处理。

借：累计摊销　　　　　　　　　　　　2 880 000.00

　　营业外支出　　　　　　　　　　　　 720 000.00

　　贷：无形资产　　　　　　　　　　　　 3 600 000.00

在该案例中，无形资产原值为360.00万元，已计提摊销额288.00万元，剩余72.00万元的价值。但是做了报废处理以后，这72.00万元的剩余价值就没有任何作用，也就直接确认为营业外支出，做损失处理。

由于"营业外支出"也是利润表中的项目，在计算企业的净利润时会涉及，所以报废处理无形资产会影响企业当期的净利润计算结果。

第 5 章

凭证与账簿是重要的会计资料

会计凭证和会计账簿是每一家企业在经营过程中形成的重要会计资料，不仅详细记录了发生的所有经济业务的情况，还总结出了企业在不同时期的财务状况、经营成果和现金流量状态，是经营者和管理者了解企业发展实情的重要依据，所以管理工作要做好。

| 5.1 |
原始凭证的填制、获取及审核

原始凭证是企业生产、经营过程中最初的会计凭证，有些是从外单位获取的，如增值税发票；有些是自行编制的，如领料单、出库单和借款单等。原始凭证是企业财会人员登记入账的直接依据，因此该类凭证的填制、获取和审核工作一定要仔细，为后续做账工作打好基础。

5.1.1 一般原始凭证的填制

无论需要填制的是哪种原始凭证，凭证的基本内容都是一样的，不同的只是格式。那么原始凭证具体包括哪些基本内容呢？如表 5-1 所示。

表 5-1 原始凭证包含的基本内容

内容	说明
凭证的名称	不同的原始凭证，名称不同，如"领料单""借款单""入库单""出库单"和"××增值税专用发票"等
填制凭证的日期	一般在凭证名称的正下方，为填制原始凭证当天的日期
填制凭证的单位名称和填制人姓名	指填制原始凭证的单位的全称或标准简称，以及填制凭证的具体填制人员的姓名
经办人员的签名或盖章	经办人员包括填制凭证人员、审核人员、过账人员和财务负责人等，这些人要在原始凭证的相关位置处签名或盖章，以示负责
接受凭证的单位名称	领料单、出库单和入库单等的接受单位一般是填制凭证的单位自身，而借款单的接受者一般为本企业员工，增值税发票的接受单位就是企业的购买方，相关位置要标明这些人或组织的姓名或全称
经济业务的内容	即凭证记录的经济业务情况的简要说明，如领料单上注明"××领用材料做什么"，借款单上注明"××借备用金做什么"等
数量、单价和金额	即写明经济业务涉及的商品、服务或劳务对应的数量、单价和总金额情况，如领料单写明领用材料多少千克、每千克多少元、共多少钱等

虽然不同的原始凭证有不同的填制要求，但都需要遵循的基本要求有如表 5-2 所示的 7 点。

表 5-2 填制原始凭证的基本要求

要求	内容
记录真实	原始凭证中填列的所有信息都必须真实可靠，尤其是经济业务的内容和金额数字等必须符合实际情况
内容完整	原始凭证上要求填列的所有项目都必须逐项填列齐全，不能遗漏或省略不填，要求写全称的必须写全称，不能简写
手续完备	如果是企业自制的原始凭证，则必须由经办单位的相关负责人签名盖章；如果是对外开出的原始凭证，则必须加盖本企业的公章或财务专用章；从外单位获得的原始凭证，必须检查是否加盖了必要的印章
书写清楚规范	填制原始凭证时文字要简明，字迹要清晰且易于辨认，因此不能使用未经国务院公布的简化汉字和不被认可的数字，具体要求如下。 1. 大小写金额必须一致。 2. 大写金额用汉字壹、贰、叁、肆、伍、陆、柒、捌、玖、拾、佰、仟、万、亿、元、角、分、零和整等分别表示小写金额的 1、2、3、4、5、6、7、8、9、10 等，且大写金额前必须印有或加写"人民币"3 个字，大写金额之间不能留空白。到元或角为止的，后面要写"整"或"正"字；有分的，不写"整"或"正"字，如 500 元，大写成"伍佰元整"。 3. 小写金额用阿拉伯数字逐个书写，不能写连笔字，且金额前面必须注明人民币符号"¥"，与金额之间也不能留空白。金额数字一律填写到角分，无角无分的，在小数点后写"00"或符号"-"；有角无分的，分位写"0"，不能用符号"-"。比如可以写成 500.00 或者 500.-，但只能写成 500.10 而不能写成 500.1-
编号连续	各种凭证要连续编号，便于后期查账。一些在填制前就已经印好编号的凭证，如发票和支票等，如果填制时发生错误而作废，只能加盖"作废"戳记保留，不能撕毁
不得涂改、刮擦或挖补	原始凭证填制的内容如果有误，不能直接涂改、挖补或刮擦，应按照规定进行更正。比如金额有误，应由出具单位重开，不能在原始凭证上更正；有其他错误的，应由出具单位重开或更正，更正处还要加盖出具单位的印章
填制及时	原始凭证的填制必须及时，因为它是编制记账凭证的直接依据，这也是提高财会工作效率的重要措施

5.1.2 增值税发票的开具

增值税发票的开具方式有两种：一是自行开票，二是税务代开。不同的开具方式下，企业需要做的事情有所不同。

◆ **自行开具发票**：通常只要企业有业务收入，就需要尽早向主管税务机关申请开票资格，然后自行开票。

◆ **税务代开发票**：有一些企业或个人没有开具增值税发票的资格，就需要申请由主管税务机关代开发票，或者委托有代开发票资格的受托者代为开具增值税发票。

无论是企业自行开具增值税发票，还是向其他有资格开具发票的单位申请代开，都必须按照如表 5-3 所示的相关规定开具。

表 5-3 开具增值税发票的规定

规定	内容
项目齐全且内容一致	增值税发票的开票日期、购买方信息、销售方信息、经济业务的具体内容、联次信息以及经办人员签章等项目都要填写齐全，且全部联次要一次填开，各联次的内容和金额必须一致
字迹清晰、不得涂改	增值税发票上的文字和数字字迹要清晰可辨，书写要规范。若填写错误，不能在原发票上直接涂改再用，而应另行开具发票，并在填写错误的原发票上注明"误填作废"等字样；如果因购买方不索取发票而导致开具的发票成为废票，也应按填写有误的处理办法解决
印章的使用要规范	增值税发票的发票联和抵扣联应加盖开具单位的发票专用章，不能加盖其他财务印章。发票专用章要使用红色印泥
"销货单位"栏不能手写	纳税人开具增值税发票时，必须预先在"销货单位"栏加盖印章，并且不能手工填写该栏的内容。如果手工填写，属于未按规定开具增值税发票，购货方就不能以该发票作为扣税凭证。注意，发票的"销货单位"栏的戳记要用蓝色印泥
大小写金额前面要封顶	指开具的增值税发票上的金额处，大写金额前用"人民币"3 个字封顶，且与大写金额之间不留空白；小写金额前用符号"¥"封顶，且与小写金额之间不留空白
单位名称规范	购销双方的单位名称必须写全称或者标准简称，不能任意写简称

续上表

规定	内容
发票代开规范	如果由税务机关代开发票，除了加盖纳税人的财务专用章外，必须同时加盖税务机关代开增值税发票章。如果不按规定盖章，购货方一律不得将该发票作为抵扣凭证
不得拆本使用	企业向主管税务机关申请领购的发票不能拆本使用，必须按顺序填开

在企业漫长的生产、经营过程中，除了按正常经营业务开具增值税发票外，还会遇到特殊情况而重开发票，这些特殊情况主要有如下 3 种。

◆ 原先开具的增值税发票有误。

◆ 企业售出的商品发生销货退回。

◆ 企业开具的发票被退回等。

如果纳税人在开具增值税发票的当月发生销货退回、开票有误等情形，在收到退回的发票联、抵扣联等符合作废条件的，按作废处理；开具时立刻发现填写有误的，可立即作废。作废后重新开具发票，作废的发票必须在防伪税控系统中将相应的数据电文按"作废"处理，在纸质发票的各联次上注明"作废"字样，全部联次留存保管。

但有些错误的发票已经跨月或已经进行抄税处理，这样的发票不能做作废处理，此时销货方必须先开具红字发票冲销原发票，然后才能重新开具正确的发票。这是发生销货退回、开票有误等情形而不符合作废条件的处理。

如果因为开具的增值税发票有误而被购买方拒收的，或因开票有误而未将增值税发票交付给购买方的，开票单位（即销售方）必须主动向主管税务机关提出申请，然后根据主管税务机关出具的通知单开具红字增值税发票冲销原错误发票，再重新开具正确的增值税发票。

如果纳税人丢失了已开具的增值税发票，或者发票的某一联次或某些联次，导致无法进行抵扣但又需要抵扣的，销货方需根据需要和要求重新开具增值税发票。

5.1.3　财会人员可能收到的外来原始凭证

外来原始凭证是指企业在与外单位发生经济业务往来时从外单位或个人处直接取得的原始凭证。这些外来原始凭证都是一次凭证，只反映一项经济业务，或者同时反映若干项同一性质的经济业务。

那么，对企业来说有哪些常见的外来原始凭证呢？如下所示。

◆ 企业采购材料时从供货单位取得的增值税发票。

◆ 银行转来的收款托运输部门运输货物时取得的运单。

◆ 出差人员回公司报账时提供的车船、住宿票。

◆ 企业发生购销业务产生的货物运单。

◆ 银行的收账通知单。

◆ 企业收到的海关出具的税收缴款书。

◆ 其他银行结算凭证等。

上述这些外来原始凭证也有可能出现在本企业的某些经济业务或事项中，因为角色的互换而需要由企业开出，所以财会人员也要学会这些原始凭证的填制。其中运单、银行收账通知单和税收缴款书除外，这些一般都是由交易双方之外的第三方开具。

5.1.4　原始凭证审核无误才能作为记账依据

企业要保证原始凭证反映的经济业务的发生和完成情况真实可靠，财会工作充分发挥监督职能，就必须使原始凭证记录的信息真实、完整，这就要求企业的财会人员必须对原始凭证进行严格的审核，然后再作为编制记账凭证的依据，这样才能有效传递真实的会计信息。

在审核原始凭证时，具体要审核哪些内容，才可能尽最大努力保证原始凭证记录真实、完整呢？财会人员在审核时主要从凭证的真实性、合法性、合理性、完整性和正确性等方面入手，如图5-1所示。

审核真实性

看原始凭证的填制日期、经济业务的内容以及相关数据等是否真实。另外，看外来原始凭证是否加盖了开具单位的公章或财务专用章，是否有填制人员的签章；看自制的原始凭证是否有经办部门和经办人员的签名或盖章。如果这些项目未填或填写不正确，则原始凭证缺乏真实性，不能作为记账依据。

审核合法性

具体审核原始凭证记录的经济业务是否符合国家法律、法规的规定，是否履行了规定的凭证传递和审核程序。

审核合理性

看原始凭证记录的经济业务是否符合企业经济活动的需要，是否符合企业作出的有关计划和预算，是否存在虚拟经济交易的情况等。

审核完整性

审核原始凭证的各个基本项目是否齐全，是否有漏项。比如，日期是否填写完整，数字和数据等的书写是否清晰完整，文字描述是否简明、完整，各经办人员的签章是否齐全，以及凭证的各联次是否完整且正确等。

审核正确性

审核原始凭证的各个基本项目的填写是否正确，如接受原始凭证的单位的名称是否正确，经济业务涉及的金额计算和填写是否正确，大小写金额是否一致，大小写金额前是否封顶书写了"人民币"3 个字或"¥"符号，错误书写的更正是否正确，以及加盖的印章是否正确等。

图 5-1　原始凭证的审核内容

对于原始凭证的审核结果，涉及的处理意见有如下 3 种。

◆ **完全符合要求的原始凭证**：财会人员要及时填制记账凭证，即登记入账。

◆ **不真实或不合法的原始凭证**：财会人员不予接受，并报本单位负责人知晓。

◆ **真实、合法且合理，但不完整或不正确的原始凭证**：由企业退回给经办人重新开具或更正。

| 5.2 |
记账凭证的填制与审核

记账凭证是企业财会人员根据审核无误的原始凭证填制的一种会计凭证，是登记会计账簿的直接依据。记账凭证会简要地记录所发生的经济业务或事项的情况，同时确定账务处理的会计分录，因此记账凭证也被称为分录凭证。记账凭证上承原始凭证，下启会计账簿，对企业会计资料的传递起着中转作用，所以它的填制与审核也尤为重要。

5.2.1　了解记账凭证的种类和适用范围

要想更好地学习记账凭证的填制，首先要了解记账凭证的具体种类和适用范围。根据不同的分类依据，记账凭证可以划分为不同的种类。

（1）按照经济业务内容或资金收付情况分类

该分类依据下，通常将记账凭证分为三大类：收款凭证、付款凭证和转账凭证，具体说明和适用范围如表5-4所示。

表5-4　按经济业务内容分类的记账凭证

种类	说明	适用范围
收款凭证	是专门记录库存现金和银行存款收款业务的记账凭证，主要根据库存现金和银行存款的收入业务的原始凭证填制，是登记现金日记账、银行存款日记账和有关明细分类账及总分类账等账簿的依据	所有涉及库存现金和银行存款的收款业务都需要填制收款凭证，但不涉及库存现金和银行存款的业务不能填制收款凭证

续上表

种类	说明	适用范围
付款凭证	是专门记录库存现金和银行存款付款业务的记账凭证，主要根据库存现金和银行存款的支出业务的原始凭证填制，是登记现金日记账、银行存款日记账和有关明细分类账及总分类账等账簿的依据	所有涉及库存现金和银行存款的付款业务都需要填制付款凭证，但不涉及库存现金和银行存款的业务不能填制付款凭证
转账凭证	所有不涉及库存现金和银行存款的经济业务需要填制的记账凭证，主要根据有关转账业务的原始凭证填制，是登记有关明细分类账和总分类账等账簿的依据	所有不涉及库存现金和银行存款的经济业务都需要填制转账凭证

需要注意的是，如果业务涉及库存现金和银行存款之间结算，则只填制付款凭证，比如从银行提取现金，只填制银行存款付款凭证，不再填制库存现金收款凭证；将多余现金送存银行，只填制现金付款凭证，不再填制银行存款收款凭证。

这 3 类记账凭证统称为"专用记账凭证"，与之对应的是"通用记账凭证"。通用记账凭证是不分收、付、转业务，用来记录所有经济业务的记账凭证。

（2）按照包括的内容形式分类

在该分类依据下，记账凭证分为 3 类：单一记账凭证、汇总记账凭证和科目汇总表。相关介绍如表 5-5 所示。

表 5-5 按内容形式分类的记账凭证

种类	说明
单一记账凭证	只记录一笔经济业务的会计分录的记账凭证，常见的就是前述提及的专用记账凭证和通用记账凭证
汇总记账凭证	对一定时期内的同类单一记账凭证进行汇总而重新编制的记账凭证，根据经济业务内容的不同，分为汇总收款凭证、汇总付款凭证和汇总转账凭证

续上表

种类	说明
科目汇总表	也称记账凭证汇总表，是对一定时期内所有记账凭证进行汇总而重新编制的记账凭证。编制该类记账凭证的目的是简化总分类账的登记手续

（3）按照会计科目的数量分类

该分类依据下，记账凭证主要分为两大类：单式记账凭证和复式记账凭证。具体说明如表 5-6 所示。

表 5-6　按会计科目数量分类的记账凭证

种类	说明
单式记账凭证	指每一张记账凭证只填列一项经济业务事项，涉及一个借贷方向的会计科目及其金额，比如填列借方科目的为借项凭证，填列贷方科目的为贷项凭证
复式记账凭证	指每一张记账凭证填列一项经济业务事项涉及所有会计科目及其金额，包括借方科目及其金额和贷方科目及其金额

5.2.2　掌握各种记账凭证的填制规范

在学习如何规范填制各种记账凭证前，先要了解记账凭证的基本内容和统一的基本填制要求。

无论是哪种记账凭证，必须具备这些基本内容：记账凭证的名称和填制单位的名称、凭证的填制日期和编号、经济业务事项的内容摘要、经济业务事项涉及的会计科目和记账方向、经济业务事项的金额、记账符号、所附原始凭证的张数以及会计主管、记账、审计、出纳和制单等相关人员的签章。

在记账凭证的填制方面也有统一的要求，具体如下。

◆　凭证的各项内容必须完整。

◆　填制时必须要以审核无误的原始凭证为依据。

◆ 记账凭证要连续编号，如果前后两张或多张凭证涉及同一笔经济业务，则这些凭证以分数编号法编号。如第$12\frac{1}{2}$号、$12\frac{2}{2}$号凭证。

◆ 填制凭证时要书写清楚、格式规范。

◆ 一张记账凭证上只能反映同一类经济业务内容，也只能汇总登记同类别的原始凭证。

◆ 记账凭证上必须有填制人员、审核人员、记账人员和会计主管的签名或盖章。

◆ 除了结账和更正错误的记账凭证可以不附带原始凭证，其余所有记账凭证都必须附带原始凭证。

在这些基本的填制要求下，不同的记账凭证会有不同的填制要求，如表5-7、5-8和5-9所示。

表 5-7　收款凭证的填制要求

项目	要求
左上角的借方科目	收款凭证左上角的借方科目按照收款的性质填写"库存现金"或"银行存款"
凭证的日期和编号	准确填写编制本凭证的日期，同时在记账凭证的右上角按顺序填写收款凭证的编号
摘要	填写收款业务的简要说明
贷方科目	填写与收入的现金或银行存款对应的会计科目
"记账"栏	通常画符号"√"表示该凭证的经济信息已经登记到账簿中
"金额"栏	填写相关经济业务事项涉及的各个会计科目对应的发生额
附件	在凭证的最右边填写该记账凭证所附的原始凭证的张数，一般格式为"附件 × 张"
责任人签章	在凭证的最下方必须有相关责任人的签名或盖章

表 5-8　付款凭证的填制要求

项目	要求
左上角的贷方科目	收款凭证左上角的贷方科目按照付款的性质填写"库存现金"或"银行存款"

续上表

项目	要求
凭证的日期和编号	填写编制本凭证的日期，同时在记账凭证的右上角按顺序填写付款凭证的编号
摘要	填写付款业务的简要说明
借方科目	填写与支出的现金或银行存款对应的会计科目
"记账"栏	通常画符号"√"表示该凭证的经济信息已经登记到账簿中
"金额"栏	填写相关经济业务事项涉及的各个会计科目对应的发生额
附件	在凭证的最右边填写该记账凭证所附的原始凭证的张数，一般格式为"附件 × 张"
责任人签章	在凭证的最下方必须有相关责任人的签名或盖章

表 5-9　转账凭证的填制要求

项目	要求
凭证的日期和编号	填写编制本凭证的日期，同时在记账凭证的右上角按顺序填写转账凭证的编号
摘要	填写转账业务的简要说明
会计科目	凭证的左上角不再单独列明科目，而是在凭证中间位置将经济业务事项涉及的全部会计科目按照先借后贷的顺序记入"一级科目"和"二级科目"等栏中
"记账"栏	通常画符号"√"表示该凭证的经济信息已经登记到账簿中
"金额"栏	按应借、应贷方向将各科目对应的金额分别记入"借方金额"或"贷方金额"栏
附件	在凭证的最右边填写该记账凭证所附的原始凭证的张数，一般格式为"附件 × 张"
责任人签章	在凭证的最下方必须有相关责任人的签名或盖章

5.2.3　记账凭证审核无误后才能作为登记账簿的依据

记账凭证并不是填制完毕就行了，要想正确地做好登记账簿的工作，就必须对记账凭证进行严格的审核。审核内容主要分为两大方向：合规性和技术性。

（1）审核记账凭证的合规性

记账凭证合规性的审核主要从如表 5-10 所示的 4 点入手进行。

表 5-10　记账凭证的合规性审核内容

入手点	审核内容
是否有附件	查看记账凭证是否附有审核无误的原始凭证
附件是否齐全	看所附的原始凭证的张数是否与记账凭证所列的附件张数相符
凭证内容是否合法	查看凭证记录的经济业务事项是否合法，所用的税率是否合规等
附件与记账凭证的记录是否相符	看记账凭证所列的内容和具体的数据金额是否与所附原始凭证的内容及金额相一致

审核记账凭证的合规性，实际上就是从大的方向审查记账凭证的各个方面是否合法、合规，从凭证本身考察其是否有效。

（2）审核记账凭证的技术性

记账凭证技术性的审核主要从如表 5-11 所示的 6 点入手进行。

表 5-11　记账凭证的技术性审核内容

入手点	审核内容
借贷科目名称是否正确	审核凭证上填列的所有会计科目的名称是否正确，是否符合该项经济业务反映的事实
账户对应关系是否清晰	审核凭证上填列的借贷方会计科目的应借、应贷方向和对应关系是否正确
所用会计科目是否符合规定	审核凭证上所列的会计科目是否符合相关会计法的规定
金额计算是否正确	审核凭证上所列的借贷方会计科目的金额是否正确，借贷方的金额总和是否相等
摘要是否清楚	审核凭证的摘要是否记录清楚且简明扼要

续上表

入手点	审核内容
项目是否齐全	1. 查凭证是否填写了具体且准确的编制日期。 2. 查凭证是否连续编排了编号。 3. 查凭证是否记录有附件的张数信息。 4. 查凭证是否有相关责任人的签章

　　记账凭证的审核工作完成后，负责登记会计账簿的财会人员要根据这些审核无误的记账凭证登记账簿。

| 5.3 |
账簿的登记与对账、结账工作

　　会计账簿是综合整理企业会计信息的重要会计资料，因此登记账簿的工作也是财会工作的重点内容之一。由于会计账簿是编制财务会计报表的重要依据，要确保编制的财务会计报表真实、有效，就必须保证登记的会计账簿准确无误，这就要求企业财会人员进行对账、结账工作。

5.3.1　认识账簿的种类和适用范围

　　会计账簿由具有一定格式且相互联系的一定数量的账页组成，然后加上封面封底，即成为一本账簿。账簿的账页有不同的格式，账簿的外形特征和用途等也有不同。这些不同点就是账簿分类的依据，在不同的分类依据下可将会计账簿分为不同的种类。

　　（1）按账页格式不同划分账簿类型

　　账簿的账页格式有 5 种：两栏式、三栏式、多栏式、数量金额式和横线登记式。不同的账页格式应用于不同用途的账簿，相关说明如表 5-12 所示。

表 5-12　不同账页格式的账簿分类

类型	说明	用途
两栏式账簿	每张账页中只有"借方"栏和"贷方"栏两栏	主要应用于普通日记账
三栏式账簿	每张账页中有"借方""贷方"和"余额"3 栏	适用于只进行金额核算的库存现金、银行存款、资本、债权和债务等明细账，如"应收账款""应付账款"和"实收资本"等账户的明细账，现金和银行存款日记账等
多栏式账簿	每张账页中设有"借方"和"贷方"两个基本栏目，在这两个栏目中又分设若干个专栏的账簿	适用于收入、成本、费用、利润和利润分配等账户的明细账，如"生产成本""管理费用""主营业务收入"和"本年利润"等账户的明细账
数量金额式账簿	每张账页中设有"借方""贷方"和"余额"3 个基本栏目，在这 3 个栏目内都分设"数量""单价"和"金额"这 3 个专栏的账簿	适用于记录财产物资的实物数量和价值量的明细账，如"原材料""库存商品""产成品"和"固定资产"等账户的明细账
横线登记式账簿	每张账页中，同一行记录某一项经济业务从发生到结束的相关内容的账簿	大多数账户的记录都适用于该类账簿，但因为记录工作烦琐，且不利于归纳总结会计信息，所以会计实务中并不常用

如图 5-2 所示的是常见的两栏式账簿的账页格式。

图 5-2　两栏式账簿的账页格式

如图 5-3 所示的是常见的三栏式账簿的账页格式。

明细账

____

年		记账凭证号数	摘要	页数	借方									贷方									借或贷	余额								
月	日				百	十	万	千	百	十	元	角	分	百	十	万	千	百	十	元	角	分		百	十	万	千	百	十	元	角	分

图 5-3　三栏式账簿的账页格式

如图 5-4 所示的是常见的多栏式账簿的账页格式。

明细账

____

年		记账凭证号数	摘要	借方																					贷方																				借或贷	余额						
				合计							进项税额							已交税额							合计							销项税额							进项税额转													
月	日			万	千	百	十	元	角	分	万	千	百	十	元	角	分	万	千	百	十	元	角	分	万	千	百	十	元	角	分	万	千	百	十	元	角	分	万	千	百	十	元	角		万	千	百	十	元	角	分

图 5-4　多栏式账簿的账页格式

如图 5-5 所示的是常见的数量金额式账簿的账页格式。

明细账

____

存货仓名：____________　　规格：__________　　单位：____________

年		记账凭证号数	摘要	页数	收入											发出											结存										
					数量	单价	金额									数量	单价	金额									数量	单价	金额								
月	日						百	十	万	千	百	十	元	角	分			百	十	万	千	百	十	元	角	分			百	十	万	千	百	十	元	角	分

图 5-5　数量金额式账簿的账页格式

如图 5-6 所示的是横线登记式账簿的账页格式。

图 5-6　横线登记式账簿的账页格式

（2）按用途不同划分账簿类型

在众多的会计账簿中，有些账簿的主要用途是记录经济信息，有些则是补充记录经济信息。根据不同的用途，可将会计账簿分为不同的类型，如表 5-13 所示。

表 5-13　不同用途的账簿分类

类型	说明	适用范围
序时账簿	即日记账，是按照经济业务事项发生或完成的时间先后顺序，逐日逐笔进行登记的账簿	特种日记账，按经济业务事项的性质单独设置的账簿，只把特定项目按顺序记入账簿，如库存现金日记账、银行存款日记账
		普通日记账，是将企业每天发生的所有经济业务或事项，在不考虑性质的前提下按时间先后顺序记入账簿
分类账簿	是指对企业全部经济业务事项按照会计要素的具体类别设置分类账户进行登记的账簿	总分类账，简称总账，是可以提供总括性核算资料的分类账簿，主要根据总分类科目开设账户，登记全部经济业务
		明细分类账，简称明细账，是可以提供详细核算资料的分类账簿，主要根据明细分类科目开设账户，登记某一类经济业务
备查账簿	也称为辅助性账簿，是对某些在序时账簿和分类账簿中不予登记或登记不够详细的经济业务事项进行补充登记的账簿	该类账簿可以对某些经济业务事项的内容提供必要的参考资料，没有固定的格式，公司也可根据实际需要设置备查账簿，并不是一定要设置，如租入固定资产登记簿、票据使用登记簿等

除此以外，业界还对外形特征不同的会计账簿进行了分类命名，这就是接下来要学习的按账簿外形特征分类的会计账簿类型。

（3）按外形特征不同划分账簿类型

相信很多财会人员都知道，在企业财会工作中，有些账簿是在使用前就已经装订成册，有些账簿则是一个会计期间结束后再装订成册，而有些账簿在外形上不能算是"成册"。那么，这些账簿究竟是哪些账簿呢？来看看如表 5-14 所示的内容就知道了。

表 5-14　不同外形特征的账簿分类

类型	说明	优点	缺点	用途
订本式账簿	简称订本账，是在启用前已经将按照顺序编好页码的一定数量的账页装订成册的账簿	可以避免账页散失，也可防止账页被抽换，安全性比较高	同一账簿在不同时间只能由一人登记，不利于财会人员分工协作记账	适用于重要的或者具有统驭性的总分类账、现金日记账和银行存款日记账
活页式账簿	简称活页账，是将一定数量的、散开的账页置于活页夹内，后期可根据记账内容的变化而随时增减账页的账簿	可根据企业的实际需要增添或减少账页，不浪费账页，便于分工记账	散开的账页容易散失，也容易被人抽换，安全性比较低	适用于各类账户的明细分类账
卡片式账簿	简称卡片账，是指将一定数量的卡片式账页存放在专设的卡片箱中，根据需要随时增减账页的账簿	优点与活页账类似，可灵活使用账页，不浪费账页，方便分工记账	缺点也和活页账类似，账页容易散失，也容易被人抽换，安全性比较低	适用于低值易耗品和固定资产等的明细账，在我国，一般只对固定资产明细账采用卡片式账簿

5.3.2　学习各种账簿的登记方法

无论是哪种账簿，都必须具备 3 个部分：封面、扉页和账页。各部分的主要作用如表 5-15 所示。

表 5-15　账簿的基本组成部分

部分	作用
封面	主要用来写明账簿的名称，如现金日记账、银行存款日记账、总分类账簿等
扉页	主要记录当前会计账簿的使用信息，如科目索引、账簿启用和经管人员一览表等
账页	是用来记录具体经济业务事项的载体，主要内容包括： 1.账户的名称，如一级科目或总账科目、二级科目或明细科目。 2.用于记录登账时间的日期栏。 3.记账凭证的种类和凭证号栏。 4.记录经济业务内容的简要说明的摘要栏。 5.记录经济业务事项的金额增减变动和余额情况的金额栏。 6.总页次和分户页次栏

所有账簿在登记时必须遵循基本的要求，具体内容如下。

◆ **准确完整**：会计账簿的各个组成部分以及每个组成部分的每一项基本内容都要准确地填写，确保登记的经济信息完整可靠。

◆ **及时注明记账符号**：在依据记账凭证登记完账簿后，要及时在使用的记账凭证上注明已经登账的符号，如"√"，表示已经记账。

◆ **文字和数字必须规整清晰且准确无误**：在登记账簿时，不要滥造简化字，不能使用同音异义字，文字和数字的字体大小要适中，一般紧靠下线书写，大概占格宽的 1/2，金额的角分要符合特殊书写规范。

◆ **墨水的使用要准确**：正常登账时必须使用蓝黑墨水或碳素墨水书写，不得使用圆珠笔（银行的复写账簿除外）或铅笔。在更正错账或表示负数金额时使用红色墨水书写。

◆ **顺序且连续登记**：各种账簿应按页次顺序连续登记，不得跳行、隔页。如果不小心发生跳行或隔页，不能随便更换或撤出账页，这样的账页应做作废处理，但仍然要保留在账簿中，此时用斜线将空行或空页进行划线注销，或注明"此行空白""此页空白"字样，并由记账人员签名或盖章。

◆ **结出余额**：现金日记账和银行存款日记账必须逐日结出余额，并根据余额的借贷方向在"借或贷"栏内写明"借""贷"或"平"等字样，月末时还要在最后一笔经济业务下方合计出当月借方发生额合计数、当月贷方发生额合计数和月末余额。对于其他不需要逐日结出余额的账户，要在当前页使用完后的最后一行内结出余额，同时还要在月末时结出当月余额。

◆ **过次承前**：每一张账页登记完毕且需要结转下页继续登账时，应在本页结出余额的下一行（即本页的最后一行）和下一页的第一行的摘要栏内注明"过次页"和"承前页"字样。有时也会省略"过次页"的书写。

◆ **按规定更正错账**：针对不同的错账，从划线更正法、红字更正法和补充登记法中选用合适的错账更正方法，严禁对账簿进行刮、擦、挖、补或使用化学试剂清除字迹。

下面针对不同的会计账簿类型，介绍具体的登记方法。

（1）普通日记账和特种日记账的登记方法

普通日记账一般只设置"借方"和"贷方"两个金额栏，根据相关业务的记账凭证逐日序时登记，全部经济业务登记完毕后再根据该日记账登记分类账，并在"过账"栏内注明"√"符号，表示已经过账，流程如图5-7所示。

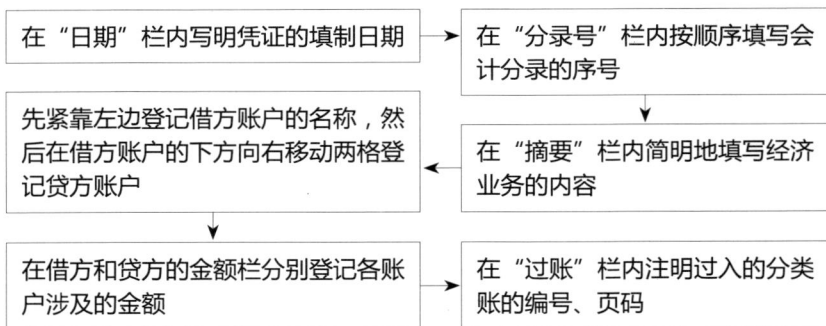

图 5-7　登记普通日记账

注意，在登记普通日记账时，每一笔会计分录之间应留出一个空格。

而特种日记账中的现金日记账和银行存款日记账必须使用订本账，分别核算和监督库存现金及银行存款每日的收入、支出和结存情况。现金日记账的登记方法要区分两种情况，如图 5-8 所示。

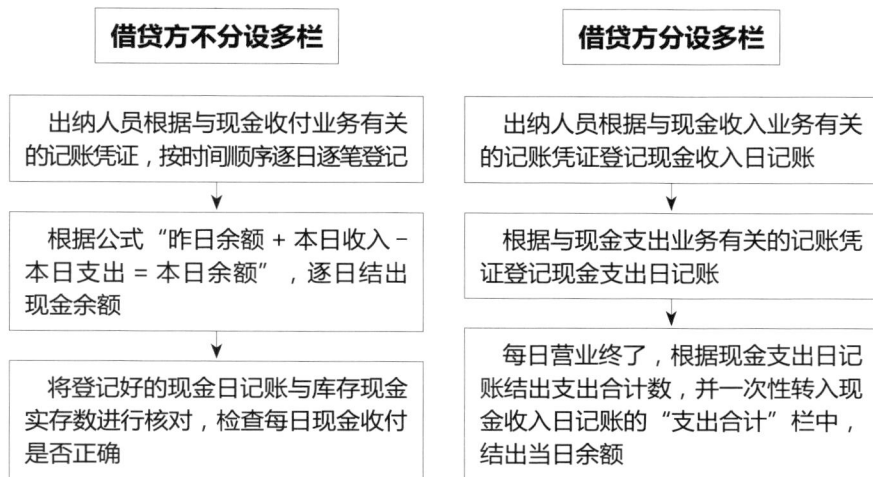

借贷方不分设多栏

出纳人员根据与现金收付业务有关的记账凭证，按时间顺序逐日逐笔登记

↓

根据公式"昨日余额＋本日收入－本日支出＝本日余额"，逐日结出现金余额

↓

将登记好的现金日记账与库存现金实存数进行核对，检查每日现金收付是否正确

借贷方分设多栏

出纳人员根据与现金收入业务有关的记账凭证登记现金收入日记账

↓

根据与现金支出业务有关的记账凭证登记现金支出日记账

↓

每日营业终了，根据现金支出日记账结出支出合计数，并一次性转入现金收入日记账的"支出合计"栏中，结出当日余额

图 5-8　登记现金日记账

银行存款日记账的登记方法与现金日记账相同，但是银行存款日记账应按照企业在银行开立的账户和币种分别设置明细分类账，即每个银行账户设置一本银行存款日记账。

（2）分类账簿的登记方法

分类账簿中，总分类账簿登记总括性会计信息，可以根据记账凭证逐笔登记，也可根据经过信息汇总处理的汇总记账凭证登记，还可以根据经过信息汇总处理的科目汇总表登记。

明细分类账簿记录的是明细核算会计信息，经济业务类型不同的明细分类账可根据管理需要，合理选择记账凭证、原始凭证或汇总原始凭证逐日逐笔登记或定期汇总登记。通常企业的固定资产、债权和债务等明细账应逐日逐笔登记；库存商品、原材料和产成品等的收发明细账以及收入、费用明细账可以采取逐笔登记，也可进行定期汇总登记。

5.3.3 用对方法核查现金和银行存款日记账

现金和银行存款是企业经营管理过程中非常重要的流动资产，关系着企业资金周转的灵活性和偿债能力。为了保证企业能顺利正常地开展经营工作，企业必须定期或不定期地核查现金和银行存款日记账。

（1）现金日记账的核对

现金日记账的核对包括账证核对、账账核对和账实核对，其中账证核对和账账核对与其他会计账簿是相同的，将在下一节内容中统一讲解说明，这里详细介绍现金日记账的账实核对。

现金日记账的账实核对实际上就是核查库存现金的数量和价值量，一般采用的方法是实地盘点法。操作如图 5-9 所示。

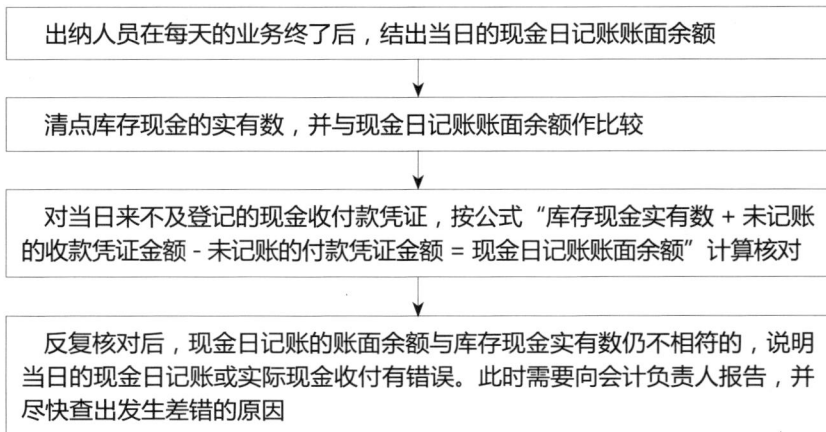

```
┌──────────────────────────────────────────────────────┐
│ 出纳人员在每天的业务终了后，结出当日的现金日记账账面余额          │
└──────────────────────────────────────────────────────┘
                          │
                          ▼
┌──────────────────────────────────────────────────────┐
│ 清点库存现金的实有数，并与现金日记账账面余额作比较              │
└──────────────────────────────────────────────────────┘
                          │
                          ▼
┌──────────────────────────────────────────────────────┐
│ 对当日来不及登记的现金收付款凭证，按公式"库存现金实有数 + 未记账  │
│ 的收款凭证金额 - 未记账的付款凭证金额 = 现金日记账账面余额"计算核对 │
└──────────────────────────────────────────────────────┘
                          │
                          ▼
┌──────────────────────────────────────────────────────┐
│ 反复核对后，现金日记账的账面余额与库存现金实有数仍不相符的，说明   │
│ 当日的现金日记账或实际现金收付有错误。此时需要向会计负责人报告，并 │
│ 尽快查出发生差错的原因                                    │
└──────────────────────────────────────────────────────┘
```

图 5-9 用实地盘点法核对现金日记账

（2）银行存款日记账的核对

银行存款日记账的核对同样包括账证核对、账账核对和账实核对，其中账实核对并不能像清点企业的库存现金一样去银行的钱库清点银行存款，而是通过对比企业的银行存款日记账账面余额与银行提供的银行对账单余额，实现账实核对。也就是说，企业的银行存款实有数是通过银行对账单来反映的。具体操作如图 5-10 所示。

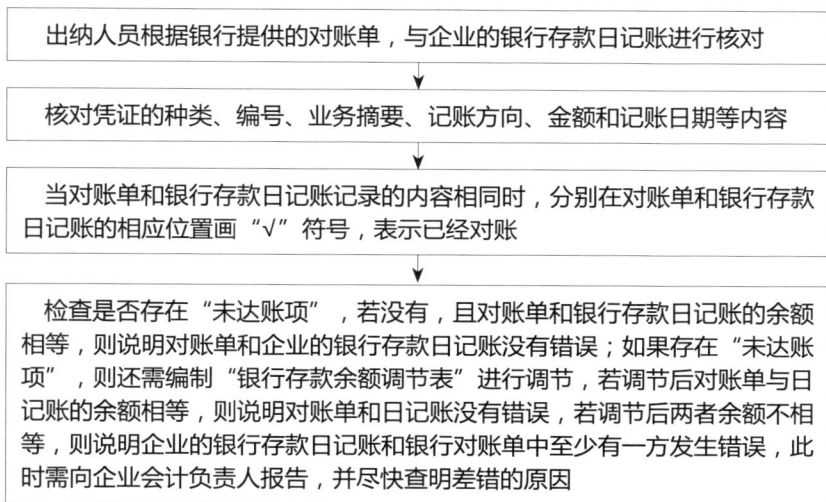

出纳人员根据银行提供的对账单，与企业的银行存款日记账进行核对
核对凭证的种类、编号、业务摘要、记账方向、金额和记账日期等内容
当对账单和银行存款日记账记录的内容相同时，分别在对账单和银行存款日记账的相应位置画"√"符号，表示已经对账
检查是否存在"未达账项"，若没有，且对账单和银行存款日记账的余额相等，则说明对账单和企业的银行存款日记账没有错误；如果存在"未达账项"，则还需编制"银行存款余额调节表"进行调节，若调节后对账单与日记账的余额相等，则说明对账单和日记账没有错误，若调节后两者余额不相等，则说明企业的银行存款日记账和银行对账单中至少有一方发生错误，此时需向企业会计负责人报告，并尽快查明差错的原因

图 5-10　利用银行对账单核对银行存款日记账

5.3.4　凭证与账簿、账簿之间进行核对

凭证与账簿之间的核对就是账证核对，账簿之间的核对就是账账核对。包括现金日记账和银行存款日记账在内，所有账簿之间以及账簿与凭证之间的核对方法都是一样的。

（1）账证核对

凭证与账簿之间的核对是保证账账相符、账实相符的基础，具体是核对总账、明细账、现金日记账和银行存款日记账等的记录与原始凭证和记账凭证的时间、字号、会计分录、会计科目方向及金额等是否一致。这种核对工作一般在平时编制凭证和登账的过程中进行。具体核对工作如表 5-16 所示。

表 5-16　账证核对的内容

核对内容	操作
核对总账与记账凭证汇总表相符	1.将现金总账与现金收、付款凭证进行核对，包括检查凭证编号、复查记账凭证和原始凭证、查看凭证的金额与方向是否与现金总账一致，即检查是否存在重记、漏记、记错方向和记错数字等情况。 2.将银行存款总账与银行存款收、付款凭证进行核对，检查内容与现金对账内容相同。 3.将总分类账与相应的记账凭证进行核对，核对内容同上。 4.将明细分类账与相应的记账凭证进行核对，核对内容同上
核对记账凭证汇总表与记账凭证相符	将记账凭证汇总表与所有记账凭证进行核对，检查凭证的编号、复查原始凭证、检查凭证的金额和会计科目的方向等是否与记账凭证一致
核对明细账与记账凭证、票据相符	将各个账户的明细分类账与对应的记账凭证、支票和其他结算票据等进行核对，包括检查票据的种类、支票的号码以及票据的时间等是否一致

（2）账账核对

账簿之间的核对即账账核对，主要包括 4 个方面的内容，如表 5-17 所示。

表 5-17　账账核对的内容

核对内容	操作
总分类账的账户之间核对	主要进行两大项内容的核对：一是核对总分类账户的各账户借方期末余额合计数与贷方期末余额合计数是否相等；二是核对总分类账户的各账户借方本期发生额合计数与贷方本期发生额合计数是否相等。其中包括现金和银行存款账户的核对
总分类账与明细分类账核对	核对总分类账户的各账户的期末余额与所辖各明细分类账户的期末余额之和是否相等，各账户的本期发生额与所辖各明细分类账户的本期发生额之和是否相等
总分类账与日记账核对	核对现金日记账和银行存款日记账的期末余额是否分别与对应的总分类账户的期末余额相等
明细账与明细账核对	指核对会计部门的财产物资明细账与财产物资保管及使用部门的财产物资明细账，查看会计部门的各种财产物资明细账的期末余额与财产物资保管及使用部门的有关财产物资明细账的期末余额是否相等

总结得出，检查总分类账户的记录时采用编制"试算平衡表"的方法；核对总分类账户与其所辖明细分类账户时一般通过比较本期发生额与余额的方法；核对财产物资的明细分类账户和实物保管部门的明细账时一般直接将有关账户的余额与保管的账（卡）的余额进行核对。

5.3.5　对错账进行正确的更正

企业财会人员在算账、记账和对账的过程中，可能会发现以前存在的错账，这些错账必须按照规定的方法进行修改，不能随意刮、擦、挖、补或用化学试剂去掉原记录。

会计实务中，常用的错账更正方法有3种：划线更正法、红字冲销法（即红字更正法）和补充登记法。不同的方法适用于不同的错账类型，如表5-18所示。

表5-18　更正错账的3种方法

方法	适用的错账情形
划线更正法	结账前，发现账簿记录有文字或数字错误，但记账凭证没有错误
红字冲销法	记账后，发现会计账簿的错误是由记账凭证的错误引起的，包括会计科目用错，或者会计科目没错但实际记账金额大于应记金额
补充登记法	记账后，发现会计账簿的错误是由记账凭证的错误引起的，且记账凭证中的会计科目和对应关系没有错，只是凭证中实际记账金额小于应记金额

用划线更正法更改错账的步骤分3步：先画红线注销，再做正确记录，最后在错账更正处盖章。

| **范例解析** |　用划线更正法更正错误的账簿记录

甲公司在2020年2月29日的对账工作中发现账簿在登记时发生了一笔错账，将应记为"管理费用"的记成了"财务费用"，会计分录方向和金额没有记错。已知记账凭证中记录的会计分录正确无误，根据该错账情形，财会人员采用划线更正法更正账簿中的错误记录，如图5-11所示。

借：管理费用   5 000.00

    贷：银行存款   5 000.00

银 行 存 款 日 记 账

开户行　建设银行
账　号　622202100001××××

月	日	种类	号数	对方科目	摘要	借方	贷方	余额	核对
					承前页			3 2 7 5 6 0 0	✓
2	10	记	010	应付职工薪酬	付1月的职工奖金		2 2 7 8 0 0 0	3 0 4 7 9 6 0 0	✓
2	11	记	011	主营业务收入	收到营业款	8 0 0 0 0 0		3 1 2 7 9 6 0 0	✓
2	12	记	023	短期借款	借入短期借款	1 2 0 0 0 0 0 0		4 3 2 7 9 6 0 0	✓
2	13	记	024	应付职工薪酬	付1月工资并代扣社保		2 4 5 4 4 0 0 0	1 8 7 3 5 6 0 0	✓
2	14	记	025	管理~~财务~~费用（王伍）	付1月水电费		5 0 0 0 0 0	1 8 2 3 5 6 0 0	✓
2	17	记	026	应交税费	付1月应交税费		1 6 2 1 3 2 6	1 6 6 1 4 2 7 4	✓
2	18	记	028	主营业务收入	收到营业款	3 8 0 0 0 0 0		2 0 4 1 4 2 7 4	✓
2	19	记	030	主营业务收入	收到营业款	5 7 0 0 0 0 0		2 6 1 1 4 2 7 4	✓
2	20	记	031	原材料	付购买原材料价款		3 0 0 0 0 0 0	2 3 1 1 4 2 7 4	✓
2	20	记	032	库存现金	提取现金		2 0 0 0 0 0 0	2 1 1 1 4 2 7 4	✓

图 5-11　划线更正法更正错误的账簿记录

注意，使用划线更正法更正文字时，可在错误文字上划线更正；但更正数字时，必须将整个数据划掉，而不能只划掉错误的数字。

用红字冲销法更正错账的手法有两种：一是直接将多记的金额用红字填制一张与原来的记账凭证会计科目方向相同的记账凭证，并据此登账；二是先用红字填制一张与原来的记账凭证完全相同的记账凭证，然后再填制一张正确的记账凭证，并据此登账。前一种手法只适合会计科目和会计方向没有错误的凭证错账，而后一种手法既可用于会计科目、会计方向错误，也可用于金额错误。

｜范例解析｜　用红字冲销法更正记账凭证中多记的金额

乙公司在2020年1月23日进行对账工作时，发现会计账簿中存在一笔错误记录，经查明是记账凭证出错引起的。已知原错误的记账凭证如图5-12所示，涉及的会计分录如下。

借：银行存款   8 800.00

    贷：应收账款——××公司   8 800.00

记　账　凭　证

2020 年　1 月　10 日　　　　字第 11 号

摘要	总账科目	明细科目	借方金额										贷方金额									
			千	百	十	万	千	百	十	元	角	分	千	百	十	万	千	百	十	元	角	分
收到××客户前欠货款	银行存款						8	8	0	0	0	0										
收到××客户前欠货款	应收账款	××公司															8	8	0	0	0	0
合计（大写）捌仟捌佰元整						¥	8	8	0	0	0	0				¥	8	8	0	0	0	0

附件 2 张

会计主管：××　　记账：××　　出纳：××　　制单：××

图 5-12　原多记金额的错误记账凭证

经过原因查找，发现是记账人员手误，多记了800.00元，因此用红字填制一张与原记账凭证的会计科目和会计方向相同的记账凭证，金额为800.00元，如图5-13所示，会计分录如下。

借：银行存款　　800.00（红字）

　贷：应收账款——××公司　　800.00（红字）

记　账　凭　证

2020 年　1 月　23 日　　　　字第 31 号

摘要	总账科目	明细科目	借方金额										贷方金额									
			千	百	十	万	千	百	十	元	角	分	千	百	十	万	千	百	十	元	角	分
收到××客户前欠货款	银行存款							8	0	0	0	0										
收到××客户前欠货款	应收账款	××公司																8	0	0	0	0
冲销2020年1月10日第11号凭证多记金额800.00元																						
合计（大写）捌佰元整							¥	8	0	0	0	0					¥	8	0	0	0	0

附件 3 张

会计主管：××　　记账：××　　出纳：××　　制单：××

图 5-13　红字冲销法更正记账凭证的错误金额

注意，使用该手法进行红字冲销错账时，在红字凭证摘要栏中的相应位置，应注明“冲销 × 年 × 月 × 日第 × 号凭证多记金额 × 元”的字样。

| 范例解析 | 用红字冲销法更正记账凭证中的错误文字和金额

乙公司在2020年1月23日进行对账工作时，发现会计账簿中还存在一笔错误记录，经查明也是记账凭证出错引起的。原错误的记账凭证不仅多记了金额，还写错了会计科目，如图5-14所示，会计分录如下。

借：银行存款 8 800.00

贷：其他应收款——××公司 8 800.00

图 5-14 会计科目和金额错误的记账凭证

由于财会人员不仅多记了金额，还将应记为"应收账款"科目的写成了"其他应收款"科目，所以需要先用红字填制一张与原错误记账凭证完全相同的记账凭证，然后按照正确的会计分录和金额填制一张蓝字记账凭证。红字记账凭证如图5-15所示，正确的蓝字记账凭证如图5-16所示。

图 5-15 与原错误记账凭证完全相同的红字记账凭证

图 5-16　正确的记账凭证

使用该手法进行红字冲销错账时，在红字凭证的摘要栏中的相应位置，应注明"冲销 × 年 × 月 × 日第 × 号凭证"的字样。另外还要在填制的正确的蓝字凭证的摘要栏内注明"更正 × 年 × 月 × 日第 × 号凭证"的字样。操作上与上一种红字冲销法有些区别。

用补充登记法更正错账时，直接用蓝字填制一张与原来的记账凭证的会计科目、会计方向和对应关系都相同的记账凭证，金额为应记而少记的金额。

| **范例解析** | **用补充登记法更正记账凭证中少记的金额**

丙公司在2020年1月23日进行对账工作时，发现会计账簿中存在一笔错误记录，经查明是记账凭证出错引起的。已知原错误的记账凭证如图5-17所示，涉及的会计分录如下。

借：银行存款　　　　　　　　　　　　　　　　　1 000.00

贷：应收账款　　　　　　　　　　　　　　　　　　　　　1 000.00

图 5-17　原少记金额的错误记账凭证

经过原因查找，发现是记账人员手误，少记了9 000.00元，因此用蓝字填制一张与原记账凭证的会计科目和会计方向相同的记账凭证，金额为9 000.00元，如图5-18所示，会计分录如下。

借：银行存款　　　　　　　　　　　　　　　　9 000.00

　　贷：应收账款　　　　　　　　　　　　　　　　9 000.00

记　账　凭　证

2020 年　1 月　23 日　　　　　　　　　　　字第 28 号

摘要	总账科目	明细科目	借方金额										贷方金额										附件
---	---	---	千	百	十	万	千	百	十	元	角	分	千	百	十	万	千	百	十	元	角	分	
收到××客户前欠货款	银行存款					9	0	0	0	0	0												
收到××客户前欠货款	应收账款	××公司														9	0	0	0	0	0		3
补记2020年1月14日第10号凭证少记金额9000.00元																							张
合计（大写）玖仟元整					¥	9	0	0	0	0	0			¥	9	0	0	0	0	0		

会计主管：×× 　　　记账：×× 　　　出纳：×× 　　　制单：××

图 5-18　用补充登记法更正应记而少记的金额

在用蓝字补充登记少记的金额时，蓝字凭证中的摘要栏相应位置应注明"补记 × 年 × 月 × 日第 × 号凭证少记金额 × 元"的字样。

5.3.6　对账无误后开展结账工作

在会计期间结束且对账工作完毕后，企业财会人员就要进行当期的结账工作，这是必须做的事情。结账是为了总结企业在某一个会计期间内的经济活动的财务收支状况，然后为后续编制财务会计报告做准备。具体说，结账就是结出会计期间内的本期发生额合计数和期末余额，同时将余额结转下期或新的账簿。根据会计期间的时间长短，可将结账工作概括为月结、季结和年结。

（1）月结

财会人员进行月结时，在当月最后一笔经济业务记录的下方画一条通栏单红线，并在这条红线的下一行摘要栏内注明"本月合计"字样，同时在"借方"和"贷方"栏对应的位置结出本期借、贷方的发生额合计数，在"余额"栏对应的位置结出本期余额，在"借或贷"栏内注明余额的借贷方向，最后在这一行的下面再画一条通栏单红线。结账效果如图 5-19 所示。

现 金 日 记 账

2019年 月	日	凭证 种类	号数	对方科目	摘要	借方	贷方	余额	核对
12					承前页			11 500 00	√
12	3	记	005	管理费用	付办公室报购办公用品费		540 00	10 960 00	√
12	5	记	007	主营业务收入	收到营业款	15 000 00		25 960 00	√
12	7	记	010	银行存款	取现	30 000 00		55 960 00	√
12	7	记	011	其他应收款	付赵英借备用金		2 000 00	53 960 00	√
12	8	记	012	销售费用	付广告宣传费		2 500 00	51 460 00	√
12	9	记	014	主营业务收入	收到营业款	2 400 00		53 860 00	√
12	20	记	018	应付职工薪酬	付职工生活费		1 000 00	52 860 00	√
12	25	记	024	管理费用	付10月水电费		2 595 00	50 265 00	√
12	31	记	025	主营业务收入	收到营业款	5 600 00		55 865 00	√
12					本月合计	53 000 00	8 635 00	55 865 00	

图 5-19　月结

（2）季结

结账手法与月结类似，在每个季度的最后一个月月结的下一行摘要栏内注明"本季合计"字样，同时结出借、贷方发生额合计数和余额。最后在这一行的下方画一条通栏单红线。结账效果如图 5-20 所示。

现 金 日 记 账

2019年 月	日	凭证 种类	号数	对方科目	摘要	借方	贷方	余额	核对
12					承前页			11 500 00	√
12	3	记	005	管理费用	付办公室报购办公用品费		540 00	10 960 00	√
12	5	记	007	主营业务收入	收到营业款	15 000 00		25 960 00	√
12	7	记	010	银行存款	取现	30 000 00		55 960 00	√
12	7	记	011	其他应收款	付赵英借备用金		2 000 00	53 960 00	√
12	8	记	012	销售费用	付广告宣传费		2 500 00	51 460 00	√
12	9	记	014	主营业务收入	收到营业款	2 400 00		53 860 00	√
12	20	记	018	应付职工薪酬	付职工生活费		1 000 00	52 860 00	√
12	25	记	024	管理费用	付10月水电费		2 595 00	50 265 00	√
12	31	记	025	主营业务收入	收到营业款	5 600 00		55 865 00	√
12					本月合计	53 000 00	8 635 00	55 865 00	
					本季合计	161 972 00	106 107 00	55 865 00	

图 5-20　季结

（3）年结

年结在画红线方面与月结和季结有明显不同。年结时，在第四季度季结的下一行摘要栏内注明"本年合计"字样，同时结出借、贷方的本期发生额合计数和期末余额。最后在这一行的下方划通栏双红线，以示封账。结账效果如图 5-21 所示。

现 金 日 记 账

2019年 月	日	凭证 种类	号数	对方科目	摘要	借方	贷方	余额	核对
12					承前页			1 150 000	√
12	3	记	005	管理费用	付办公室报购办公用品费		54 000	1 096 000	√
12	5	记	007	主营业务收入	收到营业款	1 500 000		2 596 000	√
12	7	记	010	银行存款	取现	3 000 000		5 596 000	√
12	7	记	011	其他应收款	付赵英借备用金		200 000	5 396 000	√
12	8	记	012	销售费用	付广告宣传费		250 000	5 146 000	√
12	9	记	014	主营业务收入	收到营业款	240 000		5 386 000	√
12	20	记	018	应付职工薪酬	付职工生活费		100 000	5 286 000	√
12	25	记	024	管理费用	付10月水电费		259 500	5 026 500	√
12	31	记	025	主营业务收入	收到营业款	560 000		5 586 500	√
12					本月合计	530 000	863 500	5 586 500	
					本季合计	1 619 720 0	1 061 070 0	5 586 500	
					本年累计	6 530 000 0	5 971 350 0	5 586 500	
					结转下年				

图 5-21　年结

年度结账过后，很多账簿需要更换为新的账簿，如总账、日记账和明细账。但是，有些明细账如果在一个会计年度内没有使用完，则还可继续使用，不必每年更换，如固定资产明细账。在更换账簿时，财会人员要将各账户的余额结转到下一会计年度，并同时在旧账簿年结的下一行摘要栏内注明"结转下年"字样，在新账簿的第一页第一行摘要栏内注明"上年结转"字样，同时在该行的余额栏内誊写上年结转的余额。注意，如果"结转下年"行的下方还有空行，还应从余额栏的右上角到日期栏的左下角画红斜线注销。

| 5.4 |
凭证和账簿等会计资料的管理

会计资料的管理包括各种凭证在算账、做账和记账等会计工作中的传递与保管，账簿从启用到销毁的管理，各种会计资料的保管期限的规定以及销毁程序的规范问题。

5.4.1　凭证的传递和保管

凭证的传递与保管关系着企业整个会计工作的有效性和有序性，它需要经过的过程有：取得或填制→出纳→审核→记账→装订→归档保管。凭证经过这些环节，在单位内部各部门和有关人员之间按规定的时间和路线进行传递和保管，实现各种业务手续的办理。

（1）会计凭证的传递

在会计凭证的传递工作中，要素有3点：路线、时间和手续。针对这些要素，企业及内部财会人员需要做的事情如表 5-19 所示。

表 5-19　会计凭证传递的三要素

要素	操作
路线	各企业应根据自身发展现状，如业务特点、人力资源、组织结构和经营管理需要等，明确规定各种会计凭证的总联次和传递流程。要保证会计凭证可以经过必要的环节，又可以避免在不必要的环节停留
时间	及时统计并核算各类凭证在每个部门甚至每个会计岗位所需停留的合理时间，对该时间做出明确的规定和约束，要保证凭证能在相关责任人手中得到应做的处理，也防止员工工作不积极使凭证处理被拖延而导致会计事务积压
手续	凭证传递中，各种手续的作用主要是衔接前后手的工作，为了保证凭证传递链条的连贯性，手续完备很重要

凭证的传递路线、时间和手续等应根据实际情况的变化及时作出调整和修改，确保凭证的传递更科学、规范。企业还需建立凭证的交接管理制度，约束凭证的领用和签收行为；各环节应指定专人办理凭证的交接手续。

（2）会计凭证的保管

保管会计凭证就是对凭证进行整理、归档和保存，主要涉及 4 个方面的内容，如表 5-20 所示。

表 5-20　会计凭证保管的 4 个方面

方面	操作
保存	平时将装订成册的会计凭证交由专人保存，会计期间终了或年度终了后，将该移交的凭证移交到企业专门保管资料的地方，集中保存。对于在传递过程中的凭证，要由相关责任人妥善保管，待移交给后手后才算完成了自己的保管义务
使用	对于凭证的查阅，企业需制定相应的制度来规范和约束行为，使查阅者必须在履行一定的审批手续并登记详细的被查阅凭证名称、查阅日期、查阅人姓名和查阅理由等信息后才可获得查阅权限。对于凭证的外借，通常原始凭证不得外借，在确有特殊原因需要使用原始凭证时，要经过企业会计机构负责人和会计主管人员的批准才可复制并使用，同时使用者必须在企业专设的登记簿上登记借用人和借出人的姓名或印章
保管期限	企业及财会人员必须按照会计制度规定的凭证保管期限对其进行保管，在保管期限未到时，不能随意销毁凭证
销毁	会计凭证的保管期限届满后，企业也不能随意销毁凭证，必须按照相关制度的规定，做好登记、交接，报经相关领导批准后才可按规定程序进行销毁

5.4.2　账簿从启用到销毁的管理过程

企业的会计账簿从启用到销毁，中间会经过登记、分类整理和归档保管等工作环节。在这一过程中，各个环节的具体工作内容如表 5-21 所示。

表 5-21　账簿管理过程中的工作内容

环节	工作内容
启用	1. 对除订本账以外的其他账簿设置账簿封面和封底，登记企业名称、账簿名称和所属会计年度。 2. 在账簿的扉页上完成账簿启用及经管人员一览表的填写，包括企业名称、账簿名称、账簿编号、起止日期、单位负责人、主管会计、审计人员和记账人员等项目，并加盖企业的公章。 3. 制作科目索引，按照会计科目的编号顺序填写科目名称和启用页码。 4. 对资金账簿粘贴印花税票，并划线注销
登记	对于账簿登记的管理，具体工作内容可参照本章的 5.3 节的全部内容

续上表

环节	工作内容
整理	一个会计期间或者一个会计年度结束后，要对当期或当年设置的所有账簿按照合理的分类依据进行整理，以便日后查询
保管	账簿使用过程中，应指定专人管理账簿，在没有得到领导和会计负责人的批准时，拒绝非经管人员随意翻阅账簿。另外，企业的会计账簿只有在需要与外单位进行核对时才可按照相应规定，办理好手续后由专人负责带出企业，其他情况一般不能将账簿携带外出。会计账簿不能随意交给其他人管理，如果因为人员变动而需要变更账簿管理人，则需要严格按照交接制度执行
销毁	保管期限届满的会计账簿，需要在向有关领导报告并得到销毁的批准后，才能按规定的程序对其进行销毁

5.4.3　严格遵循各种会计资料的保管期限规定

包括会计凭证和会计账簿在内的所有会计资料，都有各自的最低保管期限，详情如表 5-22 所示。

表 5-22　各种会计资料的最低保管期限

资料类型	资料	最低保管期限	说明
会计凭证	原始凭证	30 年	—
	记账凭证	30 年	—
会计账簿	总账	30 年	—
	明细账	30 年	—
	日记账	30 年	—
	固定资产卡片	5 年	固定资产报废清理后保管 5 年
	其他辅助性账簿	30 年	—
财务会计报告	月度、季度和半年度财务会计报告	10 年	—
	年度财务会计报告	永久	—

续上表

资料类型	资料	最低保管期限	说明
其他会计资料	银行存款余额调节表	10 年	—
	银行对账单	10 年	—
	纳税申报表	10 年	—
	会计档案移交清册	30 年	—
	会计档案保管清册	永久	—
	会计档案销毁清册	永久	—
	会计档案鉴定意见书	永久	—

5.4.4　会计资料的销毁程序

当企业的会计资料保管期限届满后，需要销毁时，要按照如图 5-22 所示的程序执行。

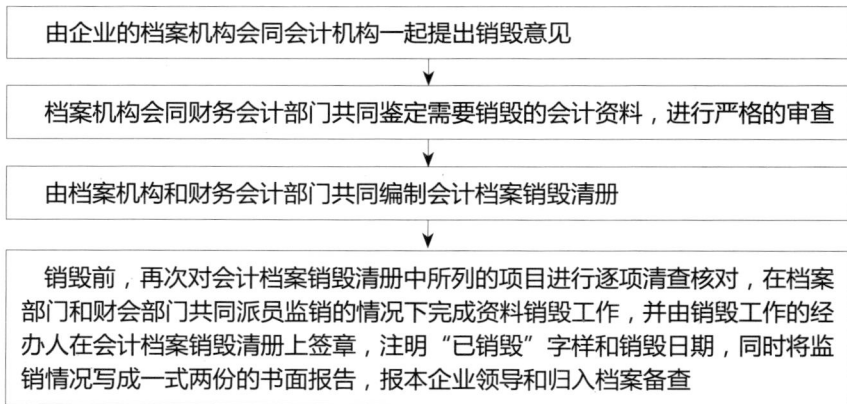

由企业的档案机构会同会计机构一起提出销毁意见

↓

档案机构会同财务会计部门共同鉴定需要销毁的会计资料，进行严格的审查

↓

由档案机构和财务会计部门共同编制会计档案销毁清册

↓

销毁前，再次对会计档案销毁清册中所列的项目进行逐项清查核对，在档案部门和财会部门共同派员监销的情况下完成资料销毁工作，并由销毁工作的经办人在会计档案销毁清册上签章，注明"已销毁"字样和销毁日期，同时将监销情况写成一式两份的书面报告，报本企业领导和归入档案备查

图 5-22　会计资料的销毁流程

注意，如果会计资料保管期限届满时还有未了结的债权债务，则相应的凭证应单独抽出并另行立卷保管，直至债权债务结清后才可销毁。另外，建设单位在建设期间的会计资料不能销毁。

第 **6** 章

财务报表管理与分析实战

　　财务报表是反映企业一定时期内财产状况、经营成果和现金流量情况的重要会计资料，是对企业一个会计期间内所有会计信息的整合。要想能从会计报表中了解企业的实际经营情况，就必须了解报表的形成过程，并学习如何阅读和分析财务报表数据。

| 6.1 |
资产负债表反映企业的"家底"

资产负债表主要反映企业的资产、负债和所有者权益的构成情况，即体现企业的财务状况。资产负债表反映的财务状况是企业某一时点的，因此是一张静态财务报表。如何了解资产负债表呢？关键在于掌握其结构样式和编制方法。

6.1.1 认识资产负债表的结构和常用样式

资产负债表包括表首和正表两个部分，其中表首包含的内容有报表的名称、编制单位、编制日期、报表编号、货币名称和计量单位等。正表则是资产负债表的主体，记录和反映企业经营状况的三大类项目，即资产类、负债类和所有者权益类。

资产负债表的正表结构有两种形式：一是报告式；二是账户式。但无论是哪种形式，资产负债表所列示的项目都要包括前述提及的三大类。这两种形式下的资产负债表结构有所不同，具体说明如表 6-1 所示。

表 6-1　两种不同结构的资产负债表

类型	大致结构	结构说明
报告式资产负债表	上下结构	上半部分列示资产，下半部分列示负债和所有者权益，具体按照"资产－负债＝所有者权益"的原理排列
账户式资产负债表	左右结构	左边列示资产，右边列示负债和所有者权益，具体按照"资产＝负债＋所有者权益"的原理排列

不管是哪种结构下的资产负债表，它的每一个大项内的结构都是一样的。比如资产类项目中，按照先流动资产、后非流动资产的顺序列示；负债类项目中，按照先流动负债、后非流动负债的顺序列示；所有者权益类项目中，

按照先投入资本、后盈余资本的顺序列示。大致如图 6-1 所示。

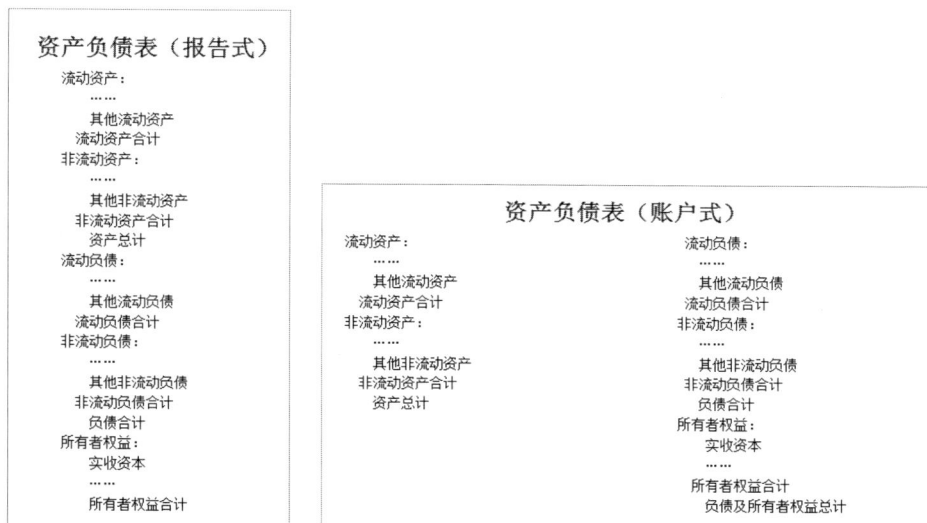

图 6-1　两种资产负债表的大致结构

我国企业使用最多的还是账户式资产负债表，其样式如图 6-2 所示。

图 6-2　常见的资产负债表样式

6.1.2 掌握资产负债表的填制原理

对企业财会人员来说，正确填制资产负债表还需要一些技术，填制过程略显复杂。资产负债表的填制原理可概括为一个会计恒等式"资产 = 负债 + 所有者权益"。不同的会计科目的具体填制原理有差别，如表 6-2 所示。

表 6-2　资产负债表中各类科目的填制原理

入手点	科目及填制原理
根据总账科目的余额填列	如"交易性金融资产""短期借款""应付票据"和"应付职工薪酬"等科目。分别根据这些科目的总账科目的余额直接填列。另外一些科目需要根据多个总账科目的期末余额计算填列，如"货币资金"科目需要根据"库存现金""银行存款"和"其他货币资金"这 3 个总账科目的期末余额的合计数填列。 除此以外，还有"工程物资""固定资产清理""递延所得税资产""交易性金融负债""应交税费""应付利息""应付股利""其他应付款""应付债券""递延所得税负债""实收资本""资本公积"和"盈余公积"等科目也用该原理填列
根据明细账科目的余额计算填列	1. "应收账款"科目，需根据"应收账款"和"预收账款"两个科目所辖的相关明细科目的期末借方余额计算填列。 2. "预收账款"科目，需根据"应收账款"和"预收账款"两个科目所辖的相关明细科目的期末贷方余额计算填列。 3. "应付账款"科目，需根据"应付账款"和"预付账款"两个科目所辖的相关明细科目的期末贷方余额计算填列。 4. "预付账款"科目，需根据"应付账款"和"预付账款"两个科目所辖的相关明细科目的期末借方余额计算填列。 除此以外，还有"一年内到期的非流动资产"和"一年内到期的非流动负债"科目，分别根据有关非流动资产或负债项目的明细科目余额分析填列。"未分配利润"科目，需根据"利润分配"科目中所属的"未分配利润"明细科目的期末余额填列
根据总账科目和所辖明细账科目的余额计算填列	1. "长期借款"科目，需根据"长期借款"总账科目的余额扣除该科目所辖的明细科目中将在一年内到期且企业不能自主地将清偿义务展期的长期借款后的余额计算填列。 2. "长期待摊费用"科目，需根据"长期待摊费用"科目的期末余额减去将在一年（含）内摊销的数额后的金额填列。 3. "其他非流动资产"科目，需根据有关科目的期末余额减去将在一年（含）内到期偿还数后的金额填列

续上表

入手点	科目及填制原理
根据有关科目的余额减去其备抵科目的余额后的净额填列	1. "应收票据""应收账款"和"长期股权投资"等科目，应分别根据各自的期末余额减去"坏账准备"和"长期股权投资减值准备"等科目的余额后的净额填列。 2. "固定资产"科目，需根据"固定资产"科目的期末余额减去"累计折旧"和"固定资产减值准备"等备抵科目的余额后的净额填列。 3. "无形资产"科目，需根据"无形资产"科目的期末余额减去"累计摊销"和"无形资产减值准备"等备抵科目的余额后的净额填列。 4. "长期应收款"科目，需根据"长期应收款"科目的期末余额减去对应的"未实现融资收益"科目和"坏账准备"科目所辖的相关明细科目期末余额后的金额填列。 5. "长期应付款"科目，需根据"长期应付款"科目的期末余额减去对应的"未确认融资费用"科目的期末余额后的金额填列
综合运用前述 4 种方法分析填列	如"存货"项目，需根据"原材料""委托加工物资""周转材料""材料采购""在途物资"和"材料成本差异"等总账科目的期末余额合计数，减去"受托代销商品款"和"存货跌价准备"等科目的期末余额后的金额填列，采用计划成本法核算的，还应按照加（减）材料成本差异或商品进销差价后的金额填列

综上所述，资产负债表在填制过程中必须要严格区分总账科目和明细分类科目，这样才能熟练运用表 6-2 列示的填制原理。

| 6.2 |
利润表体现企业的盈利状况

利润表主要反映企业在一定时期内的经营成果，因此其数据结果中包含了经济信息在这一时期内的变动情况，是一张动态会计报表。利润表中包含了三大类项目：成本和费用、收入和收益、利润，所以利润表在某些企业中也被称为损益表或收益表。本小节就从利润表的结构、样式及填制原理等方面认识并了解利润表。

6.2.1 区分利润表的两种结构和对应样式

利润表同样由表首和正表两部分构成，表首写明报表的名称、编制单位、编制日期、报表编号、货币名称和计量单位等信息；正表则记录所有与企业经营活动有关的成本、费用、收入、收益和最终获取的利润等信息，是利润表的主体。

根据正表的不同格式，可将利润表分为两大类：单步式利润表和多步式利润表。单步式利润表的正表中，当期所有收入列在一起，所有费用列在一起，最后两者相减得到当期的净损益。多步式利润表的正表中，先将当期的收入、费用和支出等项目按性质加以归类，然后按利润形成的过程，列示一些中间性的利润指标，如营业利润、利润总额，最后计算出当期净损益（即净利润）。两种结构的利润表都是上下结构，如图 6-3 所示的是简单的单步式利润表和多步式利润表。

利润表

编制单位：　　　　年　月　日　　　　单位：元

项目	行次	本月数	本年累计数
一、收入			
主营业务收入			
其他业务收入			
投资收益			
营业外收入			
……			
收入合计			
二、费用			
主营业务成本			
其他业务成本			
税金及附加			
销售费用			
管理费用			
财务费用			
营业外支出			
所得税			
……			
费用合计			
三、净利润			

利润表

会企 02 表

编制单位：　　　　年　月　　　　单位：元

项目	本期金额	上期金额
一、营业收入		
减：营业成本		
税金及附加		
销售费用		
管理费用		
研发费用		
财务费用		
其中：利息费用		
利息收入		
加：其他收益		
投资收益（损失以“-”号填列）		
其中：对联营企业和合营企业的投资收益		
以摊余成本计量的金融资产终止确认收益（损失以“-”填列）		
净敞口套期收益（损失以“-”号填列）		
公允价值变动收益（损失以“-”号填列）		
信用减值损失（损失以“-”号填列）		
资产减值损失（损失以“-”号填列）		
资产处置收益（损失以“-”号填列）		
二、营业利润（亏损以“-”号填列）		
加：营业外收入		
减：营业外支出		
三、利润总额（亏损总额以“-”号填列）		
减：所得税费用		
四、净利润（净亏损以“-”号填列）		
（一）持续经营净利润（净亏损以“-”号填列）		
（二）终止经营净利润（净亏损以“-”号填列）		
五、其他综合收益的税后净额		
（一）不能重分类进损益的其他综合收益		
1. 重新计量设定受益计划变动额		
2. 权益法下不能转损益的其他综合收益		
3. 其他权益工具投资公允价值变动		
4. 企业自身信用风险公允价值变动		
……		
（二）将重分类进损益的其他综合收益		
1. 权益法下可转损益的其他综合收益		
2. 其他债权投资公允价值变动		
3. 金融资产重分类计入其他综合收益的金额		
4. 其他债权投资信用减值准备		
5. 现金流量套期储备		
6. 外币财务报表折算差额		
……		
六、综合收益总额		
七、每股收益：		
（一）基本每股收益		
（二）稀释每股收益		

图 6-3　单步式利润表（左）和多步式利润表（右）

在我国，企业一般采用多步式利润表。因为该类结构的利润表可清晰地反映企业当期的净损益形成过程，同时还可体现经营过程中各方面的收入和成本、费用对利润的影响程度。

6.2.2　学习利润表的填制原理

无论是单步式利润表还是多步式利润表，填制的原理都是会计恒等式"收入－费用＝利润"。单步式利润表的填制比较简单，直接区分收入、成本和利润项目，分别将每项包含的所有项目"打包"列示在一起，最后根据收入总额和成本费用总额计算出总的利润收益。这里主要讲解多步式利润表的填制过程和规则。如图 6-4 所示的是利润表的填制过程。

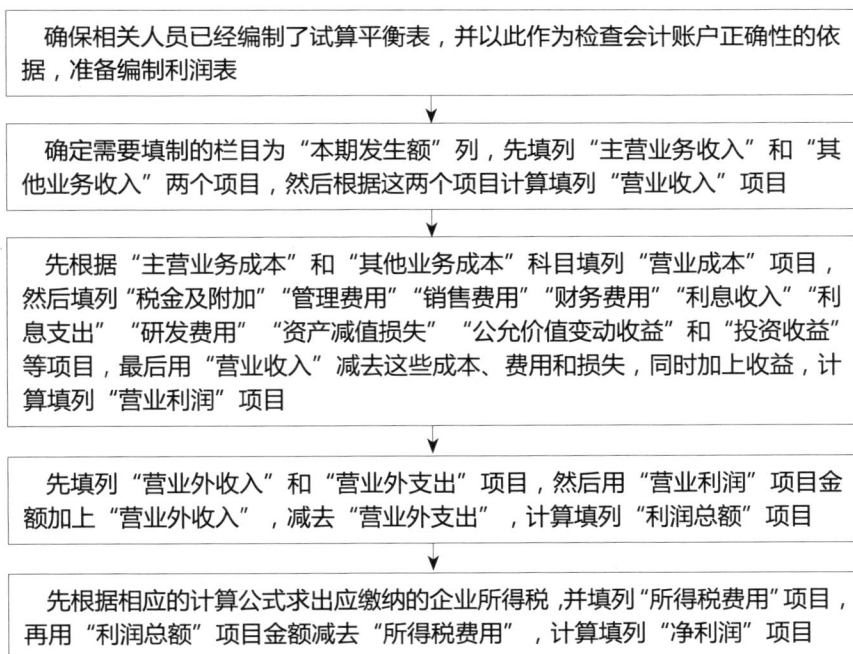

确保相关人员已经编制了试算平衡表，并以此作为检查会计账户正确性的依据，准备编制利润表

确定需要填制的栏目为"本期发生额"列，先填列"主营业务收入"和"其他业务收入"两个项目，然后根据这两个项目计算填列"营业收入"项目

先根据"主营业务成本"和"其他业务成本"科目填列"营业成本"项目，然后填列"税金及附加""管理费用""销售费用""财务费用""利息收入""利息支出""研发费用""资产减值损失""公允价值变动收益"和"投资收益"等项目，最后用"营业收入"减去这些成本、费用和损失，同时加上收益，计算填列"营业利润"项目

先填列"营业外收入"和"营业外支出"项目，然后用"营业利润"项目金额加上"营业外收入"，减去"营业外支出"，计算填列"利润总额"项目

先根据相应的计算公式求出应缴纳的企业所得税，并填列"所得税费用"项目，再用"利润总额"项目金额减去"所得税费用"，计算填列"净利润"项目

图 6-4　多步式利润表的填制过程

在该图所示的第三步操作中，"公允价值变动收益"和"投资收益"这两栏，如果是损失，则填列时填列负数，但名称不做任何改动。在计算填列时，

通过"加上负的收益"来体现"减去损失"。

在利润表的众多填制规则中，首先要明确的是每个项目一般要分为"本月数"和"本年累计数"两栏（列）分别填列。具体填列规则如表6-3所示。

表6-3　利润表的填列规则

栏目	填列规则
本月数	反映各个项目的本月实际发生数。如果编制的是中期或年度财务会计报告，则需将"本月数"栏改为"上年数"栏，中期利润表的该栏应填列上年同期累计实际发生数，年度利润表的该栏应填列上年全年累计实际发生数
本年累计数	反映各个项目从本会计年度的年初起到期末止的累计实际发生数

在填列"本月数"（"上年数"）栏时，如果上一年度利润表的项目名称和内容与本年度的利润表不一致，则需要按照编报当年利润表的口径对上一年编报的利润表项目名称和内容进行调整，最后填入本年度利润表的"上年数"栏中。

除此以外，利润表中一些具体的项目有如表6-4所示的填列规则。

表6-4　利润表项目的填列规则

项目	填列规则
税金及附加	根据企业应缴纳的消费税、城市维护建设税、教育费附加、车船税、土地增值税、资源税、印花税、房产税、城镇土地使用税和环保税等税费的发生额分析填列
管理费用	反映企业行政管理和财务等部门发生的费用，根据"管理费用"账户的发生额分析填列
销售费用	反映企业在销售商品或提供劳务等过程中发生的费用，根据"销售费用"账户的发生额分析填列
财务费用	反映企业发生的利息费用和利息收入，根据"财务费用"账户的发生额和明细科目的发生额分析填列
资产减值损失	反映企业各项资产发生的减值损失，根据"资产减值损失"账户的发生额分析填列

续上表

项目	填列规则
公允价值变动收益	反映企业的交易性金融资产等的公允价值变动形成的当期利得或损失，根据"公允价值变动损益"账户的发生额分析填列。"益"就是收益，"损"就是损失，用负数填列
投资收益	反映企业以各种方式对外投资而取得的收益，根据"投资收益"账户的发生额分析填列，投资损失以负数填列
营业外收入	反映企业发生的与自身生产经营没有直接关系的各项收入，根据"营业外收入"账户的发生额分析填列
营业外支出	反映企业发生的与自身生产经营没有直接关系的各项支出，根据"营业外支出"账户的发生额分析填列
所得税费用	反映企业按规定应从本期利润总额中减去的所得税税额，根据"所得税费用""递延所得税资产"和"递延所得税负债"等账户的发生额分析填列

| 6.3 |
现金流量表反映企业的资金流动情况

现金流量表与资产负债表和利润表并称为"三大会计报表"，主要反映企业在一定时期内的现金流入、流出情况，因此现金流量表同样体现了经济信息在一段时期内的变动，也是一张动态会计报表。现金流量表是一张专门反映企业现金使用情况的报表，具体反映资产负债表中各个项目对企业现金流量的影响，财会人员和报表使用者可借助该报表分析企业在短期内是否有足够的现金偿付开支。

6.3.1　了解现金流量表的三大内容和常用样式

根据企业经营管理过程中不同性质的业务和活动引起的现金流量变化，

可将现金流量表的内容划分为三大块：经营活动产生的现金流量净额、投资活动产生的现金流量净额和筹资活动产生的现金流量净额。

财会人员分别统计这三大块内容，最终形成现金流量表。如图 6-5 所示的是常见的现金流量表样式。

现金流量表

会企 03 表

编制单位：　　　　　年　月　　　　　　　　　　　　　　单位：元

项目	本月金额	本年累计金额
一、经营活动产生的现金流量：		
销售商品、提供劳务收到的现金		
收到的税费返还		
收到其他与经营活动有关的现金		
经营活动现金流入小计		
购买商品、接受劳务支付的现金		
支付给职工以及为职工支付的现金		
支付的各项税费		
支付其他与经营活动有关的现金		
经营活动现金流出小计		
经营活动产生的现金流量净额		
二、投资活动产生的现金流量：		
收回投资收到的现金		
取得投资收益收到的现金		
处置固定资产、无形资产和其他长期资产收回的现金净额		
处置子公司及其他营业单位收到的现金净额		
收到其他与投资活动有关的现金		
投资活动现金流入小计		
购建固定资产、无形资产和其他长期资产支付的现金		
投资支付的现金		
取得子公司及其他营业单位支付的现金净额		
支付其他与投资活动有关的现金		
投资活动现金流出小计		
投资活动产生的现金流量净额		
三、筹资活动产生的现金流量：		
吸收投资收到的现金		
取得借款收到的现金		
收到其他与筹资活动有关的现金		
筹资活动现金流入小计		
偿还债务支付的现金		
分配股利、利润或偿付利息支付的现金		
支付其他与筹资活动有关的现金		
筹资活动现金流出小计		
筹资活动产生的现金流量净额		
四、汇率变动对现金及现金等价物的影响		
五、现金及现金等价物净增加额		
加：期初现金及现金等价物余额		
六、期末现金及现金等价物余额		

图 6-5　现金流量表样式

6.3.2　掌握现金流量表的填制规则

现金流量表的填制工作非常复杂，每一个项目都要结合其他项目的发生额或余额计算、分析填列。在学习每个项目具体应该怎么填列之前，先来了解填制现金流量表的两种方法：工作底稿法和 T 形账户法。这两种方法的填制过程如图 6-6 和 6-7 所示。

将资产负债表的期初数和期末数过入工作底稿的期初数栏和期末数栏

对当期业务进行分析，编制调整分录。一是调整利润表中的收入、成本和费用项目以及资产负债表中的资产、负债及所有者权益项目，将权责发生制下的收入、费用转化为现金基础；二是调整资产负债表和现金流量表中的投资、筹资项目，用以反映现金流量表中的投资和筹资活动的现金流量；三是将利润表中的投资和筹资方面的收入和费用列入现金流量表的投资、筹资活动现金流量中

将调整分录过入工作底稿中的相应位置

核对调整分录，借、贷方的合计要相等，资产负债表各项目的期初数加减调整分录中的借、贷金额后的数额应等于资产负债表各项目的期末数

根据工作底稿中的现金流量表项目，编制正式的现金流量表

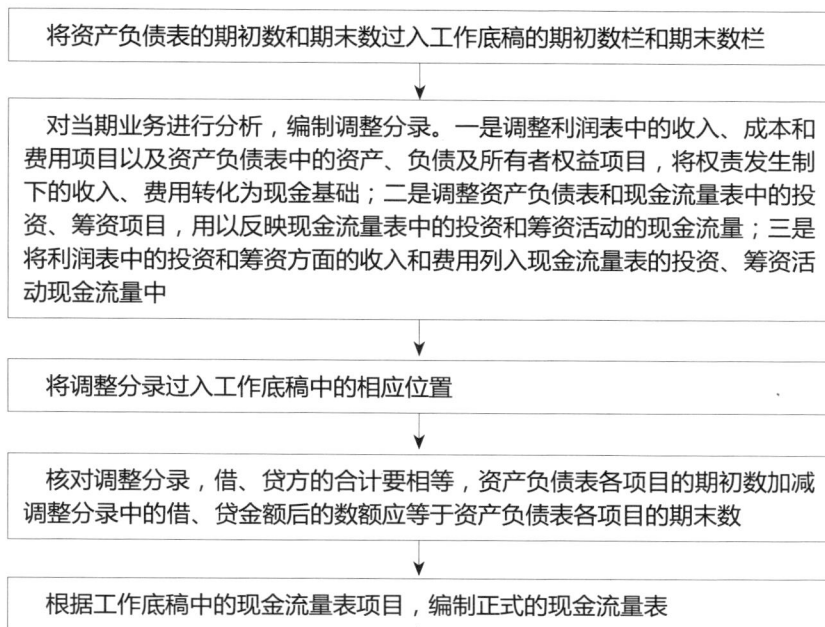

图 6-6　工作底稿法填制现金流量表

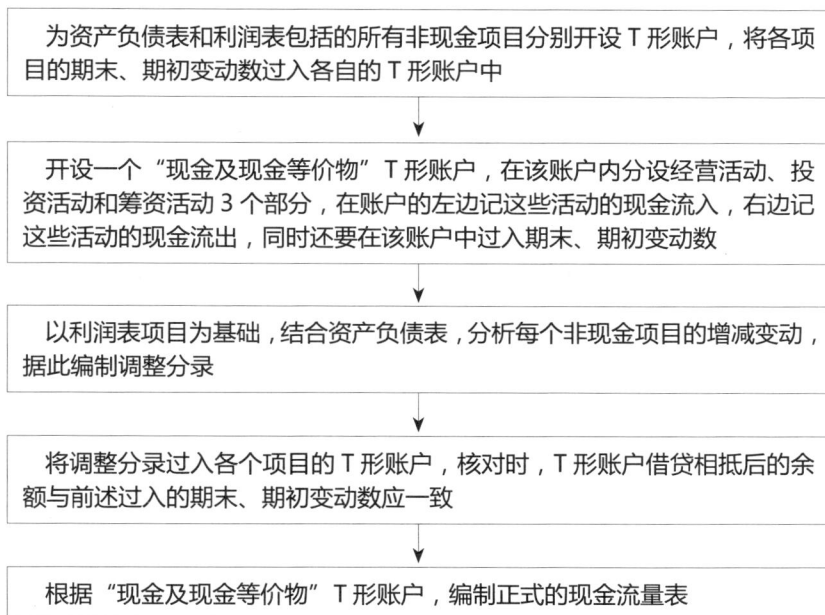

为资产负债表和利润表包括的所有非现金项目分别开设 T 形账户，将各项目的期末、期初变动数过入各自的 T 形账户中

开设一个"现金及现金等价物" T 形账户，在该账户内分设经营活动、投资活动和筹资活动 3 个部分，在账户的左边记这些活动的现金流入，右边记这些活动的现金流出，同时还要在该账户中过入期末、期初变动数

以利润表项目为基础，结合资产负债表，分析每个非现金项目的增减变动，据此编制调整分录

将调整分录过入各个项目的 T 形账户，核对时，T 形账户借贷相抵后的余额与前述过入的期末、期初变动数应一致

根据"现金及现金等价物" T 形账户，编制正式的现金流量表

图 6-7　T 形账户法填制现金流量表

对使用工作底稿法编制现金流量表的情况，工作底稿的常见样式如图6-8所示。

现金流量表工作底稿

项目		期初数	会计分录		期末数
			借方	贷方	
资产负债表项目	借方项目：				
	货币资金	¥372,121.87	¥525,615.00	¥502,070.00	¥395,666.87
	应收票据	¥120,000.00	¥16,950.00		¥136,950.00
	应收账款	¥800,002.00	¥113,000.00	¥113,000.00	¥800,002.00
	预付账款		¥10,000.00		¥10,000.00
	其他应收款	¥35,000.00	¥4,000.00	¥4,000.00	¥35,000.00
	存货	¥1,432,564.40	¥202,500.00	¥107,700.00	¥1,527,364.40
	长期股权投资	¥340,000.00			¥340,000.00
	固定资产	¥1,610,000.00	¥93,500.00		¥1,703,500.00
	在建工程	¥853,000.00	¥30,500.00	¥30,500.00	¥853,000.00
	借方项目合计：	¥5,562,688.27	¥996,065.00	¥757,270.00	¥5,801,483.27
	贷方项目：				
	短期借款	¥320,000.00		¥150,000.00	¥470,000.00
	应付票据	¥50,000.00			¥50,000.00
	应付账款	¥653,200.45		¥37,290.00	¥690,490.45
	预收账款			¥50,000.00	¥50,000.00
	应付职工薪酬	¥480,000.00	¥148,685.00	¥149,185.00	¥480,500.00
	应交税费	¥203,045.00	¥23,790.00	¥20,540.00	¥199,795.00
	其他应付款	¥445,200.00		¥2,500.00	¥447,700.00
	长期付款	¥403,500.00			¥403,500.00
	实收资本	¥1,800,000.00			¥1,800,000.00
	资本公积	¥530,012.00			¥530,012.00
	盈余公积	¥203,000.00		175.50	¥203,175.50
	未分配利润	¥474,730.82	¥168,175.50	¥169,755.00	¥476,310.32
	贷方项目合计：	¥5,562,688.27	¥340,650.50	¥579,445.50	¥5,801,483.27
利润表项目	主营业务收入	¥5,500,000.00		¥145,000.00	¥5,645,000.00
	主营业务成本	¥782,000.00	¥60,000.00		¥842,000.00
	税金及附加	¥120,000.00			¥120,000.00
	其他业务收入	¥50,690.00		¥13,000.00	¥63,690.00
	其他业务成本	¥38,650.00	¥6,400.00		¥45,050.00
	销售费用	¥9,150.00	¥25,885.00		¥35,035.00
	管理费用	¥200,800.00	¥61,700.00		¥262,500.00
	财务费用	¥4,620.00	¥2,260.00		¥6,880.00
	投资收益	¥10,860.00			¥10,860.00
	营业外收入	¥105,650.00		¥10,000.00	¥115,650.00
	营业外支出	¥49,260.00	¥10,000.00		¥59,260.00
	所得税费用	¥368,000.00			¥368,000.00
	净利润		¥1,755.00		
现金流量表项目	一、经营活动产生的现金流量：				
	销售商品、提供劳务收到的现金		¥208,000.00		¥208,000.00
	收到的税费返还				¥-
	收到的其他与经营活动有关的现金		¥12,500.00		¥12,500.00
	经营活动现金流入小计				¥220,500.00
	购买商品、接受劳务支付的现金			¥104,800.00	¥104,800.00
	支付给职工以及为职工支付的现金			¥148,685.00	¥148,685.00
	支付的各项税费			¥3,250.00	¥3,250.00
	支付的其他与经营活动有关的现金			¥99,845.00	¥99,845.00
	经营活动现金流出小计				¥356,580.00
	经营活动产生的现金流量净额				¥-136,080.00
	二、投资活动产生的现金流量：				
	收回投资收到的现金				
	取得投资收益收到的现金				
	处置固定资产、无形资产和其他长期资产收回的现金净额				
	收到的其他与投资活动有关的现金				¥-
	购建固定资产、无形资产和其他长期资产支付的现金			¥93,500.00	¥93,500.00
	投资支付的现金				
	取得子公司及其他营业单位支付的现金净额				
	支付其他与投资活动有关的现金				
	投资活动现金流出小计				¥93,500.00
	投资活动产生的现金流量净额				¥-93,500.00
	三、筹资活动产生的现金流量：				
	吸收投资收到的现金				
	取得借款收到的现金		¥150,000.00		¥150,000.00
	收到的其他与筹资活动有关的现金				
	筹资活动现金流入小计				¥150,000.00
	偿还债务支付的现金				
	分配股利、利润或偿付利息支付的现金				
	支付的其他与筹资活动有关的现金				
	筹资活动现金流出小计				¥-
	筹资活动产生的现金流量净额				¥150,000.00
	四、汇率变动对现金及现金等价物的影响				
	五、现金及现金等价物净增加额				¥-79,580.00
	加：期初现金及现金等价物余额				¥120,000.00
	六、期末现金及现金等价物余额				¥40,420.00

图6-8 现金流量表的工作底稿

由图6-8可知，工作底稿的纵向分为3段，第一段列示资产负债表项目，包括借方项目和贷方项目；第二段列示利润表项目；第三段列示现金流量表项目。横向分为5栏，第一栏为"项目"栏，填列资产负债表、利润表和现金流量表的各个项目名称；第二栏为"期初数"栏，填列资产负债表各项目的期初数，现金流量表的各项目的该栏次不填；第三栏为"调整分录的借方"栏，调整资产负债表、利润表和现金流量表的各项目的借方；第四栏为"调整分录的贷方"栏，调整资产负债表、利润表和现金流量表的各项目的贷方；填写第五栏时，资产负债表的为"期末数"栏，填列资产负债表各项目的期末数，利润表和现金流量表为"本期数"栏，利润表的该栏根据企业本期利润表的数据填列，现金流量表的该栏数据直接用来编制正式的现金流量表。

现金流量表中各具体项目的填列原理及数据由来，需按照如表6-5所示的内容执行，完成计算填列工作。

表6-5 现金流量表项目的填列规则

活动	项目	填列规则
经营活动现金流入	销售商品、提供劳务收到的现金(包括销项税额、销售材料和代购代销业务收到的货款)	依据科目：主营业务收入、其他业务收入、应收账款、应收票据、预收账款、库存现金和银行存款等。 计算公式：主营业务收入＋销项税额＋其他业务收入（不含租金）＋应收账款（初－末）＋应收票据（初－末）＋预收账款（末－初）＋本期收回前期核销坏账－本期计提的坏账准备－本期核销坏账－现金折扣－票据贴现利息支出－视同销售的销项税额－以物抵债的减少＋收到的补价等
	收到的税费返还	包括：增值税、消费税、关税、所得税和教育费附加等。 依据科目：税金及附加、补贴收入、应收补贴款、库存现金和银行存款等。
	收到其他与经营活动有关的现金	包括：罚款收入、个人赔偿和经营租赁收入等。 依据科目：营业外收入、其他业务收入、库存现金和银行存款等
经营活动现金流出	购买商品、接受劳务支付的现金(包括进项税额、销货退回支付的现金等)	依据科目：主营业务成本、原材料、库存商品、周转材料、应付账款、应付票据和预付账款等。 计算公式：主营业务成本＋进项税额＋其他业务支出（不含租金）＋存货（末－初）＋应付账款（初－末）＋应付票据（初－末）＋预付账款（末－初）＋存货损耗＋工程领用、投资和赞助的存货－收到非现金抵债的存货－成本中非物料消耗（人工、水电和折旧等）－视同购货的进项税额＋支付的补价等

续上表

活动	项目	填列规则
经营活动现金流出	支付给职工以及为职工支付的现金	包括：支付给职工的工资、奖金、津贴、劳动保险、社会保险、住房公积金和其他福利费。 依据科目：应付职工薪酬、库存现金和银行存款等。 计算公式：成本、制造费用和管理费用中工资及福利费＋应付职工薪酬的减少（初－末）＋应付福利费的减少（初－末）
	支付的各项税费	包括：当期实际缴纳的增值税、消费税、关税、所得税、教育费附加及其他税费。 依据科目：应交税费、税金及附加、固定资产、无形资产、库存现金和银行存款等。 计算公式：应交税费＋税金及附加等
	支付其他与经营活动有关的现金	包括：罚款支出、差旅费、业务招待费、保险支出、经营租赁支出和离退休人员福利费支出等。 依据科目：制造费用、销售费用、管理费用和营业外支出等
投资活动现金流入	收回投资收到的现金	包括：收回的短期股权、短期债权、长期股权和长期债权等的本金。 依据科目：长期股权投资、库存现金和银行存款等
	取得投资收益收到的现金	包括：收到的股利、利息和利润（不包括股票股利）。 依据科目：投资收益、库存现金和银行存款等
	处置固定资产、无形资产和其他长期资产等收回的现金净额	包括：保险赔偿，净额表示收回的现金扣除处置费用后的金额。若为负数，在"支付其他与投资活动有关的现金"项目中反映。 依据科目：固定资产清理、库存现金和银行存款等
	收到其他与投资活动有关的现金	包括：收回购买时宣告未收的股利和利息。 依据科目：应收股利、应收利息、库存现金和银行存款等
投资活动现金流出	购建固定资产、无形资产和其他长期资产支付的现金	包括：分期购建资产首期付款（不含后期付款、利息资本化部分、融资租入资产租赁费等）。 依据科目：固定资产、在建工程和无形资产等
	投资支付的现金	包括：进行股权性和债权性投资支付的本金、佣金和手续费等附加费。 依据科目：长期股权投资、应付债券和库存现金等

续上表

活动	项目	填列规则
投资活动现金流出	支付其他与投资活动有关的现金	除上述两大类投资活动现金流出外的其他与投资活动有关的现金支出
筹资活动现金流入	吸收投资收到的现金	包括：发行股票、债券的收入净值（需扣除发行费）。依据科目：实收资本、应付债券、库存现金和银行存款等
	取得借款收到的现金	包括举借各种短期借款和长期借款收到的现金。依据科目：短期借款、长期借款、库存现金和银行存款等
	收到其他与筹资活动有关的现金	包括：接受现金捐赠等。依据科目：资本公积、库存现金和银行存款等
筹资活动现金流出	偿还债务支付的现金	包括：偿还借款本金和债券本金（不包括利息）。依据科目：短期借款、长期借款、应付债券、库存现金和银行存款等
	分配股利、利润或偿付利息支付的现金	包括：支付给其他单位的股利、利息和利润等。依据科目：应付股利、应付利息、财务费用、库存现金和银行存款等
	支付其他与筹资活动有关的现金	包括：捐赠支出、融资租赁支出、直接支付的发行股票和债券的审计、咨询等费用

| 6.4 |
财会报表附注是不可或缺的部分

　　财会报表附注是财务报告中的解释说明部分，通常是纯文字的内容。这一部分会对会计报表的编制基础、编制原理和方法以及主要项目等作出解释和进一步说明，帮助报表使用者更全面、正确地理解会计报表。另外，财会报表附注还可以提高企业会计信息的可比性，使财会报表数据能被更好地加以利用和分析。

通常，财会报表附注的内容至少要包括如下 8 项。

◆ 不符合会计假设的说明。

◆ 重要会计政策和会计估计及其变更情况、变更原因和对财务状况与
经营成果的影响。

◆ 或有事项和资产负债表日后事项的说明。

◆ 关联方之间的关系和交易的说明。

◆ 重要资产转让和出售说明。

◆ 企业合并与分立的说明。

◆ 重大投资、融资活动。

◆ 会计报表中重要项目的明细资料和详细说明。

将这些附注项目归纳总结起来，可初步分成如表 6-6 所示的 5 个方面。

表 6-6　财会报表附注的 5 个方面内容

方面	内容
企业的基本情况	包括企业概况（如注册地、组织形式和总部地址等）、经营范围和企业结构等说明，有相应业务或事项的，还要对上市改组时资产的剥离情况进行说明
企业的会计政策及会计估计变更	包括企业执行的会计制度、会计期间、记账原则、计量基础、计价方法和利润分配方法等的说明。如果企业需要编制合并报表，则还需说明合并报表的编制方法；如果会计政策与上年相比有变化，则还需说明会计政策变更的情况、原因和对企业财务状况及经营成果的影响；如果会计估计有变更，也要作出说明；要对企业账目的差错更正进行说明
会计报表主要项目说明	包括对应收账款的账龄分析以及期初、期末账面余额等信息的说明，还有对存货的期初和期末账面价值、发出存货成本采用的方法、存货可变现净值的确定依据、存货跌价准备的计提方法、当期计提的存货跌价准备金额以及当期转回的存货跌价准备金额，还有长期股权投资、投资性房地产、固定资产、无形资产、职工薪酬、应交税费以及营业收入等重要项目的说明
分类资料的总结	主要对企业经营范围涉及不同行业时的各行业收入占主营业务收入总额的比例及相关分析的说明
重要事项的揭示	包括对或有和承诺事项、资产负债表日后事项和日后非调整事项、关联关系及交易等的说明

对企业财会人员来说，财会报表附注的编制形式主要有 5 种，如表 6-7 所示。

表 6-7　财会报表附注的 5 种编制形式

形式	说明
尾注说明	这是财会报表附注的主要编制形式，位置在财务报告中所有会计报表之后，适用于说明内容较多的项目
脚注说明	指在报表的下端进行的说明，比如在资产负债表的下端，可能会添加的脚注说明有已贴现的商业承兑汇票、已包括在固定资产原价中的融资租入固定资产的原价等
括号说明	即直接把补充说明的信息混在会计报表主体中，比其他编制形式更直观，且不易被人忽视，但一般采用这种形式的补充说明内容需要比较短。这种编制形式常用来为会计报表主体提供补充信息
补充说明	即利用补充报表的形式来揭示或补充会计报表主体中没有说明或说明不够详细的内容，主要适合于一些无法列入会计报表主体中的详细数据和分析资料
备抵账户和附加账户	即设立备抵账户和附加账户，在会计报表中单独列示。目前在我国，这种形式仅指"坏账准备""存货跌价准备"和"累计折旧"等账户

由此可见，为了给报表使用者提供更多有意义的经济信息，报表附注是财务报告中不可或缺的一部分。而财会报表附注具体编织成什么样子，就需要企业根据自身发展的需要和会计制度的规定，选择合适的编制方式，编写所有需要披露和揭示的项目内容。

| 6.5 |
如何看懂财务报表来辅助经营管理

要看懂财务报表，必须会利用财务报表展示的数据进行各种比例指标的分析，并根据衡量标准来判断企业的经营情况，不断完善经营管理工作。

6.5.1　反映企业偿债能力的财务指标

顾名思义，企业的偿债能力就是指企业偿还债务的能力，更准确地说是企业用其资产偿还各种长期、短期债务的能力。这一能力是反映企业财务状况的重要指标，从期限上看，分为短期偿债能力和长期偿债能力。不同偿债能力的分析需要用到不同的财务指标，详细说明如表6-8所示。

表6-8　认识反映偿债能力的指标

类别	指标	说明
短期偿债能力	流动比率	流动比率＝流动资产÷流动负债 表明企业每一元的流动负债有多少流动资产可用来偿还，反映企业利用短期内可变现的流动资产偿还到期的流动负债的能力，是最常用的短期偿债能力指标。通常，比率越高，说明短期偿债能力越强，比较合适的比率为2：1。比率太低一定表示企业的短期偿债能力很弱，但比率过高却不一定好，过高表明企业流动资产的占比过高，很多资金可能被闲置而无法发挥其增值的作用，从而影响企业的获利能力，具体体现在存货积压、有大量应收账款以及拥有过多的现金等
	速动比率	速动比率＝速动资产÷流动负债＝（流动资产－存货－预付账款－一年内到期的非流动资产－其他流动资产）÷流动负债＝（货币资金＋交易性金融资产＋应收账款等）÷流动负债 与流动比率相比，该比率能更准确、可靠地评价企业利用短期内可变现资产偿还短期债务的能力，也是对流动比率的补充。通常，比率越高，说明短期偿债能力越强，国际上认为适当的比率为1：1。比率小于1时表明企业有非常大的偿债风险，但如果比率远超过1，表明企业现金和应收账款等占比过高，会增加企业的机会成本。 另外，如果企业存货流通顺畅，变现能力强，即使速动比率较低，只要流动比率高，企业也有偿还债务的保障
	·现金比率	现金比率＝现金÷流动负债×100% 这里的"现金"指现金及现金等价物，该比率直接反映企业的现金用于偿还债务的能力，也反映企业的变现能力。通常，比率越高，说明企业利用现金偿还债务的能力越强，比较适宜的比率为20%以上。该比率是这3个短期偿债能力指标中最保守的一个，如果现金比率都过低，则可直接判断企业的短期偿债能力极差；反之，资金闲置，获利能力低

续上表

类别	指标	说明
长期偿债能力	资产负债率	资产负债率 = 负债总额 ÷ 资产总额 × 100% 　衡量企业利用债权人提供的资金进行经营活动的能力，是衡量企业长期偿债能力的主要指标。通常，比率越低，说明企业的长期偿债能力越强，比较理想的比率要低于 50%，最高不应高于 100%。比例过高，说明企业负债过重，直接反映为企业可能面临偿还债务困难的风险；比例太低又说明企业利用债权人提供的资金进行经营活动的能力较弱，财务杠杆效应就会非常小，企业需要用更多的自有资金维持运营，会增加企业的经营负担
	产权比率	产权比率 = 负债总额 ÷ 所有者权益总额 × 100% 　表明企业的债权人资金和投资人资金之间的关系，体现企业的财务结构，同时反映企业的长期偿债能力。通常，比率越低，说明债权人资金越少，长期偿债能力越强。该比率没有明确的合适标准，但比率不能太低，否则企业需要用更多的自有资金维持运营，财务杠杆效应弱；比率过高，直接反映企业的长期偿债能力弱，因为负债多，企业面临无法偿还的风险大
	利息保障倍数	利息保障倍数 = 息税前利润 ÷ 利息费用 =（利润总额 + 利息费用）÷ 利息费用 　这里的"利息费用"包括企业当期发生的全部利息，即财务费用中的利息和计入固定资产成本的资本化利息。 　表明企业用盈利偿付债务的能力，更具体地说是反映企业经营所得偿付债务利息的能力，是长期偿债能力指标之一。通常，比率越高，说明企业经营所得偿付债务利息的能力越强，该比率至少应等于 1。比率高，说明企业长期偿债能力强，盈利能力也强；反之，长期偿债能力弱，盈利能力也弱

　　表 6-8 中列示的这些偿债能力指标，对企业来说并不是一味地贴合"所谓"的合适比率，因为不同的行业对应的企业有自己的合理资产结构，也就有符合自身发展情况的偿债能力指标标准，不能以点概面。

6.5.2　反映企业盈利能力的财务指标

　　从字面理解，盈利能力就是企业获取利润的能力，也是企业资金或资本增值的能力。这一能力是反映企业经营成果的重要标志，一般通过一些利润率和收益率来衡量，利润率或收益率越高，盈利能力就越强。常见的财务指标如表6-9所示。

表6-9 认识反映盈利能力的财务指标

指标	说明
营业利润率	营业利润率 = 营业利润 ÷ 营业收入 ×100% 表明营业利润占营业收入的比重，是盈利能力的最直接表现。通常，该比率越高，说明企业盈利能力越强，在市场中的竞争力越强。而比率越低，说明营业利润占营业收入的比重较小，费用与支出的占比较大，也就说明企业的盈利能力较弱。 另外，企业财会人员还可使用销售毛利率和销售净利率来衡量企业的盈利能力。销售毛利率 =（销售收入 − 销售成本）÷ 销售收入 ×100%，销售净利率 = 净利润 ÷ 销售收入 ×100%。同样是比率越高，盈利能力越强
成本费用利润率	成本费用利润率 = 利润总额 ÷ 成本费用总额 ×100% 这里的"成本费用总额"包括营业成本、税金及附加、销售费用、管理费用和财务费用。 表明利润总额与成本费用总额的比例关系，在一定程度上反映企业的盈利能力。通常，该比率越高，说明企业在付出同等的成本费用时能获取更多的利润，盈利能力也就越强。所以该比率也是反映企业为了获取利润而付出的代价的大小，比率越高，说明成本费用控制得越好
现金保障倍数	现金保障倍数 = 经营现金净流量 ÷ 净利润 表示企业在一定时期内经营活动现金净流量与净利润的比值，可直接反映企业盈利质量。通常，当企业当期净利润为正时，该比率应大于1，且比率越大，说明企业经营活动获取利润的能力越强；反之，盈利能力越弱。但是，当企业净利润为负时，直接可知企业的盈利能力弱。另外，如果企业当期的净利润刚好为0，则该比率没有实际意义，也就无法准确判断盈利能力，此时可通过其他盈利能力指标分析判断
总资产报酬率	总资产报酬率 = 息税前利润 ÷ 资产平均总额 ×100% 资产平均总额 =（资产负债表日资产年初余额 + 资产年末余额）÷2 表示企业利用全部资产获取收益的能力，即盈利能力，并在一定程度上反映企业投入产出关系。通常，比率越高，说明企业的盈利能力越强，企业的投出产出水平越高。当比率大于0时，只能说明企业当期可能盈利，因为最终还需扣除相关利息费用和企业所得税；但是，当比率小于0时，可直接判断企业当期发生了亏损，总资产报酬率为负

续上表

指标	说明
净资产收益率	净资产收益率 = 净利润 ÷ 净资产 ×100% 净利润 = 税后利润 + 利润分配，净资产 = 所有者权益 + 少数股东权益 如果企业不分配利润，或者不存在企业合并，则净利润 = 税后利润，净资产 = 所有者权益，净资产收益率 = 税后利润 ÷ 所有者权益。 该比率又称股东权益报酬率或净资产利润率，表示企业利用所有者权益获取收益的能力水平，并衡量企业运用自有资本的效率。通常，比率越高，说明企业的自有资本利用率高，获取利润的能力越强。当比率大于 0 时，可准确判断企业当期是盈利的；反之，企业当期亏损
资本收益率	资本收益率 = 净利润 ÷ 平均资本 ×100% 平均资本 =（资产负债表日资本期初余额 + 资本期末余额）÷2 该比率又称资本利润率，反映企业运用资本获取收益的水平，即企业的盈利能力。通常，比率越高，说明企业运用资本获取收益的水平越高，盈利能力越强。 实务中，如果资本收益率高于企业的债务资金成本率，说明企业的举债经营是可行的；反之，企业的举债经营过度了，财务杠杆效应在损害企业和投资者的利益，需适当降低负债
市盈率	市盈率 = 每股市价 ÷ 每股收益 这里的"每股收益"通常是指上市公司在一个会计年度内的每股收益，主要反映的是上市企业股票的盈利能力。通常，一只股票的市盈率越低，则说明股票的盈利能力越低；反之，盈利能力越高。但是，市盈率越低，表明股票的投资回收期越短，投资风险越小，股票的投资价值越高；反之，投资价值越低

无论是上述哪一种财务指标，在实务中具体判断企业的盈利能力强弱时，都要结合同行业平均水平，比如某企业当期盈利水平比其自身前期的盈利水平有所下降，但是与同行业当期平均盈利水平相比，又高于平均盈利水平，则可初步判断企业当期的盈利是在正常范围内的波动。

6.5.3　反映企业运营能力的财务指标

运营能力是指企业在有外部市场环境的约束下，考量内部人力资源和生产资料的配置组合对实现财务目标的作用大小。由于企业的人力资源不能很准确地量化，所以在分析企业的运营能力时通常看生产资料对财务目标的影响。常用的运营能力财务指标有：应收账款周转率、存货周转率、流动资产周转率和总资产周转率。由此可见，企业的运营能力一般通过周转率来体现。如表 6-10 所示的是这些财务指标的解释说明。

表 6-10　认识反映运营能力的财务指标

指标	说明
应收账款周转率	应收账款周转率 = 赊销收入净额 ÷ 应收账款平均余额（理论上） 赊销收入净额 = 当期销售净收入 − 当期现销收入 应收账款平均余额 =（期初应收账款余额 + 期末应收账款余额）÷2 = 当期销售净收入 ÷ 应收账款平均余额（实务应用上） 销售净收入 = 销售收入 − 销售退回 该比率衡量企业的应收账款周转速度，从而表明应收账款的管理效率，主要说明企业应收账款在一定时期内转变为现金的平均次数。通常，比率越高，说明企业应收账款变现的速度越快，运营能力越强；反之，变现速度越慢，运营能力越弱。 可与该比率结合使用的公式为"应收账款周转天数 =360÷ 应收账款周转率"，应收账款周转率越高，应收账款周转天数越少，也说明应收账款的变现速度越快，运营能力越强；反之，运营能力越弱
存货周转率	存货周转率 = 营业收入 ÷ 存货平均余额 存货平均余额 =（期初存货余额 + 期末存货余额）÷2 该比率衡量企业的存货周转速度，从而表明存货的管理效率，表示企业存货在一定时期内的周转次数。通常，比率越高，说明企业存货变现的速度越快，运营能力越强；反之，变现速度越慢，运营能力越弱。 可与该比率结合使用的公式为"存货周转天数 =360÷ 存货周转率"，存货周转率越高，存货周转天数越少，也能说明存货的变现速度越快，运营能力越强；反之，运营能力越弱
流动资产周转率	流动资产周转率 = 销售收入 ÷ 流动资产平均余额 流动资产平均余额 =（期初流动资产余额 + 期末流动资产余额）÷2 该比率衡量企业流动资产的利用率，是流动资产在一定时期内的周转次数的体现。通常，比率越高，表明企业流动资产的利用率越高，周转速度越快，运营能力越强，反映企业流动资产投入的增加在一定程度上增强了企业的盈利能力；反之，利用率越低，会形成资金浪费，降低盈利能力，运营能力越弱。 可与该比率结合使用的公式为"流动资产周转天数 =360÷ 流动资产周转率"，流动资产周转率越高，周转天数越少，也能说明运营能力越强；反之，运营能力越弱

续上表

指标	说明
总资产 周转率	总资产周转率＝营业收入净额÷平均资产总额（理论上） 平均资产总额＝（期初资产总额＋期末资产总额）÷2 　　　　　　＝销售收入÷平均资产总额（实务运用上） 该比率衡量企业资产与销售收入水平之间的关系，表示总资产的运营情况。通常，比率越高，说明企业总资产的收益性越好，利用率越高，总资产的运营能力越强；反之，收益性越差，利用率越低，总资产的运营能力越弱。 可与该比率结合使用的公式为"总资产周转天数＝360÷总资产周转率"，总资产周转率越高，周转天数越少，也能说明总资产的周转速度越快，运营能力越强；反之，运营能力越弱

从表 6-10 列出的运营能力指标看出，在利用这些周转率衡量企业的运营能力时，可相应地计算周转天数。

6.5.4　反映企业发展能力的财务指标

发展能力是指企业扩大生产经营规模并增强自身实力的能力，在财务上，可以以一些增长率指标来衡量。常用的反映企业发展能力的财务指标有：营业收入增长率、营业利润增长率、净利润增长率和总资产增长率，相关内容如表 6-11 所示。

表 6-11　认识反映发展能力的财务指标

指标	说明
营业收入 增长率	营业收入增长率＝营业收入增长额÷上年营业收入总额×100% 营业收入增长额＝当年营业收入总额－上年营业收入总额 反映企业营业收入的增减变动情况，从营业收入上考量企业发展能力。通常比率越高，说明企业营业收入的增长速度越快，发展能力越强；反之，增长速度越慢，发展能力越弱。如果增长率为负，说明企业营业收入在下降，可能存在产品或服务滞销问题，市场份额萎缩，发展能力很弱。 实务中，如果营业收入增长率超过 10%，一般说明企业产品处于成长期；如果在 5%～10% 之间，说明企业产品处于稳定期，不久后就会进入衰退期；如果低于 5%，一般说明企业产品已进入衰退期，市场份额开始下滑

续上表

指标	说明
营业利润 增长率	营业利润增长率 = 当期营业利润增长额 ÷ 上期营业利润总额 ×100% 当期营业利润增长额 = 当期营业利润总额 − 上期营业利润总额 该比率又称"销售利润增长率",反映企业营业利润的增减变动情况,通过营业利润衡量企业的发展能力。通常,比率越高,说明企业营业利润增长速度越快,盈利能力越强,发展能力也越强;反之,盈利能力越弱,发展能力也相应越弱
净利润 增长率	净利润增长率 = 净利润增长额 ÷ 上期净利润 ×100% 净利润增长额 = 当期净利润 − 上期净利润 净利润 = 利润总额 − 所得税费用 表示净利润的增长幅度,是衡量企业经营效益和发展能力的重要指标之一。通常,比率越高,说明企业净利润增长幅度越大,经营效益越好,发展能力越强;反之,净利润增长幅度越小,发展能力越弱。 如果净利润增长额为负,说明企业的净利润呈现下降趋势,发展能力会受到较大影响;如果上期净利润为负而净利润增长额为正,说明企业由亏损转变为盈利,此时只谈"扭亏为盈 × 元",不再深究其净利润增长率,否则会因为计算出的增长率为负而影响最终的判断
总资产 增长率	总资产增长率 = 当期总资产增长额 ÷ 年初资产总额 ×100% 当期总资产增长额 = 年末资产总额 − 年初资产总额 该比率体现了企业当期资本积累的能力和发展能力,也称"总资产扩张率",直接反映企业当期总资产规模的增长情况。通常,比率越高,说明企业在一定时期内的总资产规模的扩大速度越快,发展能力强;反之,扩大速度越慢,发展能力越弱。 但是,在分析企业的总资产增长率时,必须同时考量资产规模扩张的品质和效益,不能盲目扩大,品质不好的资产规模会降低企业的发展能力

在利用上述财务指标分析企业的发展能力时,不能只单纯地根据计算出的指标结果来判断企业的发展能力,因为计算过程中还可能涉及其他方面的考量,如净利润增长率除了要考量净利润增长额,还需考量所得税费用。所以,要全方位、多角度结合相关财务数据,分析企业的发展能力。

不仅如此,其他偿债能力、盈利能力和运营能力等的分析判断也需要结合相关财务数据进行综合分析评判。所有这些财务指标的计算数据均可直接通过资产负债表和利润表等财务会计报表获取。

| 6.6 |
完成年度报告公示

年度报告公示是一种工商登记制度，这一制度的前身是"工商年检"。在以前的工商年检制度下，企业每年需要到指定地点或者在网上申请办理年度检验，填写年检报告书，申请年度检验，并等待相关机构预审、复核，通过后才能算是完成年检手续。相比现在的年度报告公示制度显得复杂。

在年度报告公示制度下，企业只需要按年度在规定期限内，通过"国家信用信息公示系统（http://www.gsxt.gov.cn/）"，向登记机关提交报告并向社会公示即可。任何单位和个人都可对企业的经营信息进行查询。但年度报告的真实性和合法性由企业自身负责。下面是年度报告公示制度的一些实施细则。

◆ 未按规定期限公示年度报告的企业，登记机关会将企业载入经营异常名录。

◆ 企业被载入经营异常名录后，3 年内履行年度报告公示义务的，可申请恢复正常记载状态；超过 3 年未履行的，登记机关将企业永久列入严重违法企业"黑名单"。

◆ 登记机关可以对企业年度报告公示内容进行抽查，经检查发现企业年度报告隐瞒真实情况、弄虚作假的，企业将受到相应处罚，同时将企业法定代表人和负责人等信息通报公安、财政、海关和税务等部门，形成"一处违法，处处受限"。

下面来看看如何进入国家信用信息公示系统填写年报信息并进行公示。

首先，在浏览器地址栏中输入国家信用信息公示系统的网址，进入系统的首页，找到并单击"企业信息填报"按钮，如图 6-9 所示。然后在打开的页面中选择登记机关所在地选项，如图 6-10 所示。接着在新的页面中选择账号登录方式，填写相应的登录信息，单击"登录"按钮，即可登录系统开始填报企业经营信息，如图 6-11 所示。

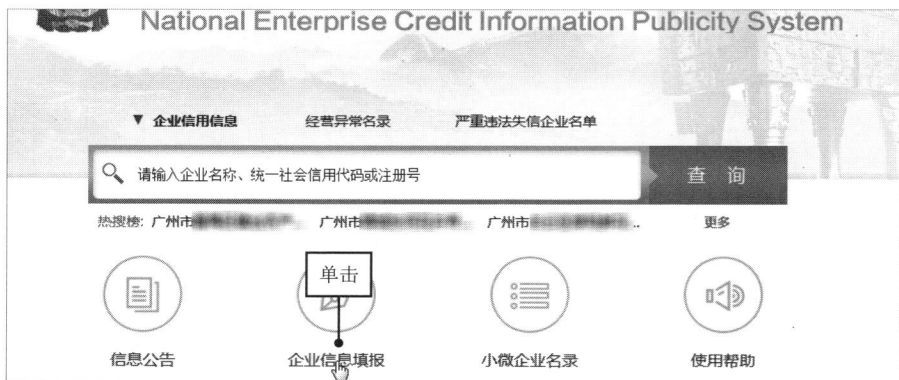

图 6-9　进入国家信用信息公示系统首页

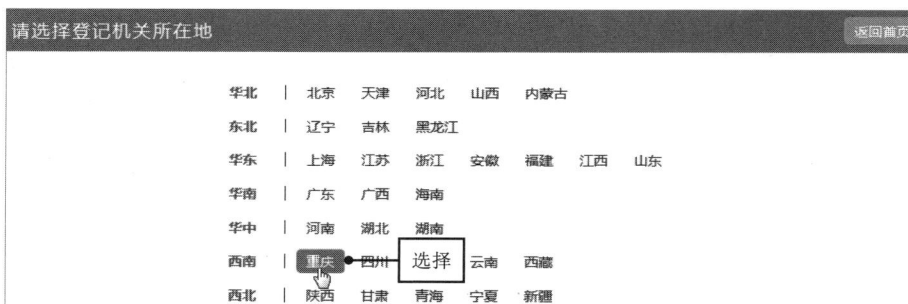

图 6-10　选择企业所属登记机关所在地

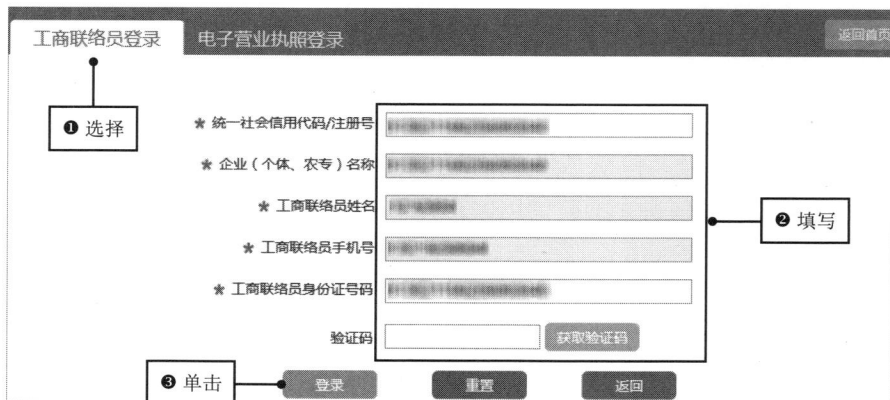

图 6-11　登录系统准备填报企业信息

第7章

中小企业税务实务

在企业内部的所有财会人员中，有一些是专门负责企业税务工作的，这些财会人员必须掌握企业经营范围内的各种税费的计缴工作。相比各种税的管理规定和政策制度的掌握，税费的计算稍微简单一些，本章就先从简单的税费计算出发，学习企业税务实务。

| 7.1 |
经营应税消费品缴纳消费税

在本书的第 2 ~ 4 章已经讲解过企业增值税的账务处理，本章的本节内容将介绍与增值税一样属于流转税的一种税——消费税。根据相关法律、法规的规定可知，并不是所有的商品都需要缴纳消费税，只有符合规定的应税消费品才需要缴纳。详细内容如下。

7.1.1 消费税的征税范围和税率标准

从大方向看，消费税的征税范围包含 5 个环节：生产应税消费品、委托加工应税消费品、进口应税消费品、零售应税消费品和批发销售卷烟。其中，零售应税消费品只包括商业零售金银首饰和零售超豪华小汽车，其他应税消费品均不在零售环节征收消费税。那么，消费税征税范围具体有哪些呢？不同的消费品是否适用相同的税率呢？来看看表 7-1 所示的内容就知道了。

表 7-1 消费税的征税范围和适用税率

应税税目	税率
一、烟 1. 卷烟 （1）甲类卷烟 （2）乙类卷烟 （3）批发环节 2. 雪茄烟 3. 烟丝	 56% 加 0.003 元 / 支（生产环节） 36% 加 0.003 元 / 支（生产环节） 11% 加 0.005 元 / 支 36% 30%
二、酒 1. 白酒 2. 黄酒 3. 啤酒 （1）甲类啤酒 （2）乙类啤酒 4. 其他酒	 20% 加 0.5 元 /500 克（或毫升） 240 元 / 吨 250 元 / 吨 220 元 / 吨 10%

续上表

应税税目	税率
三、高档化妆品	15%
四、贵重首饰及珠宝玉石 1. 金银首饰、铂金首饰和钻石及钻石饰品 2. 其他贵重首饰和珠宝玉石	 5% 10%
五、鞭炮、焰火	15%
六、成品油 1. 汽油 2. 石脑油 3. 溶剂油 4. 润滑油 5. 柴油 6. 航空煤油 7. 燃料油	 1.52 元 / 升 1.52 元 / 升 1.52 元 / 升 1.52 元 / 升 1.20 元 / 升 1.20 元 / 升 1.20 元 / 升
七、小汽车 1. 乘用车 　（1）气缸容量（排气量，下同）在 1 升（含）以下 　（2）气缸容量在 1 ~ 1.5 升（含）的 　（3）气缸容量在 1.5 ~ 2 升（含）的 　（4）气缸容量在 2 ~ 2.5 升（含）的 　（5）气缸容量在 2.5 ~ 3 升（含）的 　（6）气缸容量在 3 ~ 4 升（含）的 　（7）气缸容量在 4 升以上 2. 中轻型商用客车 3. 超豪华小汽车	 1% 3% 5% 9% 12% 25% 40% 5% 10%（零售环节）
八、摩托车 1. 气缸容量（排气量，下同）250 毫升的 2. 气缸容量在 250 毫升（不含）以上的	 3% 10%
九、高档手表	20%
十、高尔夫球及球具	10%
十一、游艇	10%
十二、实木地板和木质一次性筷子	5%
十三、电池	4%
十四、涂料	4%

7.1.2 核算应税消费品应缴纳的消费税

企业财会人员在核算应税消费品应缴纳的消费税税款时，必须明确计税依据和适用税率。在不同的计征方式下，计税依据的核算是不同的。

（1）从价计征

在从价计征的方式下，消费税应纳税额的计税依据为销售额或组成计税价格。应纳税额的计算需区分不同征税环节具体执行，如表 7-2 所示。

表 7-2　从价计征时消费税应纳税额的计算

征税环节	计算公式
生产销售	应纳税额 = 销售额（即全部价款 + 价外费用）× 比例税率
自产自用	①有同类消费品销售价格的 应纳税额 = 销售额（即全部价款 + 价外费用）× 比例税率 ②没有同类消费品销售价格的 应纳税额 = 组成计税价格 × 比例税率 组成计税价格 =（成本 + 利润）÷（1− 比例税率）
委托加工	①有同类消费品销售价格的 应纳税额 = 销售额（即全部价款 + 价外费用）× 比例税率 ②没有同类消费品销售价格的 应纳税额 = 组成计税价格 × 比例税率 组成计税价格 =（材料成本 + 加工费）÷（1− 比例税率）
进口	①有同类消费品销售价格的 应纳税额 = 销售额（即全部价款 + 价外费用）× 比例税率 ②没有同类消费品销售价格的 应纳税额 = 组成计税价格 × 比例税率 组成计税价格 =（关税完税价格 + 关税）÷（1− 比例税率）

| 范例解析 |　生产销售烟丝时从价计征应缴纳的消费税

某企业为合法的烟丝生产商，已知该公司在2020年2月13日时对外出售了一批烟丝，不含税售价为15.00万元。该企业为增值税一般纳税人，适用的消费税税率为30%。那么相关计算和税务处理如下。

应纳税额=150 000.00×30%=45 000.00（元）

1.核算应缴纳的消费税。

借：税金及附加　　　　　　　　　　　　　　45 000.00

　　贷：应交税费——应交消费税　　　　　　　　　　　45 000.00

2.实际缴纳消费税。

借：应交税费——应交消费税　　　　　　　　45 000.00

　　贷：银行存款　　　　　　　　　　　　　　　　　45 000.00

| 范例解析 | 受托加工应税化妆品需缴纳消费税

某化妆品生产企业接受另一化妆品生产商的委托，代加工一批高档化妆品。已知该化妆品公司向委托方收取了不含增值税的加工费共17.00万元，而从委托方处收到的原材料价值68.00万元。已知该公司没有同类化妆品销售价格作参考，消费税税率为15%，计算应代收代缴的消费税并做税务处理。

组成计税价格=（68.00+17.00）÷（1−15%）=100.00（万元）

应代收代缴的消费税税额=100.00×15%=15.00（万元）

借：税金及附加　　　　　　　　　　　　　　150 000.00

　　贷：应交税费——应交消费税　　　　　　　　　　150 000.00

借：应交税费——应交消费税　　　　　　　　150 000.00

　　贷：银行存款　　　　　　　　　　　　　　　　　150 000.00

注意，无论是消费税还是其他税，在实际缴纳税款时，必须使用银行存款支付，不能用库存现金。

（2）从量计征

在从量计征的方式下，消费税应纳税额的计税依据为销售数量。不同征税环节的销售数量的确定是不同的，从而影响应纳税额的计算结果，详细介绍如表7-3所示。

表 7-3　从量计征时消费税应纳税额的计算

征税环节	计算公式
生产销售	应纳税额 = 销售数量 × 定额税率
自产自用	应纳税额 = 自产自用数量 × 定额税率 自产自用数量 = 销售数量 = 移送使用数量
委托加工	应纳税额 = 委托加工数量 × 定额税率 委托加工数量 = 销售数量 = 委托方纳税人收回的应税消费品数量
进口	应纳税额 = 进口数量 × 定额税率 进口数量 = 销售数量 = 海关核定的应税消费品进口征税数量

| 范例解析 |　啤酒生产商生产销售啤酒要缴消费税

　　A公司是一家啤酒生产商，主要生产甲类啤酒。2020年2月14日，公司对外售出一批甲类啤酒，不含税销售额为15 250.00元，共5吨。已知适用的定额税率为250.00元/吨，公司需计算应缴纳的消费税税额，并做相应的税务处理。

　　应纳税额 = 5 × 250.00 = 1 250.00（元）

　　借：税金及附加　　　　　　　　　　　　　　　　1 250.00

　　　　贷：应交税费——应交消费税　　　　　　　　　　　1 250.00

　　借：应交税费——应交消费税　　　　　　　　　　1 250.00

　　　　贷：银行存款　　　　　　　　　　　　　　　　　　1 250.00

　　在使用从量计征消费税时，计算过程比较简单，只需确定好具体的销售数量，再对号入座确定定额税率，即可算出应纳税额。

　　（3）复合计征

　　复合计征就是针对同一个应税消费品，既要从价计征应缴纳的消费税税额，还要同时从量计征应缴纳的消费税税额，最后将两者相加的税额作为总的应缴纳的消费税税额。同样，不同征税环节的应纳税额的核算是不同的，具体如表7-4所示。

表 7-4 复合计征时消费税应纳税额的计算

征税环节	计算公式
生产销售	应纳税额 = 销售额 × 比例税率 + 销售数量 × 定额税率
自产自用	①有同类消费品销售价格的 应纳税额 = 销售额 × 比例税率 + 自产自用数量 × 定额税率 ②没有同类消费品销售价格的 应纳税额 = 组成计税价格 × 比例税率 + 自产自用数量 × 定额税率 组成计税价格 = (成本 + 利润 + 自产自用数量 × 定额税率) ÷ (1− 比例税率)
委托加工	①有同类消费品销售价格的 应纳税额 = 销售额 × 比例税率 + 委托加工数量 × 定额税率 ②没有同类消费品销售价格的 应纳税额 = 组成计税价格 × 比例税率 + 委托加工数量 × 定额税率 组成计税价格 = (材料成本 + 加工费 + 委托加工数量 × 定额税率) ÷ (1− 比例税率)
进口	①有同类消费品销售价格的 应纳税额 = 销售额 × 比例税率 + 核定的进口数量 × 定额税率 ②没有同类消费品销售价格的 应纳税额 = 组成计税价格 × 比例税率 + 核定的进口数量 × 定额税率 组成计税价格 = (关税完税价格 + 关税 + 核定的进口数量 × 定额税率) ÷ (1− 比例税率)

| 范例解析 | 烟草公司进口卷烟要缴纳消费税

B公司是一家合法经营的烟草公司，2020年2月12日，公司从国外进口一批甲类卷烟150标准箱，海关核定的每箱卷烟关税完税价格为2.50万元。已知卷烟的关税税率为25%，消费税比例税率为56%，定额税率为0.003元/支，每标准箱有250条，每标准条有200支。公司应计算需要缴纳的消费税，并及时做出税务处理。

应纳关税税额=150×2.50×25%=93.75（万元）

组成计税价格=（150×2.50+93.75+150×250×200×0.003÷10 000）÷（1−56%）=1 070.45（万元）

应纳税额=1 070.45×56%+150×250×200×0.003÷10 000=601.70（万元）

借：税金及附加   6 017 000.00

     贷：应交税费——应交消费税   6 017 000.00

借：应交税费——应交消费税   6 017 000.00

     贷：银行存款   6 017 000.00

在进口环节缴纳消费税时要注意，除了有国务院另行规定，在该环节缴纳的消费税一律不予减税、免税。

|7.2|
要替员工处理好个人所得税的申缴工作

个人所得税是对个人取得的各项应税所得征收的一种所得税，这里的个人包括居民个人和某些非居民个人。需要注意的是，个人独资企业和合伙企业并不缴纳企业所得税，而是对投资者个人或个人合伙人取得的生产经营所得征收个人所得税。在税务工作中，为了高效地处理个人所得税，很多在职员工应缴纳的个人所得税由其所在的企业代为申报并代扣代缴。

7.2.1　个人所得税的征税范围和税率等级

个人所得税的征税范围有九大类，每一个类别适用的个人所得税税率标准是不同的，具体情况如表 7-5 所示。

表 7-5　个人所得税的征税范围

范围	说明
工资、薪金所得	指个人因任职或受雇而取得的工资、奖金、薪金、年终加薪、津贴、劳动分红及补贴等其他与任职有关的所得。不属于工资、薪金性质的补贴和津贴，不征收个人所得税，包括：独生子女补贴、执行公务员工资制度未纳入基本工资总额的补贴、托儿补助费、家属成员的副食补贴、差旅费津贴和午餐补助等

续上表

范围	说明
劳务报酬所得	指个人从事非雇佣的各种劳务而取得的所得，各种劳务包括：设计、安装、装潢、制图、测试、化验、医疗、法律、会计、咨询、讲学、广播、翻译、审稿、书面、雕刻、影视、录音、录像、演出、广告、展览、技术服务、介绍服务、经纪服务以及代办服务等
稿酬所得	指个人因自己的作品以图书或报刊的形式出版、发表而取得的所得，作品指：文学作品、书画作品和摄影作品等。如果作者逝世，其财产继承人获得的遗作稿酬，也需要缴纳个人所得税
特许权使用费所得	指个人提供专利权、商标权、著作权、非专利技术和其他特许权的使用权取得的所得。需要注意的是，作者将自己的文字作品手稿原件或复印件公开拍卖（竞价）取得的所得，属于提供著作权的使用所得，而不属于稿酬所得；个人取得特许权的经济赔偿收入的，也按照"特许权使用费所得"征收个人所得税；编剧从电视剧的制作单位取得的剧本使用费，也按照"特许权使用费所得"征收个人所得税
经营所得	1. 个人通过在中国境内注册登记的个体工商户、个人独资企业和合伙企业从事生产、经营活动取得的所得。 2. 个人依法取得执照，从事办学、医疗、咨询以及其他有偿服务活动取得的所得。 3. 个人承包、承租、转包和转租取得的所得等
利息、股息、红利所得	指个人因拥有债权、股权而取得的利息、股息和红利所得，利息一般指存款、贷款和债券的利息；股息、红利指个人因拥有股权而取得的企业分红，股息是按照一定比率派发的每股息金，而红利是企业应分配的超过股息部分的利润
财产租赁所得	指个人出租不动产、土地使用权、机器设备、车船以及其他财产取得的所得，其中还包括房屋转租收入
财产转让所得	指个人转让有价证券、股权、不动产、土地使用权、机器设备、车船以及其他财产取得的所得
偶然所得	指个人得奖、中奖、中彩及其他偶然性质的所得，得奖是指参加各种有奖竞赛活动因取得名次而得到的奖金，中奖、中彩是指参加各种有奖活动而取得的奖金

不同的个人所得，适用的个人所得税税率标准是不同的，具体分成三大类：综合所得、经营所得以及利息、股息、红利所得和财产租赁所得等。如表7-6

和 7-7 所示的分别是综合所得和经营所得的个人所得税税率标准。

表 7-6 综合所得的个人所得税税率

等级	全年应纳税所得额	税率（%）	速算扣除数
1	不超过 36 000 元的	3	0
2	超过 36 000 元至 144 000 元的部分	10	2 520
3	超过 144 000 元至 300 000 元的部分	20	16 920
4	超过 300 000 元至 420 000 元的部分	25	31 920
5	超过 420 000 元至 660 000 元的部分	30	52 920
6	超过 660 000 元至 960 000 元的部分	35	85 920
7	超过 960 000 元的部分	45	181 920

表 7-7 经营所得的个人所得税税率

等级	全年应纳税所得额	税率（%）
1	不超过 30 000 元的	5
2	超过 30 000 元至 90 000 元的部分	10
3	超过 90 000 元至 300 000 元的部分	20
4	超过 300 000 元至 500 000 元的部分	30
5	超过 500 000 元的部分	35

表 7-6 所指的"综合所得"包括工资、薪金所得，劳务报酬所得，稿酬所得和特许权使用费所得。对于个人的利息、股息、红利所得，财产租赁所得，财产转让所得以及偶然所得，均适用 20% 的个人所得税税率。其中，对个人取得的出租住房所得暂减按 10% 的税率征收个人所得税。

7.2.2 核算员工应缴纳的个人所得税

对企业来说，财会人员要按时核算出每位员工和全体员工分别需要缴纳的个人所得税税额，并及时进行账务和税务的处理。在核算应纳税额时，确定应纳税所得额是关键，下面看表 7-8 所示的内容来具体了解各种所得的应纳税所得额的确定标准。

表 7-8　个人所得税的应纳税所得额和应纳税额

征税范围	应纳税所得额确定方式	应纳税额的计算
居民个人综合所得	以一个纳税年度的收入额减去费用 6.00 万元、专项扣除、专项附加扣除和依法确定的其他扣除后的余额为应纳税所得额（劳务报酬所得、稿酬所得和特许权使用费所得以实际的收入额减除 20% 的费用后的余额为收入额，其中稿酬所得的收入额还要减按 70% 计算）	应纳税额 = 应纳税所得额 × 适用税率 − 速算扣除数 =（每个纳税年度的收入额 − 费用 6.00 万元 − 专项扣除 − 专项附加扣除 − 依法确定的其他扣除）× 适用税率 − 速算扣除数
非居民个人的所得	工资、薪金所得以每月收入额减去费用 5 000.00 元后的余额为应纳税所得额；劳务报酬所得、稿酬所得和特许权使用费所得以每次收入额的全额为应纳税所得额	应纳税额 = 应纳税所得额 × 适用税率
经营所得	以每个纳税年度的收入总额减去成本、费用和损失后的余额为应纳税所得额	应纳税额 = 应纳税所得额 × 适用税率 − 速算扣除数 =（全年收入总额 − 成本、费用、税金、损失、其他支出和以前年度亏损）× 适用税率 − 速算扣除数
利息、股息、红利所得和偶然所得	以每次收入额的全额为应纳税所得额	应纳税额 = 应纳税所得额 × 适用税率 = 每次收入额 × 20%
财产租赁所得	每次收入额不超过 4 000.00 元的，以减去费用 800.00 元后的余额为应纳税所得额；每次收入额在 4 000.00 元及以上的，以减去 20% 的费用后的余额为应纳税所得额	应纳税额 =[每次（月）收入额 − 财产租赁过程中缴纳的税费 − 修缮费（以 800.00 元为限）−800.00]× 20% 应纳税额 =[每次（月）收入额 − 财产租赁过程中缴纳的税费 − 修缮费（以 800.00 元为限）]（1−20%）× 20%
财产转让所得	以转让财产的收入额减去财产原值和合理费用后的余额为应纳税所得额	应纳税额 = 应纳税所得额 × 适用税率 =（收入总额 − 财产原值 − 合理费用）× 20%

表 7-8 中，居民个人综合所得的应纳税额计算过程中涉及的专项附加扣除，具体包括表 7-9 所示的 6 类。

表 7-9　个人所得税的专项附加扣除

项目	具体范围	扣除标准
子女教育	子女接受学前教育（年满 3 岁至小学入学前）和学历教育（小学和初中教育、普通高中和中等职业教育、大学专科和大学本科教育、硕士研究生和博士研究生教育）的支出	按照每个子女每年 12 000 元（每月 1 000 元）的标准扣除
继续教育	纳税人接受学历继续教育、技能人员职业资格继续教育、专业技术人员职业资格继续教育等支出	在学历教育期间按照每年 4 800 元（每月 400 元）的定额扣除；在取得相关证书的年度按照每年 3 600 元（每月 300 元）定额扣除
赡养老人	纳税人赡养 60 岁（含）以上父母和其他法定被赡养人的赡养支出	纳税人为独生子女的，按照每年 24 000 元（每月 2 000 元）的标准扣除；若为非独生子女，由所有兄弟姐妹共同分摊这 24 000 元，但每人分摊扣除额最高不得超过 12 000 元（纳税人赡养两位及以上老人的，总扣除额不加倍扣除，依然为 24 000 元）
大病医疗	一个纳税年度内，在社会医疗保险管理信息系统记录的由个人负担超过 15 000 元的医药费支出部分	可按照每年 80 000 元的标准限额据实扣除，且在纳税人办理汇算清缴时扣除
住房贷款利息	纳税人本人或配偶使用商业银行或住房公积金个人住房贷款为本人或其配偶购买住房，发生的首套住房贷款利息支出	在纳税人偿还贷款期间，可按照每年 12 000 元（每月 1 000 元）的标准定额扣除。非首套住房的贷款利息支出，不得扣除
住房租金	纳税人本人和配偶在纳税人的主要工作城市没有住房，而是租赁住房，因此发生的租金支出	承租的住房位于直辖市、省会城市、计划单列市和国务院确定的其他城市，扣除标准为每年 18 000 元（每月 1 500 元）；位于其他城市的，市辖区户籍人口超过 100 万的，扣除标准为每年 13 200 元（每月 1 100 元），市辖区户籍人口不超过 100 万的，扣除标准为每年 9 600 元（每月 800 元）

| 范例解析 |　企业替员工申报个人所得税并代扣代缴

赵强是甲公司的一名销售部职员，2020年1月的工资、薪金收入为10 800.00元。已知个人需缴纳的社会保险费和住房公积金分别为336.54元和291.24元。其家中有就读初中的女儿，还有年过60岁的父母，每月还要偿还住房贷款。根据当地主管机关规定准予扣除的专项附加扣除标准，赵强每月可从工资、薪金所得中扣除子女教育、赡养老人和住房贷款利息等专项附加扣除分别为1 000元、2 000元和1 000元。这些附加扣除事项已经上报给在职企业，公司财会人员需认真核算赵强应缴纳的个人所得税，同时做好记账工作。

应纳税所得额=10 800.00－5 000.00－336.54－291.24－1 000.00－2 000.00－1 000.00=1 172.22（元）

从个人所得税综合所得的税率表可知，赵强该月应纳税所得额1 172.22元<2 500.00元（30 000.00÷12），因此，适用税率等级为3%，速算扣除数为0。

应纳税额=1 172.22×3%=35.17（元）

①企业核算员工需要缴纳的个人所得税。

借：应付职工薪酬——工资　　　　　　　　　35.17

　　贷：应交税费——应交个人所得税　　　　　　　　35.17

②实际代扣代缴个人所得税。

借：应交税费——应交个人所得税　　　　　　35.17

　　贷：银行存款　　　　　　　　　　　　　　　　　35.17

| 7.3 |
复杂的关税处理要了解

关税是我国对进出国境或关境的货物及物品等征收的一种税，分为进口关税、出口关税和过境关税。我国目前对进出境货物征收的关税只有进口关税和出口关税两种。

7.3.1　进出口贸易的关税征收范围及税率档次

关税的大体征收范围是进出境的货物和物品，具体的应税税目由《海关进出口税则》规定，可进入国家税务总局查看相关政策内容。

对纳税人来说，进出口货物、物品应依照《海关进出口税则》规定的归类原则归入合适的税号，按照适用的税率征税。其中，进出口货物应按照发货人或其代理人申报进口或出口之日实施的税率征税；进口货物、物品到达前，经海关核准先行申报的，应按照装载此货物、物品的运输工具申报进境之日实施的税率征税。

纳税人可通过查找最新的海关关税税率表来确定进出口货物、物品适用的关税税率，大致分为这几个档次：60%、30% 和 15% 等。但最终适用的关税税率是多少，还需要结合相关政策来确定，因为国与国之间签订的一些协议会影响最终用于核算关税税额的税率。如表 7-10 所示是一些特殊关税税率。

表 7-10　关税税率的特殊类型

特殊关税	描述
最惠国税率	进口货物原产于与我国共同适用最惠国条款的世界贸易组织成员、与我国签订含有相互给予最惠国待遇的双边贸易协定的国家或地区以及我国而适用的关税税率
特惠税率	进口货物原产于与我国签订含有特殊关税优惠条款的贸易协定的国家或地区而适用的关税税率
协定税率	进口货物原产于与我国签订含有关税优惠条款的区域性贸易协定的国家或地区而适用的关税税率
关税配额税率	指关税配额限度内的税率。关税配额是进口国限制进口货物、物品数量的措施，在配额内进口的货物、物品可适用较低的关税配额税率，而配额之外的进口货物、物品则适用较高税率
暂定税率	在最惠国基础上对一些国内需要降低进口关税的货物和出于国际双边关系的考虑需要个别安排的进口货物等适用的关税税率

7.3.2　确定关税的计税依据并核算应缴纳的税额

我国对关税的征收主要采取从价计征，而计税依据就是进出口货物、物品的完税价格。

在确定完税价格时，进口和出口是不同的，如表 7-11 所示。

表 7-11　关税的完税价格

情形	具体情形	完税价格	说明
进口货物	一般贸易项下进口的货物、物品	以海关审定的成交价格为基础的到岸价格	成交价格是进口货物的买方向卖方实际支付或应当支付的价格。进口人在成交价格以外另支付给卖方的佣金也要计入成交价格，但向境外采购代理人支付的买方佣金不计入；卖方因违反合同规定延期交货的罚款包含在成交价格中
	特殊贸易下进口的货物、物品	运往境外加工的货物，以加工后货物进境时的到岸价格与原出境货物价格的差额作为完税价格	如果无法得到原出境货物的到岸价格，可用原出境货物相同或类似货物的进境时到岸价格或原出境货物申报出境时的离岸价格代替
		运往境外修理的机械器具、运输工具或其他货物，以经海关审定的修理费和料件费作为完税价格	必须是出境时已经向海关报明并在海关规定期限内复运进境
		租借和租赁进口货物，以海关审查确定的货物租金作为完税价格	—
		国内单位留购的进口货样、展览品和广告陈列品，以留购价格作为完税价格	如果国内单位除了按照留购价格付款外，还直接或间接地给国外卖方一定利益，则海关可另行确定这类货物、物品的完税价格
出口货物	—	海关审定的货物售予境外的离岸价格扣除出口关税后的金额 出口货物完税价格 = 离岸价格 ÷（1+ 出口税率）	离岸价格应以出口货物运离关境前的最后一个口岸的离岸价格为实际离岸价格。如果从内地起运，则从内地口岸至最后出境口岸发生的国内段运输费用应从离岸价格中扣除

在从价计征方式下，关税的应纳税额计算公式如下。

应纳税额=应税进（出）口货物数量×单位完税价格×适用税率

知识延伸｜其他计税方式下应纳税额的核算

虽然在我国一般采用从价计征方式征收关税，但是作为合格的财会人员，尤其是税务人员，必须全方位了解各种税应纳税额的计算方式，包括关税。

1.从量计征方式下，以进口货物、物品的数量为计税依据。

应纳税额=应税进口货物数量×关税单位税额

2.复合计征方式下，以进口货物、物品的完税价格及数量为计税依据。

应纳税额=应税进口货物数量×关税单位税额+应税进口货物数量×单位完税价格×适用税率

｜范例解析｜ 进口葡萄酒时核算应缴纳的关税

C公司是一家高档酒贸易公司，2020年2月14日，从国外进口了一批葡萄酒，共1 000瓶。已知该批葡萄酒的完税价格为人民币100.00元/瓶，适用的关税税率为50%。计算该公司应缴纳的关税税额。

应纳税额=1 000×100.00×50%=50 000.00（元）

①核算应缴纳的关税。

借：税金及附加　　　　　　　　　　　　　　50 000.00

　　贷：应交税费——应交关税　　　　　　　　　　　50 000.00

②实际缴纳关税税款。

借：应交税费——应交关税　　　　　　　　　50 000.00

　　贷：银行存款　　　　　　　　　　　　　　　　　50 000.00

在该案例中，题干内容直接已知了葡萄酒的完税价格，计算比较简单。如果完税价格不能直接获知，则需按照表7-11讲解的内容确定进口货物、物品的完税价格，进而核算出关税应纳税额。一般来说，凡是准予进出口的货物、物品，除国家另有规定外，均应由海关征收进出口关税。

| 7.4 |
其他常见税种的涉税处理

对于生产性企业来说，由于业务涉及采购、生产和销售等环节，需要使用到厂房、机器设备、车辆、土地和办公楼等固定资产和无形资产，所以涉及的税种也会比单纯的商品流通企业多。本节就来认识生产性企业除了增值税、个人所得税和消费税等税种外还会涉及的其他常见税种。

7.4.1　印花税的征收管理及税额核算

印花税是对纳税人在经济活动和经济交往中书立、领受或使用的应税经济凭证征收的一种税，一般在书立、领受或使用凭证及合同等时缴纳。如表7-12 所示的是印花税的征税范围和对应的税率。

表 7-12　印花税的征税范围和税率

范围	税目	税率	说明
合同	买卖合同	支付价款的 0.3‰	指动产买卖合同
	借款合同	借款金额的 0.05‰	指银行业金融机构和借款人（银行同业拆借除外）订立的借款合同
	租赁合同	租金的 1‰	—
	融资租赁合同	租金的 0.05‰	—
	运输合同	运输费用的 0.5‰	指货运合同和多式联运合同（管道运输合同除外）
	技术合同	支付价款或使用费的 0.3‰	—
	建设工程合同	支付价款的 0.5‰	—
	承揽合同	支付价款的 0.5‰	—
	保管、仓储合同	报关费或仓储费的 1‰	—
	财产保险合同	保险费的 1‰	不包括再保险合同

续上表

范围	税目	税率	说明
产权转移书据	土地使用权出让和转让书据、房屋等建筑物和构筑物、股权、著作权、商标权和专利权等转让书据	支付价款的 0.5‰	—
权利、许可证照	不动产权证、营业执照、商标注册证和专利证书等	每件 5 元	—
营业账簿		实收资本与资本公积合计数的 0.5‰	在规定时间内减半征收（即税率为 0.25‰）
证券交易		成交金额的 1‰	证券交易的出让方缴纳

由表 7-12 可知，印花税的计税依据有支付价款、租金、借款金额、凭证件数、实收资本与资本公积合计数以及成交金额等。无论是哪种凭证，印花税的应纳税额都遵照下列公式计算得出。

$$应纳税额=计税依据×适用税率$$

| 范例解析 | 签订货物购销合同需缴纳印花税

2020 年 2 月 15 日，乙公司与丙公司签订了一份原材料购销合同，合同注明材料价款为 14.80 万元，两家公司皆为增值税一般纳税人，增值税税额为 19 240.00 元。针对该购销合同，双方公司均应缴纳印花税。相关税务处理如下。

原材料购销合同是动产买卖合同，因此印花税税率为支付价款的 0.3‰。

应纳税额=（148 000.00+19 240.00）×0.3‰=50.17（元）

印花税在发生时直接用银行存款缴纳，编制会计分录如下。

借：税金及附加　　　　　　　　　　　　　　　　　50.17

　　贷：银行存款　　　　　　　　　　　　　　　　　50.17

企业纳税人应向其所在地的主管税务机关申报缴纳印花税。印花税一般按季、按年或按次计征，若实行按季、按年计征，则纳税人应在季度、年度终了之日起 15 日内申报并缴纳税款；若实行按次计征，则纳税人应在纳税义务发生之日起 15 日内申报并缴纳税款。但是，证券交易的印花税按周计缴，扣缴义务人应在每周终了之日起 5 日内申报解缴税款及孳息。

如果已经缴纳了印花税的凭证所载价款或报酬增加了，则纳税人需要补缴印花税；如果减少了，可向主管税务机关申请退还多缴的印花税税款。

7.4.2　城建税和教育附加费的征收管理及税额核算

城建税即城市维护建设税，是增值税和消费税的附加税；教育附加费包括教育费附加和地方教育附加，是增值税和消费税的附加费，不是税。因此，城建税和教育附加费的纳税人就是增值税或消费税的纳税人，并且这些附加税费的计税依据是纳税人实际缴纳的增值税和消费税的税款之和，所以应纳税额的计算公式如下。

应纳税额=实际缴纳的增值税、消费税税款之和×适用税率/征收率

公式中，适用税率是指城建税税率，征收率是指教育附加费的征收率。城建税税率按照纳税人所在地的不同，主要有如下所示的两个档次。

◆ 纳税人所在地在市区的，税率为7%。
◆ 纳税人所在地不再市区的，税率为5%。

教育附加费也因为纳税人所在地区的不同而分为教育费附加和地方教育附加，其中教育费附加的征收率为3%，地方教育附加的征收率为2%。

| 范例解析 |　核算公司应缴纳的城建税和教育附加费

甲公司为增值税一般纳税人，2020年1月实际缴纳增值税税款为12 346.00元。按照当地政策的规定，公司需要缴纳相应的城建税和教育费附加，适用税率和征收率分别为7%和3%。公司的财会人员需及时核算出应交税费并做相应的税务处理。

城建税应纳税额=12 346.00×7%=864.22（元）

应交教育费附加=12 346.00×3%=370.38（元）

借：税金及附加   1 234.60

 贷：应交税费——应交城市维护建设税   864.22

     ——应交教育费附加   370.38

借：应交税费——应交城市维护建设税   864.22

     ——应交教育费附加   370.38

 贷：银行存款   1 234.60

城建税和教育附加费都要与增值税或消费税同时缴纳，因此，这些附加税费也可按月或按季计征，而不能按固定期限计征的，可按次计征。实行按月或按季计征的，纳税人应在月度或季度终了之日起15日内申报缴纳税款；实行按次计征的，应在纳税义务发生之日起15日内申报缴纳税款。

7.4.3 城镇土地使用税的征收管理及税额核算

城镇土地使用税是指占用城镇土地的单位和个人需要缴纳的税，但并不是占用任何城镇土地都需要缴纳该税，具体的征税范围是占用城市、县城、建制镇和工矿区范围内的土地。另外，公园和名胜古迹内的索道公司经营用地，应按规定缴纳城镇土地使用税。

城镇土地使用税的计税依据是纳税人实际占用的城镇土地的面积，一般以平方米为计量标准，同时采用定额税率。该税种的应纳税额计算如下。

应纳税额=实际占用应税土地的面积（平方米）×适用的年定额税率

我国按照大、中、小城市和县城、建制镇及工矿区划分城镇土地使用税的定额税率等级，具体如表7-13所示。

表 7-13　城镇土地使用税的定额税率标准

土地位置	所在地规格	定额税率（每年）
大城市	公安部登记在册的非农业正式户口人数在50 万以上	1.5 ～ 30 元 / ㎡
中等城市	同上，人数在 20 万 ～ 50 万之间	1.2 ～ 24 元 / ㎡
小城市	同上，人数在 20 万以下	0.9 ～ 18 元 / ㎡
县城、建制镇、工矿区	—	0.6 ～ 12 元 / ㎡

　　城镇土地使用税按年计算，分期缴纳，这里的分期可以是按月或者按季。因此税务处理上要特别注意。

| 范例解析 |　核算公司应缴纳的城镇土地使用税

　　乙公司是一家服装加工厂，实际占用应税土地面积为 2 万平方米，经当地税务机关核定，公司适用的城镇土地使用税税率为每年每平方米 2.50 元，且按月缴纳。计算企业应缴纳的城镇土地使用税税额，并做相应的税务处理。

　　每年应纳税额 = 20 000 × 2.50 = 50 000.00（元）

　　每月应纳税额 = 50 000 ÷ 12 = 4 166.67（元）

　　借：税金及附加　　　　　　　　　　　　　　　50 000.00

　　　　贷：应交税费——应交城镇土地使用税　　　　　50 000.00

　　借：应交税费——应交城镇土地使用税　　　　　4 166.67

　　　　贷：银行存款　　　　　　　　　　　　　　　4 166.67

　　一年中每个月都要编制如上所示的第二个会计分录，缴纳当期的城镇土地使用税税款。

　　如果企业生产经营时占用的是耕地，则从批准征用之日起满一年时开始缴纳城镇土地使用税。

7.4.4　耕地占用税的征收管理及税额核算

　　耕地占用税是在我国境内占用耕地建房或从事非农业建设的单位或个人

应缴纳的税，因此，其征税范围是纳税人为了建房或从事非农业建设而占用的国家所有和集体所有的耕地以及园地、林地、草地、农田水利用地、养殖水面和养殖滩涂等其他农用地。

耕地占用税的计税依据是纳税人实际占用的耕地面积，通常也以平方米为计量标准，也同样采用定额税率，应纳税额的计算公式如下。

应纳税额=实际占用的耕地面积（平方米）×适用税率

由于耕地占用税是一次性征收，因此按年计算并缴纳税款，具体是从纳税人收到土地管理部门出具的农用地转用批复文件之日起 30 日内申报缴纳。

耕地占用税的定额税率标准按照不同地区的人均耕地面积和经济发展情况进行等级划分，实行差别幅度税额，如表 7-14 所示。

表 7-14　耕地占用税的定额税率标准

人均耕地面积	定额税率
不超过 1 亩（含）的地区（以县级行政区为单位，下同）	10 ～ 50 元 / ㎡
超过 1 亩但不超过 2 亩（含）的地区	8 ～ 40 元 / ㎡
超过 2 亩但不超过 3 亩（含）的地区	6 ～ 30 元 / ㎡
超过 3 亩的地区	5 ～ 25 元 / ㎡

| 范例解析 |　核算公司应缴纳的耕地占用税

乙公司是一家服装加工厂，实际占用应税土地面积为2万平方米，经当地税务机关核定，公司占用的土地为农用耕地，在收到当地土地管理部门出具的农用地转用批复文件后，要在规定的期限内缴纳耕地占用税。已知按当地规定，公司适用的耕地占用税定额税率为13.00元，计算企业应缴纳的耕地占用税税额，并做相应的税务处理。

应纳税额=20 000×13.00=260 000.00（元）

借：无形资产——土地　　　　　　　　　　260 000.00

　　贷：银行存款　　　　　　　　　　　　　　260 000.00

需要说明的是，企业应缴纳的耕地占用税需按照相关税法和政策的规定在发生时计入相关资产的成本中，因此，这里因使用耕地而发生的耕地占用税税款应计入"无形资产"科目，而不通过"税金及附加"科目核算，且在发生时直接以银行存款支付，无须再按核算→缴纳的过程做账。

7.4.5 房产税的征收管理及税额核算

房产税是在我国城市、县城、建制镇和工矿区内拥有房屋产权的单位或个人需要缴纳的税，纳税人为产权所有人、承典人、房产代管人或使用人等。该税种的征税范围为城市、县城、建制镇和工矿区内的房屋，不包括农村。

房产税的计税依据有两种，具体根据不同的计征方法来区分：从价计征的，计税依据为房产原值一次性扣除 10% ~ 30% 后的余值；从租计征的，计税依据为出租房屋取得的租金收入。无论是哪种计征方式，均采用比例税率，从价计征时税率为 1.2%，从租计征时税率为 12%。相关计算公式如下。

从价计征的应纳税额=应税房产原值×（1-扣除比例）×1.2%

从租计征的应纳税额=租金收入×12%

上述第一个公式中，应税房产原值即不扣除累计折旧额的原价，而扣除比例就是 10% ~ 30%，具体比例由省、自治区、直辖市人民政府规定。

纳税人要知道，房产税是按年计算、分期缴纳的，可按月或按季向当地主管税务机关申报缴纳。

| 范例解析 | 公司生产用的厂房需缴纳房产税

甲公司主营业务是生产销售副食品，旗下有一栋原值为800.00万元的厂房，且正在自用中。已知当地主管机关规定的扣除比例为30%，则每年公司的财会人员需按照规定的税率按时计算应缴纳的房产税税额，并及时申报缴纳和进行账务处理。

每年应纳税额=8 000 000.00×1.2%×（1-30%）=67 200.00（元）

每月应纳税额=67 200.00÷12=5 600.00（元）

借：税金及附加　　　　　　　　　　　　　67 200.00

　　贷：应交税费——应交房产税　　　　　　　　67 200.00

借：应交税费——应交房产税　　　　　　　5 600.00

　　贷：银行存款　　　　　　　　　　　　　　　5 600.00

一年中每个月都要编制如上所示的第二个会计分录，缴纳当期的房产税税款。

7.4.6　契税的征收管理及税额核算

契税是在我国境内承受土地、房屋权属转移的单位或个人需要缴纳的税，其征税对象为土地和房屋。该税种的征税范围包括这几种行为：国有土地使用权出让、土地使用权转让、房屋买卖、房屋赠予、房屋交换以及以土地、房屋权属作价投资、入股或抵债等。

契税的计税依据会因为上述不同的行为而有差别，如表7-15所示。

表7-15　契税的计税依据

行为与情形	计税依据
国有土地使用权出让	成交价格
土地使用权转让（出售）	
房屋买卖	
土地使用权赠予、房屋赠予	由征收机关参照土地使用权转让和房屋买卖的市场价格核定的价格
土地使用权交换、房屋交换（补差额的一方缴纳）	交换土地使用权、房屋的价格差额
以划拨方式取得土地使用权（经批准转让房地产时补缴，划拨时不缴）	补交的土地使用权出让费用或土地收益

契税实行的是3%～5%的幅度比例税率，且在纳税义务发生之日起10日内向土地、房屋所在地的税收征收机关申报并一次性缴纳，具体适用税率

按当地的规定确定，应纳税额的计算如下。

$$应纳税额=计税依据×适用税率$$

| 范例解析 |　公司购买一栋厂房需缴纳契税

2020年2月17日，丙公司因业务需要而新购买了一栋厂房，价值600.00万元，与当地税务机关核定的房屋价值是一致的。按照当地的规定，公司适用的契税税率为4%，财会人员需按时计算应纳税额并做税务处理。

应纳税额=6 000 000.00×4%=240 000.00（元）

借：固定资产——厂房　　　　　　　　　　　　240 000.00

贷：银行存款　　　　　　　　　　　　　　　　　　　　240 000.00

与耕地占用税类似，企业应缴纳的契税需按照相关税法和政策的规定在发生时计入相关资产的成本中，因此，这里因承受厂房的权属而发生的契税税款应计入"固定资产"科目，而不通过"税金及附加"科目核算，且在发生时直接以银行存款支付，无须再按核算→缴纳的过程做账。

7.4.7　土地增值税的征收管理及税额核算

土地增值税是转让国有土地使用权、地上建筑物及其附着物并取得收入的单位或个人需要缴纳的税，很显然，其计税依据就是转让过程中产生的增值额，并且只针对"转让"行为征税。若是国家出让给群众，则不征税。

在我国，土地增值税实行四级超率累进税率，主要通过增值额与扣除项目金额的比率来划分等级，如表7-16所示。

表 7-16　土地增值税的税率标准

增值额与扣除项目金额的比率	税率（%）	速算扣除系数（%）
不超过 50% 的部分	30	0
超过 50% 但不超过 100% 的部分	40	5
超过 1000% 但不超过 200% 的部分	50	15

续上表

增值额与扣除项目金额的比率	税率（%）	速算扣除系数（%）
超过 200% 的部分	60	35

根据表 7-16 所示的土地增值税税率，再结合下面列示的计算公式，企业财会人员就可核算出该税的应纳税额。

应纳税额=增值额×适用税率-扣除项目金额×速算扣除系数

然而，要计算出土地增值税的应纳税额并没有看上去那么简单，公式中的"增值额"是纳税人转让土地、房地产的收入减去税法规定的扣除项目金额后的余额，其中的扣除项目金额的确定是重点，也是难点。根据《土地增值税暂行条例》的规定，可归纳出如表 7-17 所示的扣除项目金额。

表 7-17 土地增值税的扣除项目金额

项目金额	说明
取得土地使用权支付的金额	包括地价款、有关费用和税费（如手续费和契税等）
房地产开发成本	指开发房地产实际发生的成本，包括土地征用及拆迁补偿费、前期工程费、建筑安装工程费、基础设施费、公共配套设施费和开发间接费用等
房地产开发费用	指与房地产开发项目有关的销售费用、管理费用和财务费用。但在扣除时需分情况进行相应的扣除： 1.财务费用中的利息支出，凡是能够按转让房地产项目计算分摊并提供金融机构证明的，可据实扣除，但最高不能超过按商业银行同类同期贷款利率计算的金额；其他房地产开发费用（销售费用和管理费用）按规定计算的金额之和的 5% 以内计算扣除。 允许扣除的房地产开发费用 = 利息 +（取得土地使用权支付的金额 + 房地产开发成本）×5% 2.财务费用中的利息支出，凡是不能按转让房地产项目计算分摊利息支出或不能提供金融机构证明的，所有房地产开发费用按规定计算的金额之和的 10% 以内计算扣除。 允许扣除的房地产开发费用 =（取得土地使用权支付的金额 + 房地产开发成本）×10%

续上表

项目金额	说明
转让与房地产有关的税费	指在转让房地产时缴纳的城市维护建设税、教育费附加和印花税，但是如果房地产开发企业已经按照《施工、房地产开发企业财务制度》的有关规定在转让时将缴纳的印花税列入管理费用中，此处不再单独扣除
财政部确定的其他扣除项目	指从事房地产开发的纳税人可按规定计算的金额之和，加计 20% 扣除。注意，这一扣除项目只适用于从事房地产开发的纳税人

> **知识延伸｜转让旧房及建筑物的扣除项目金额**
>
> 　如果纳税人转让的是旧房或旧的建筑物，则扣除项目金额需分两种情况计算。
>
> 　1. 以房屋及建筑物的评估价格、取得土地使用权支付的地价款和按国家统一规定缴纳的有关费用以及转让时缴纳的税费等作为扣除项目金额。
>
> 　评估价格＝由政府批准设立的房地产评估机构评定的重置成本价×成新度折扣率
>
> 　2. 如果不能取得评估价格，但能提供购房发票的，经当地税务机关确认，扣除项目金额可按发票所载金额从购买年度起至转让年度止，每年加计5%计算。如果纳税人在购房时缴纳了契税，则凡是能够提供契税完税凭证的，契税可作为"转让与房地产有关的税费"予以扣除，但不作为加计5%的基数。

｜范例解析｜　公司购地并开发商品房时缴纳的土地增值税

　　2019年6月下旬，乙公司购置了一处空地用来修建住宅商品房，支付了土地价款1.40亿元，缴纳相关税费420.00万元。已知该住宅的开发成本为1.00亿元，其中包括了装修费用。在房地产开发费用中，利息支出有700.00万元，全部都能提供金融机构的证明。当年住宅全部销售完毕，取得不含增值税销售收入为5.80亿元。总共缴纳城市维护建设税和教育费附加共135.00万元，缴纳印花税13.50万元。当地人民政府规定的房地产开发费用计算扣除比例为5%，核算乙公司需要缴纳的土地增值税税额。

　　允许扣除的房地产开发费用＝700.00+（14 000.00+420.00+10 000.00）×5%＝1 921.00（万元）

　　转让房地产的扣除项目金额＝14 000.00+420.00+10 000.00+1 921.00+

135.00+13.50=26 489.50（万元）

转让房地产的增值额=58 000.00−26 489.50=31 510.50（万元）

增值额与扣除项目金额的比率=31 510.50÷26 489.50=118.95%

增值额与扣除项目金额的比率超过了100%，因此适用的土地增值税税率为表7-16中的第3档，税率为50%，速算扣除系数为15%。

土地增值税应纳税额=31 510.50×50%−26 489.50×15%=11 781.83（万元）

借：税金及附加　　　　　　　　　　117 818 300.00

　　贷：应交税费——应交土地增值税　　　　117 818 300.00

借：应交税费——应交土地增值税　　117 818 300.00

　　贷：银行存款　　　　　　　　　　　　117 818 300.00

一般来说，纳税人应在转让房地产合同签订后的 7 日内，向房地产所在地的主管税务机关申报纳税，同时还要提供房屋及建筑物产权、土地使用权证书、土地转让或房屋买卖合同、房地产评估报告及其他与转让房地产有关的资料，最后在规定期限内缴纳土地增值税。但是如果纳税人因经常发生房地产转让业务而很难按次申报纳税，则经主管税务机关审核同意后，可按月或按季进行纳税申报，相应地就按月或按季缴纳税款。

7.4.8　车船税的征收管理及税额核算

车船税是在中国境内对属于税法规定的车辆或船舶等有所有权或管理权的单位或个人需要缴纳的税，其计税依据会因为应税税目的不同而不同。如表 7-18 所示的是该税种的应税税目及税率。

表 7-18　车船税的应税税目及税率标准

税目		计税单位	年基准税额（元）
乘用车（核定载客人数 9 人及以下）	发动机气缸容量（下同）1 升（含）以下的	每辆	60 ~ 360

续上表

税目		计税单位	年基准税额（元）
乘用车（核定载客人数9人及以下）	1升以上1.6升（含）以下的	每辆	300 ~ 540
	1.6升以上2升（含）以下的		360 ~ 660
	2升以上2.5升（含）以下的		660 ~ 1 200
	2.5升以上3升（含）以下的		1 200 ~ 2 400
	3升以上4升（含）以下的		2 400 ~ 3 600
	4升以上的		3 600 ~ 5 400
商用车	客车（核定载客人数9人及以上，包括电车）	每辆	480 ~ 1 440
	货车（包括半挂牵引车、挂车、三轮汽车和低速载货汽车等，其中挂车税额按照货车税额的50%计算）	整备质量每吨	16 ~ 120
摩托车	—	每辆	36 ~ 180
其他车辆	专用作业车	整备质量每吨	16 ~ 120
	轮式专用机械车	整备质量每吨	16 ~ 120
船舶	机动船舶（拖船和非机动驳船分别按照机动船舶税额的50%计算税额）	净吨位每吨	3 ~ 6
	游艇（另行规定）	艇身长度每米	600 ~ 2 000

由表 7-18 内容可知，车船税的计税依据有辆数、整备质量吨数、净吨位数和艇身长度等，而整备质量是指空车质量，净吨位是指根据有关国家主管机关制定的规范丈量确定的船舶有效容积。该税种的应纳税额计算公式如下。

应纳税额=计税依据（辆数/整备质量吨数/机动船舶的净吨位数/艇身长度）×适用年基准税额

拖船和非机动驳船的应纳税额=净吨位数×适用年基准税额×50%

| 范例解析 | 公司购置运输货车的当年应缴纳车船税税额

2020年2月17日，甲公司购入一辆载货用货车，已知该辆货车的整备质量吨数为2.6吨，适用的年基准税额为72.00元。计算公司购买该货车的当年应缴纳的车船税税额。

公司2月购买货车，2020年使用该货车共11个月。

全年应纳税额=2.6×72.00÷12×11=171.60（元）

每月应纳税额=2.6×72.00÷12=15.60（元）

①2020年2月17日，核算当月应缴纳的车船税税额。

借：税金及附加　　　　　　　　　　　　　　　　15.60

　　贷：应交税费——应交车船税　　　　　　　　　　15.60

②在规定期限内一次性缴纳当年的车船税税款。

借：应交税费——应交车船税　　　　　　　　　　171.60

　　贷：银行存款　　　　　　　　　　　　　　　　171.60

在本年的以后各个月份，均要编制第一个会计分录，核算当月应缴纳的车船税。

车船税实行按年申报、分月计算、一次性缴纳，因此才会有上例所示的税务处理过程。从2021年开始，一次性缴纳的车船税为一整年（12个月）的。

7.4.9　车辆购置税的征收管理及税额核算

车辆购置税指在中国境内购置了规定车辆的单位或个人需要缴纳的一种税，采用的是10%的比例税率，也就是说，无论应税税目是什么，均按照10%的税率计算应缴纳的车辆购置税。

那么，车辆购置税具体的征税范围是怎样的呢？相关税目有哪些？这些都是财会人员必须掌握的知识，尤其是税务人员。如表7-19所示的是车辆购置税的征税范围。

表 7-19　车辆购置税的征税范围

应税车辆	具体税目	说明
汽车	各类汽车	
摩托车	轻便摩托车	最高设计时速 ≤ 50km/h，发动机气缸总排量 ≤ 50cm³ 的两个或 3 个车轮的机动车
	二轮摩托车	最高设计车速 > 50km/h，或者发动机气缸总排量 > 50cm³ 的两个车轮的机动车
	三轮摩托车	最高设计车速 > 50km/h，或者发动机气缸总排量 > 50cm³，空车质量 ≤ 400kg 的 3 个车轮的机动车
挂车	挂车	没有动力设备，独立承载且由牵引车辆牵引行驶的车辆
	半挂车	没有动力设备，与牵引车辆共同承载且由牵引车辆牵引行驶的车辆
电车	无轨电车	以电能为动力并由专用输电电缆线供电的轮式公共车辆
	有轨电车	以电能为动力在轨道上行使的公共车辆
农用运输车	三轮农用运输车	柴油发动机，功率 ≤ 7.4kW，载重 ≤ 500kg，最高车速 ≤ 40km/h 的 3 个车轮的机动车
	四轮农用运输车	柴油发动机，功率 ≤ 28kW，载重 ≤ 1 500kg，最高车速 ≤ 50km/h 的 4 个车轮的机动车

在计算车辆购置税的应纳税额时需要用到计税依据，而计税依据都是计税价格，但在不同情形下计税价格的确定内容是不同的，如表 7-20 所示。

表 7-20　车辆购置税的计税依据

情形	计税价格
纳税人购买自用的应税车辆	纳税人支付给销售者的全部价款和价外费用，不包括增值税税款。（价外费用包括销售方在价外向购买方收取的基金、集资费、违约金、手续费、包装费和保管费等）
纳税人进口自用的应税车辆	计税价格 = 关税完税价格 + 关税 + 消费税
纳税人通过自产、受赠、获奖或其他方式取得并自用的应税车辆	主管税务机关参照国家税务总局的规定而核定的最低计税价格

续上表

情形	计税价格
纳税人购买自用或进口自用的应税车辆的申报计税价格低于同类型应税车辆的最低计税价格且无正当理由的	国家税务总局核定的最低计税价格
国家税务总局没有核定最低计税价格的车辆	纳税人提供的有效价格证明注明的价格，有效价格证明注明的价格明显偏低的，主管税务机关有权核定应税车辆的计税价格

综上所述，车辆购置税的应纳税额可选如下两个计算公式之一来核算。

应纳税额=计税依据（即计税价格）×10%

应纳税额=（关税完税价格+关税+消费税）×10%

| 范例解析 |　公司购买车辆时需缴纳车辆购置税

甲公司为了方便领导人参加各种商务活动，在2020年2月18日购入了一辆小轿车，价值28.00万元（不含税），增值税税额为36 400.00元。已知销售商在价外还向甲公司收取了运输装卸费500.00元，计算公司应缴纳的车辆购置税。

应纳税额=（280 000.00+500.00）×10%=28 050.00（元）

确认为车辆入账价值的金额=28 050.00+280 000.00+500.00=308 550.00（元）

借：固定资产——商用车　　　　　　　　　308 550.00

　　应交税费——应交增值税（进项税额）　　36 400.00

　　贷：银行存款　　　　　　　　　　　　　　344 950.00

在车辆购置税的税务处理中，发生的应纳税额不通过"税金及附加"科目核算，而是在发生时直接计入相应资产的入账成本中，如该案例的车辆入账成本，因此通过"固定资产——商用车"科目核算。

车辆购置税实行一次征收、一次性缴清税款，如果购置的车辆已经缴纳过车辆购置税，则不再缴纳。无论是哪种情形，纳税人应从购买、进口以及自产、受赠、获奖或以其他方式取得并自用应税车辆起60日内申报纳税。

| 7.5 |
经营获利要缴纳企业所得税

除了增值税是经济市场中所有企业、单位都需缴纳的税以外，企业所得税的征税对象也是所有企业、单位。只要企业或单位在经营过程中盈利，就需要缴纳企业所得税，换句话说，企业所得税是所有获得生产经营所得和其他所得的企业或单位需要缴纳的税。不同性质的企业，企业所得税的征税对象是不同的，内容如下。

- ◆ 居民企业：征税对象为来源于中国境内、境外的所得，包括销售货物所得、提供劳务所得、转让财产所得、股息红利等权益性投资所得、利息所得、租金所得、特许权使用费所得、接受捐赠所得和其他所得。
- ◆ 非居民企业：征税对象为在中国境内设立机构、场所的非居民企业取得来源于中国境内的所得和发生在中国境外但与其所设机构、场所有实际关联的所得，以及在中国境内未设立机构、场所或虽设立机构、场所但取得的所得来源于中国境内的所得。

企业所得税实行比例税率，各税率档次的具体适用情况如表 7-21 所示。

表 7-21　企业所得税的税率档次及适用企业

税率	适用企业
25%	居民企业和在中国境内设立机构、场所且取得的所得与其所设机构、场所有实际联系的非居民企业
20%	居民企业中的小型微利企业
15%	居民企业中的高新技术企业和技术先进型服务企业
10%	在中国境内未设立机构、场所的，或虽设立机构、场所但取得的所得与其所设机构、场所没有实际联系的非居民企业，减按 10% 的税率征收

在计算企业所得税应纳税额时，关键要确定计税依据——应纳税所得额。

企业所得税应纳税所得额=收入总额-不征税收入-免税收入-各项扣除-以前年度亏损

公式中的不征税收入有财政拨款、行政事业性收费和政府性基金等；免税收入有国债利息收入和符合条件的非营利组织的收入；各项扣除就是各种成本、费用、税金和损失，如工资、薪金支出、职工福利费、工会经费、职工教育经费、企业支付的社会保险费、汇兑损失、公益性捐赠、业务招待费、广告费和业务宣传费等。企业所得税应纳税额的计算需要借助下面的公式。

应纳税额=应纳税所得额×适用税率-减免税额-抵免税额

| 范例解析 |　计算企业当期应缴纳的企业所得税

丙公司为空调制造商，2020年1月总收入280.00万元，总成本135.00万元，税金及附加共9 200.00元，同时发生员工工资50.00万元，职工福利费10.00万元，工会经费2.00万元，职工教育经费1.50万元，社会保险费8.00万元，业务招待费8.00万元，广告费和业务宣传费2.50万元。已知该公司没有发生其他费用，以前年度无亏损，计算1月应缴纳的企业所得税税额。

职工福利费10.00万元>7.00万元（50.00万元×14%），当期最高可扣除7.00万元。

工会经费2.00万元>1.00万元（50.00万元×2%），当期最高可扣除1.00万元。

职工教育经费1.50万元<4.00万元（50.00万元×8%），当期最高扣除1.50万元。

业务招待费8.00万元×60%>1.40万元（280.00×5‰），当期最高扣除1.40万元。

广告费和业务宣传费2.50万元<42.00万元（280.00×15%），当期最高扣除2.50万元。

应纳税所得额=280.00-135.00-0.92-50.00-7.00-1.00-1.50-1.40-2.50=80.68（万元）

应纳税额=80.68×25%=20.17（万元）

借：所得税费用　　　　　　　　　　　　　201 700.00

　　贷：应交税费——应交企业所得税　　　　　　201 700.00

借：应交税费——应交企业所得税　　　　　201 700.00

　　贷：银行存款　　　　　　　　　　　　　　　201 700.00

核算应纳税所得额时，各扣除项目具体应扣除多少，需按照相关规定进行对比分析（详见第8章8.3.2节），如该案例中的职工福利费、工会经费等。

第**8**章

税务筹划与纳税风险管理

对企业的财会人员，尤其是税务人员来说，仅仅知道如何计算应纳税款和处理税务只能算是做了本职工作，而想要在工作中有所建树和提升，还必须学习税务筹划和纳税风险的管理。这样，工作的能力就会从一般员工上升到管理层面，对以后的晋升和发展有利，也对企业的可持续发展有重要作用。

| 8.1 |
区分增值税一般纳税人和小规模纳税人

纳税人就是指承担缴纳相关税款责任的法人或自然人，也被称为课税主体。在我国，按照增值税的征收情况来划分纳税人类型，主要有两种：增值税一般纳税人和小规模纳税人。如表 8-1 所示的是从定义、税率等方面区分的一般纳税人和小规模纳税人的不同点。

表 8-1　一般纳税人和小规模纳税人的区别

区分点	一般纳税人	小规模纳税人
概念	指年应税销售额超过财政部、国家税务总局规定的小规模纳税人标准（即 500 万元）的企业和企业性单位	指年应税销售额在 500 万元及以下的企业和企业性单位
核算与申报	可以进行独立且健全的会计核算，能按规定报送有关税务资料	不能准确核算出增值税的进项税额、销项税额，不能按规定报送有关税务资料
计税方法	一般计税方法，特定应税行为的纳税人也可选择简易计税方法	简易计税方法
税率	适用 13%、9%、6% 和 0 这几档税率	适用 3% 的征收率
实际的应交税费	销项税额和进项税额的差额	销售额与增值税征收率的乘积
账务处理	通过"应交税费——应交增值税（进项税额）"和"应交税费——应交增值税（销项税额）"科目分别核算	购入时发生的税费按实际金额计入货物的成本
发票使用	销售货物时可自行开具增值税专用发票，购货时收到的专用发票可作进项税额抵扣	销售货物时可自行开具增值税专用发票，但购货时收到的发票不能作进项税额抵扣

通过表 8-1 展示的这些区分点，就可以在税务实务中明确区分增值税一般纳税人和小规模纳税人。表中提及的"应税销售额"是指纳税人在连续不超过 12 个月或 4 个季度的经营期内累计应征增值税的销售额，包括纳税申报

销售额、稽查查补销售额和纳税评估调整销售额。

在经营过程中，如果小规模纳税人会计核算健全且能够提供准确的税务资料，则可以向当地主管税务机关申请一般纳税人资格认定。但需要特别注意的是，一旦纳税人登记为一般纳税人后，就不能再转为小规模纳税人了（国家税务总局另有规定的除外）。另外，如果一般纳税人在特定的应税行为中选择采用简易计税方法，则也不能作增值税进项税额抵扣。

| 8.2 |
熟悉税收优惠政策是做好税务筹划的前提

税务筹划也称"税收筹划"，是企业利用合理、合法手段减少企业应缴纳税款的一种筹划行为。这一行为的直接目的是减轻企业的税负，间接目的就是要使企业的税后利润最大化。

在税务筹划工作中，利用最多的就是各种税的税收优惠政策，这是完全按照国家税法和相关政策的规定来减轻企业税负的手段，只要企业的经营状况符合相关的优惠政策，就可按照具体的政策规定核算应缴纳的税费，按照国家允许的减免税标准，减轻企业的纳税负担。本节就从一些常见的税种入手，介绍各自具体的税收优惠政策。

8.2.1　增值税的优惠政策

对于各类企业来说，增值税无疑是税款支出中的"大手笔"，如果财会人员不熟悉该税种的相关优惠政策，则很可能导致企业错失减轻税负的机会，进而使企业承担不必要的经济损失，不利于后期发展。那么增值税究竟有哪些优惠政策呢？如表 8-2 所示。

表 8-2　增值税的优惠政策

优惠类型	内容
免税项目	《增值税暂行条例》及实施细则规定了一些增值税免税项目： 1. 农业生产者销售的自产农产品。 2. 古旧图书，具体指纳税人向社会收购的古书和旧书。 3. 直接用于科学研究、科学试验和教学的进口仪器、设备。 4. 由残疾人的组织直接进口并供残疾人专用的物品。 5. 避孕药品和用具。 6. 外国政府、国际组织无偿援助的进口物资和设备。 7. 纳税人销售自己使用过的物品，这里"自己使用过的物品"是指个人纳税人使用过的物品。 8. 根据国家指令无偿提供的铁路运输服务和航空运输服务。 9. 存款利息。 10. 被保险人获得的保险赔付。 11. 资产重组过程中涉及的不动产、土地使用权和货物转让行为等
跨境行为免征	中国境内的单位和个人发生如下这些跨境行为的，免征增值税，但财政部和国家税务总局规定适用增值税零税率的除外。 1. 工程项目在境外的建筑服务和工程监理服务。 2. 工程、矿产资源在境外的工程勘察勘探服务。 3. 会议展览地点在境外的会议展览服务。 4. 存储地点在境外的仓储服务。 5. 标的物在境外适用的有形动产租赁服务。 6. 在境外提供的广播影视节目（作品）的播映服务、文化体育服务、教育医疗服务和旅游服务。 7. 为出口货物提供的邮政服务、收派服务和保险服务（包括出口货物保险和出口信用保险）。 8. 向境外单位提供的完全在境外消费的电信服务、知识产权服务、物流辅助服务（不包括仓储服务和收派服务）、鉴证咨询服务、专业技术服务、商务辅助服务、无形资产以及广告投放地在境外的广告服务。 9. 以没有运输工具的这种承运方式提供的国际运输服务。 10. 为境外单位之间的货币资金融通和其他金融业务提供的与境内货物、无形资产和不动产等无关的直接收费金融服务
起征点	需说明的是，该优惠政策只适用于个人，且不适用于登记为一般纳税人的个体工商户。这个政策的意思是，只要纳税人发生应税销售行为的销售额没有达到增值税的起征点，则免征增值税；一旦达到起征点，将全额计缴增值税。 1. 按期纳税的，起征点为月销售额 5 000（含）～ 20 000 元（含）。 2. 按次纳税的，起征点为每次（日）销售额 300（含）～ 500 元（含）

续上表

优惠类型	内容
小微企业 免税	1. 月销售额≤ 10 万元的增值税小规模纳税人，免征增值税；同理，以一个季度为纳税期限的，季度销售额≤ 30 万元的小规模纳税人，免征。 2. 月销售额≤ 10 万元（按季纳税≤ 30 万元）的增值税小规模纳税人，当期因代开增值税专用发票而已经缴纳的税款，可在专用发票全部联次追回或按规定开具红字专用发票后向主管税务机关申请退还。 3. 其他个人采取一次性收取租金形式出租不动产并取得租金收入的，可在租赁期内平均分摊租金，分摊后月租金收入≤ 3 万元的，可享受小微企业免征增值税的优惠政策
其他减免 税规定	纳税人兼营免税、减税项目的，分别核算免税、减税项目的销售额，最后统计出应缴纳的增值税

对于增值税的免税项目，是在源头上就规定这些项目不征收增值税，要与适用增值税零税率和即征即退等概念区分开来。

知识延伸｜消费税的税收优惠

由于某些企业经营范围内有应税消费品，所以需要缴纳消费税。这么看来，消费税本身就是对特定的应税消费品征收，因此不存在明显的税收优惠政策，只是国家为了鼓励出口，对一些外贸公司的出口业务进行消费税免税或减税。

作为增值税和消费税的附加税费的城市维护建设税和教育费附加等，也没有明确的税收优惠政策，所有的优惠措施都跟着增值税和消费税"走"。比如，某一会计期间结束后，企业有依法归还的增值税税额或消费税税额的，这部分税额对应的城市维护建设税税额和教育费附加费用等也可申请退还，达到税收优惠目的，但进口货物减免增值税或消费税的情况除外。

8.2.2　企业所得税的优惠政策

企业所得税和增值税一样，也是各企业在生产、经营过程中的一项税款支出"大手笔"，因此也是税务筹划的重点。国家为了鼓励企业发展，规定有专门的税收优惠政策，如表 8-3 所示的是其中的部分。

表 8-3 企业所得税的优惠政策

优惠类型	内容
收入免税	指属于企业的应税所得，但按照税法规定免予征收企业所得税的收入，如国债利息收入、符合条件的居民企业之间的股息和红利等权益性投资收益、在中国境内设立机构或场所的非居民企业从居民企业取得与该机构或场所有实际联系的股息和红利等权益性投资收益以及符合条件的非营利组织的收入等，均免征企业所得税
所得免税	指企业从事下列项目取得的所得，免征企业所得税： 1. 种植蔬菜、谷物、薯类、油料、豆类、棉花、麻类、糖料、水果和坚果等。 2. 选育农作物新品种。 3. 种植中药材。 4. 培育和种植林木。 5. 饲养牲畜和家禽。 6. 采集林产品。 7. 从事灌溉、农产品初加工、兽医、农技推广、农机作业和维修等农、林、牧、渔服务业项目
所得减半征税	指企业从事下列项目取得的所得，减半征收企业所得税： 1. 种植花卉、茶和其他饮料作物及香料作物。 2. 海水养殖和内陆养殖
所得三免三减半	1. 从事国家重点扶持的公共基础设施项目投资经营的所得，从项目取得第一笔生产经营收入的所属纳税年度起，第 1～3 年免征企业所得税，第 4～6 年减半征收企业所得税。这些项目具体指《公共基础设施项目企业所得税优惠目录》规定的港口码头、机场、铁路、公路、城市公共交通、电力和水利等。 2. 从事符合条件的环境保护、节能节水项目的所得，从项目取得第一笔生产经营收入的所属纳税年度起，第 1～3 年免征企业所得税，第 4～6 年减半征收企业所得税。这些项目包括公共污水处理、公共垃圾处理、节能减排技术改造和沼气综合开发利用等
收入减计	指企业取得的有关收入减按一定比例计入收入总额，实际效果就是减少应纳税所得额。政策具体内容为：企业以《资源综合利用企业所得税优惠目录》规定的资源作为主要原材料，生产国家非限制和禁止并符合国家和行业相关标准的产品取得的收入，减按 90% 计入收入总额，但原材料占生产产品原材料的比例不得低于优惠目录规定的标准

续上表

优惠类型	内容
所得有免征额	指符合条件的技术转让所得依照免征额来判断是免税还是减税。具体政策内容为：一个纳税年度内，居民企业技术转让所得 ≤ 500 万元的部分，免征企业所得税；超过 500 万元的部分，减半征收企业所得税
民族自治地方减免税	民族自治地方的企业应缴纳的企业所得税中属于地方分享的部分，民族自治地方的自治机关可以决定对该所得减征或免征企业所得税，但必须事先报省、自治区、直辖市人民政府批准。民族自治地方内国家限制和禁止行业的企业不适用此优惠政策
加计扣除	指企业计算企业所得税的应纳税所得额时可扣除的一些费用可以在原扣除基础上再加计扣除一定比例。 1. 企业为开发新技术、新产品和新工艺发生的研究开发费用，没有形成无形资产而计入当期损益的，在据实扣除的基础上再按照研究开发费用的 50% 加计扣除，也就是总共可扣除研究开发费用的 150%；而形成无形资产的，直接按照无形资产成本的 150% 摊销。如果这些研发费用发生在 2018 年 1 月 1 日 ~ 2020 年 12 月 31 日期间，则未形成无形资产的部分按照实际发生额的 75% 在税前加计扣除；形成无形资产的，按照无形资产成本的 175% 在税前摊销。也就是说，在这段期间之外发生的这类研发费用，按照前一种政策规定加计扣除。 注意，这一优惠政策不适用烟草制造业、住宿和餐饮业、批发和零售业、房地产业、租赁和商务服务业以及娱乐业等行业的企业。 2. 企业因安置残疾人员和国家鼓励安置的其他就业人员支付的工资，在按照支付给残疾人员和国家鼓励安置的其他就业人员工资据实扣除的基础上，再按照支付工资的 100% 加计扣除，也就是说，企业总共可按照这类工资支出的 200% 在税前扣除
抵扣应纳税所得额	创业投资企业采取股权投资方式投资未上市的中小型高新技术企业两年以上的，可按照自身投资额的 70% 在股权持有满两年的当年抵扣自身企业的应纳税所得额，当年未抵扣完的，可在以后纳税年度内抵扣
折旧加速	指允许企业采取缩短折旧年限或加速折旧方法对资产进行折旧。适用于因技术进步而产品更新换代较快的固定资产和常年处于强震动、高腐蚀状态的固定资产。运用这一优惠政策时，必须遵守最低折旧年限不得低于税法规定折旧年限的 60% 和加速折旧方法为双倍余额递减法或年数总和法的规定
抵免应纳税额	指某些所得可直接从应纳税额中抵免。政策内容为：企业购置并实际使用《环境保护专用设备企业所得税优惠目录》和《节能节水专用设备企业所得税优惠目录》等规定的环境保护、节能节水等专用设备的，设备投资额的 10% 可直接从企业当年的应纳税额中抵免

续上表

优惠类型	内容
西部地区的减免税	设在西部地区，以《西部地区鼓励类产业目录》中新增鼓励类产业项目为主营业务，其当年度主营业务收入占企业收入总额70%以上的企业，其生产经营所得可减按15%的税率缴纳企业所得税

在学习企业所得税的税收优惠政策时，重点是要区分这些政策是针对收入、所得、应纳税所得额，还是针对应纳税额，这样才能正确计算出企业最终应缴纳的企业所得税税额，否则一旦弄错，很可能使企业陷入纳税危险。

8.2.3 其他税种的税收优惠政策

除了前述提及的税种外，还有一些税种也有相应的税收优惠政策，如个人所得税、关税、印花税、城镇土地使用税、耕地占用税、土地增值税、契税、房产税、车船税、车辆购置税、环保税、资源税和船舶吨税。其中个人所得税涉及的是企业员工，与企业的纳税负担没有直接关系，这里不作介绍。如表8-4所示的是上述这些税种的部分税收优惠政策。

表8-4 其他税种的税收优惠政策

税种	税收优惠
关税	1.《海关法》和《进出口关税条例》中规定的减免税，称为法定性减免税，主要涵盖情形有：①一票货物关税税额、进口环节增值税或消费税的税额在人民币50万元以下；②没有商业价值的广告品和货样；③国际组织、外国政府无偿赠送的物资；④进出境运输工具装载的途中必需燃料、物料和饮食用品等，经海关审查无误后可免；⑤因故退还的中国出口货物，可免征进口关税；⑥因故退还的境外进口货物，可免征出口关税。 2.其他政策性减免税和临时性减免税，海关可酌情减免。主要包括情形有：①在境外运输途中或在起卸时遭受到损坏或损失的；②起卸后海关放行前，因不可抗力遭受损坏或损失的；③海关查验时已经破漏、损坏或腐烂，经证明不是保管不慎造成的；④为境外厂商加工、装配成品和为制造外销产品而进口的原材料、辅料、零部件和配套件等，海关按实际加工出口的成品数量免征进口关税；⑤中共缔约或参加的国际条约规定减征、免征关税的货物、物品，海关应按照规定减免税等

续上表

税种	税收优惠
印花税	1. 法定凭证免征印花税：①应税凭证的副本或抄本；②军队、武警部队订立和领受的应税凭证；③转让、租赁住房订立的应税凭证，免征个人（个体工商户除外）应缴纳的部分；④抢险救灾物资运输结算凭证；⑤外国运输企业运输进口货物所持的结算凭证等。 2. 书据、单据免征印花税：①财产所有人将财产赠予政府、学校和社会福利机构而订立的产权转移书据；②商店、门市部的零星加工修理业务开具的修理单；③运输、仓储、保管、财产保险和银行借款等业务既书立合同又开立单据的；④工业、商业、物资和外贸等部门调拨商品物资作为内部执行计划使用的调拨单等。 3. 合同免征印花税：①无息或贴息借款合同、国际金融组织向我国提供优惠贷款订立的借款合同、金融机构与小微型企业订立的借款合同；②企业与主管部门签订的租赁承包经营合同；③书、报、刊发行单位之间和发行单位与订阅单位或个人之间订立的合同；④出版合同；⑤委托代理合同等。 4. 免税额：印花税应纳税额不足 0.1 元的，免征印花税
城镇土地使用税	1. 免征：①国家机关、人民团体、军队自用的土地；②由国家财政部门拨付事业经费的单位自用土地；③直接用于农、林、牧、渔业的生产用地等。 2. 特殊规定：①凡是缴纳了耕地占用税的，从批准征用之日起满一年后征收城镇土地使用税；②防火、防爆、防毒等安全防范用地，暂免征收城镇土地使用税；③在城市、县城、建制镇以外工矿区内的消防、防洪排洪、防风、防沙设施用地，暂免征城镇土地使用税；④其他
耕地占用税	1. 免征：①军事设施占用应税土地；②学校、幼儿园、养老院和医院等占用应税土地。 2. 减按每平方米 2 元的税额标准征收：①铁路路基、桥梁、涵洞、隧道及其按规定两侧留地；②经批准建设的国道、省道、县道、乡道和属于农村公路的村道的主体工程及两侧边沟或截水沟；③其他。
土地增值税	1. 纳税人建造普通标准住宅出售，增值额未超过扣除项目金额 20% 的，免征土地增值税。 2. 应国家建设需要依法征用、收回的房地产，免征土地增值税。 3. 企事业单位、社会团体和其他组织转让旧房作为公共租赁住房房源且增值额未超过扣除项目金额 20% 的，免征土地增值税等
契税	1. 国家机关、事业单位和社会团体等承受土地、房屋用于办公、教学、医疗和科研设施的，免征契税。 2. 纳税人承受荒山、荒沟、荒丘、荒滩土地使用权，用于农、林、牧、渔业生产的，免征契税。 3. 城镇职工按规定第一次购买公有住房的，免征契税等

续上表

税种	税收优惠
房产税	1. 由国家财政部门拨付事业经费的单位所有的、本身业务范围内使用的房产，免征房产税。这里的单位主要指学校、医疗卫生单位、托儿所、幼儿园、敬老院和文化、体育、艺术类单位。 2. 纳税人因房屋大修导致连续停用半年以上的，在房屋大修期间免征房产税。适用该优惠政策的纳税人必须在房屋大修前向主管税务机关报送资料。 3. 在基建工地为基建工地服务的各种工棚、材料棚、休息棚、办公室、食堂、茶炉房和汽车房等临时性房屋，施工期间一律免征房产税等
车船税	1. 免征车船税的车船：①捕捞、养殖渔船；②军队、武装警察部队专用的车船；③警用车船；④新能源车船；⑤依照法律规定应予以免税的外国驻华使领馆、国际组织驻华代表机构及其有关人员的车船等。 2. 其他：①按照规定缴纳船舶吨税的机动船舶，从《车船税法》实施之日起 5 年内免征车船税；②获得许可在中国境内销售的排量在 1.6 升及以下的燃用汽油、柴油的乘用车，在符合综合工况燃料消耗量标准的情况下可减半征收车船税等
车辆购置税	1. 免税：①外国驻华使馆、领事馆和国际组织驻华机构及其外交人员自用的车辆；②中国人民解放军和中国人民武装警察部队列入军队武器装备订货计划的车辆；③设有固定装置的非运输车辆等。 2. 其他：① 2016 年 1 月 1 日～ 2020 年 12 月 31 日期间，城市公交企业购置的公共汽电车，免征车辆购置税；② 2018 年 1 月 1 日～ 2020 年 12 月 31 日期间，购置的新能源汽车免征车辆购置税等
环保税	1. 暂予免征：①农业生产（规模化养殖除外）排放应税污染物；②机动车、铁路机车、非道路移动机械、船舶和航空器等流动污染源排放应税污染物；③依法设立的城乡污水集中处理、生活垃圾集中处理场所排放相应应税污染物，不超过国家和地方规定的排放标准等。 2. 纳税人排放应税大气污染物或水污染物的浓度值低于国家和地方规定的污染物排放标准 30% 的，减按 75% 征收环保税；低于标准 50% 的，减按 50% 征收环保税
资源税	1. 开采原油过程中用于加热、修井的原油，免征资源税。 2. 对实际开采年限在 15 年以上的衰竭期矿山开采的矿产资源，减征 30% 的资源税等
船舶吨税	免征船舶吨税的船舶：①应纳税额在人民币 50 元以下的船舶；②从境外以购买、受赠和继承等方式取得船舶所有权的初次进口到港的空载船舶；③非机动船舶（非机动驳船除外）；④捕捞、养殖渔船；⑤吨税执照期满后 24 小时内不上下客货的船舶等

这里只列举了这些税种的部分税收优惠政策，具体的优惠项目还需要参考相关税种的条例和实施细则，或者是具体的税收优惠政策文件。这些资料都可进入国家税务总局和中华人民共和国海关总署官网查询。

8.2.4 残疾人就业保障金及其减免政策

残疾人就业保障金就是一种保障残疾人权益的基金，这些基金是由未按规定安排残疾人就业的机关、团体、企业、事业单位和民办非企业单位缴纳而来。当然，也不是所有这些企事业单位都需要缴纳，而是在本市行政区域内，安排残疾人就业的比例低于本单位在职职工总数 1.5% 的机关、团体、企业、事业单位和民办非企业单位才需要缴纳。

对于这些需要缴纳残疾人就业保障金的企事业单位，国家也给出了一定的减免和缓缴政策，如下所示。

- ◆ 用人单位遇不可抗力自然灾害，需要减免或缓缴的。
- ◆ 用人单位连续两年亏损，需要减免或缓缴的。
- ◆ 用人单位破产的。
- ◆ 用人单位遇其他突发事件遭受重大直接经济损失的。

上述这些情形发生时，用人单位可向负责本单位年审的残疾人就业服务机构申请减免或缓缴保障金，申请时必须提供相关书面证明和资料。用人单位申请的缓缴期限不得超过 6 个月，减缴数不得超过一年的保障金应缴数。

|8.3|
学会税务筹划方法

在税务实务中，很多前辈总结出了一些税收优惠政策以外的合理、合法的税务筹划方法，可进一步减轻企业的税负。

8.3.1 工资与年终奖的税务筹划

在个人所得税新规实施后，需要进行年终汇算清缴，而个人所得通常需要按综合所得申报。对于个人获得的年终奖，可放在综合所得中进行申报，也可作为一次性年终奖申报。

由于个人所得税在进行汇算清缴时，可在年总收入的基础上扣除固定费用 6.00 万元、三险一金的专项扣除和 5 项专项附加扣除，所以可以做如下的初步分析。

假设个人一年收入总额为 Y_1 元，年终奖为 Y_2 元，固定扣除费用、专项扣除和专项附加扣除总计为 X。如果收入总额不够扣，即 $Y_1-X<0$，则此时还可将年终奖进行综合所得申报，以此补充收入总额不够扣的部分，即综合所得的计税基础（年应纳税所得额）$=Y_1+Y_2-X<0+Y_2$，也就是说，此时全年应纳税所得额只是年终奖的一部分；但如果进行一次性年终奖申报，则收入总额 Y_1 元无须缴纳个人所得税，但年终奖 Y_2 元要全额缴纳个人所得税。

所以，当年总收入低于个人的总扣除费用时，年终奖金选择放在综合所得进行申报对个人来说更有利，可少缴个人所得税。

| 范例解析 |　年总收入扣除费用后为负数时年终奖放在综合所得申报

游青是一家公司的一名销售人员，已知其2019年全年的工资收入为13.00万元，且没有其他收入来源，年扣除固定费用、三险一金和所有专项附加扣除总共15.00万元，年终奖金为8.00万元。则：

1.将年终奖金放入综合所得进行申报。

全年应纳税所得额=13.00+8.00-15.00=6.00（万元）

参照个人所得税税率表（综合所得适用）的数据，该6.00万元对应的税率等级为10%，速算扣除数为2 520.00元。

全年应纳税额=60 000.00×10%-2 520.00=3 480.00（元）

2.进行一次性年终奖申报。

全年应纳税额=80 000.00×10%-2 520.00=5 480.00（（元）

由此可知，在年总收入扣除所有应扣除费用后的余额为负数时，年终奖放在综合所得进行申报会更有利，个人可以少缴个人所得税。

如果收入在扣除所有应扣除费用后还有剩余，即 $Y_1-X>0$，则此时可按一次性年终奖申报，因为个人收入部分在扣除了应扣除费用后，应纳税所得额比较低，可适用低税率，而年终奖很可能适用另一个档次的税率；但如果将年终奖放在综合所得进行申报，则此时会增加计税基础，从而会使总收入超过应扣除费用部分的金额和年终奖部分同时适用较高档次的税率。

| 范例解析 |　年总收入扣除费用后为正数时年终奖单独一次性申报

游青是一家公司的一名销售人员，已知其2019年全年的工资收入为13.00万元，且没有其他收入来源，假设年扣除固定费用、三险一金和所有专项附加扣除总共10.00万元，年终奖金为8.00万元。则：

1.将年终奖金放入综合所得进行申报。

全年应纳税所得额=13.00-10.00+8.00=11.00（万元）

参照个人所得税税率表（综合所得适用）的数据，该11万元对应的税率等级为10%，速算扣除数为2 520.00元。

全年应纳税额=110 000.00×10%-2 520.00=8 480.00（元）

2.进行一次性年终奖申报。

总收入部分应纳税额=（130 000.00-100 000.00）×3%-0=900.00（元）

年终奖部分应纳税额=80 000.00×10%-2 520.00=5 480.00（元）

全年总的应纳税额=900.00+5 480.00=6 380.00（元）<8 480.00元

由此可知，当个人全年总收入在扣除了应扣除的费用后还有剩余，则年终奖选择一次性单独申报更有利，个人可少缴个人所得税税款。

无论是采用哪种计税方法对个人年终奖进行纳税申报和税款缴纳，一旦确定之后，在一个纳税年度内都不能随意变更。

8.3.2 合理运用企业所得税的各种税前扣除项目

在本书第 7 章的 7.5 节内容中，我们简要地介绍了企业所得税的核算。在计算企业所得税的应纳税所得额时，涉及了一项"各项扣除"，这里的各项扣除是指企业实际发生的与取得收入有关的合理支出，包括成本、费用、税金损失和其他支出，具体是指如表 8-5 所示的一些扣除项。

表 8-5 企业所得税的各税前扣除项目及其扣除标准

扣除项目	扣除标准
工资、薪金支出	根据"应发工资"数额据实扣除
职工福利费	不超过工资薪金总额 14% 的部分，准予扣除；超过部分不予扣除
工会经费	不超过工资薪金总额 2% 的部分，准予扣除；超过部分不予扣除
职工教育经费	不超过工资薪金总额 8% 的部分，准予扣除；超过部分准予在以后纳税年度结转扣除
社会保险费	基本养老保险费、基本医疗保险费、失业保险费、工伤保险费和生育保险费等基本社会保险费及住房公积金，据实扣除；补充养老保险费和医疗保险费，按标准扣除；商业保险不得扣除
业务招待费	按发生额的 60% 扣除，但最高不得超过企业当年销售收入（即营业收入）的 5‰；如果是在企业筹建期间发生的业务招待费支出，则可按实际发生额的 60% 计入筹办费，在税前扣除
广告费和业务宣传费	不超过当年销售收入 15% 的部分，准予扣除；超过部分准予在以后纳税年度结转扣除。如果是在企业筹建期间发生的广告费和业务宣传费支出，则可按实际发生额计入筹办费，全额在税前扣除。比较特殊的是，化妆品制造或销售、医药制造和饮料（不含酒类）制造企业发生的广告费和业务宣传费支出，不超过当年销售收入 30% 的部分，准予扣除；超过部分准予在以后纳税年度结转扣除。烟草企业的烟草广告费和业务宣传费支出，一律不得扣除

续上表

扣除项目	扣除标准
借款费用	1. 企业生产经营活动中发生的合理的不需要资本化的借款费用，准予扣除。 2. 在有关资产购置和建造期间因购买建造所需的存货而发生的合理借款费用，可计入资产的成本在税前扣除
利息费用	1. 非金融企业向金融企业借款的利息支出、金融企业各项存款利息支出、同业拆借利息支出和企业经批准发行债券的利息支出，可据实扣除。 2. 非金融企业向非金融企业借款的利息支出在不超过按金融企业同期同类贷款利率计算的数额部分，可据实扣除；超过部分不得扣除等
保险费	1. 企业参加财产保险而交纳的保险费，准予扣除。 2.2018 年度及以后年度，企业参加雇主责任险和公众责任险等责任保险，按规定交纳的保险费，准予扣除
租赁费	1. 以经营租赁方式租入固定资产发生的租赁费，可据实扣除，且可按租赁期限均匀扣除。 2. 以融资租赁方式租入固定资产发生的租赁费，按规定构成了融资租入固定资产价值的部分应以提取折旧费的方式分期扣除，也就是说，这类租赁费支出在支出当时不能扣除
劳动保护费	企业发生的合理劳动保护支出，准予据实扣除
汇兑损失	企业在货币交易和其他各种货币折算过程中发生的汇兑损失，除已经计入有关资产成本和向所有者进行利润分配的部分外，其余部分均可扣除
公益性捐赠	企业通过公益性社会组织或县级及以上人民政府及其组成部门和直属机构，用于慈善活动或公益事业的捐赠支出，在年度利润总额 12% 以内的部分，准予扣除；超过部分准予在 3 年内结转扣除
环境保护专项资金	企业按照相关法律法规提取的用于环境保护、生态恢复等方面的专项资金，准予扣除；改变用途的，不得扣除
有关资产的费用	企业转让各类固定资产发生的费用和固定资产折旧费、无形资产摊销费等，准予扣除
手续费及佣金	保险企业和具有合法经营资格的中介服务机构等发生的有关手续费和佣金支出，可按标准扣除。比如，财产保险企业按全部保费收入扣除退保金等后的余额的 15% 计算扣除限额

续上表

扣除项目	扣除标准
亏损弥补	企业经营所得可在弥补了以前年度亏损后再计缴企业所得税，但弥补年限最长不得超过 5 年，超过 5 年还有亏损没有弥补完的，第 6 年的经营所得就不能再弥补以前年度的亏损，需全额确认为应纳税所得额
其他	如企业发生的法律、法规等规定准予扣除的会员费、合理会议费、差旅费、违约金和诉讼费用等

如何充分利用这些税前扣除项目呢？来看看下面这个例子。

| 范例解析 | 职工教育经费的税前扣除分析

某公司2019年发生职工教育经费18.00万元，而当年工资薪金支出总额为226.25万元，根据扣除标准，工资薪金总额的8%为18.10万元（226.25×8%），职工教育经费18.00万元未超过标准18.10万元，因此可以全额据实扣除。

如果当年工资薪金支出总额为220.00万元，则工资薪金总额的8%为17.60万元（220.00×8%），职工教育经费超过了扣除标准，当期职工教育经费支出只能扣除17.60万元。如果前期已经据实扣除了18.00万元，则在计算企业所得税应纳税所得额时需调增0.40万元（18.00-17.60），这样就会导致应缴纳的企业所得税税额增加；如果前期没有扣除18.00万元，则按照17.60万元在税前扣除，与应纳税所得额调增0.40万元的效果是一样的。这两种情形下，企业在计算会计利润时扣除的是18.00万元，计算企业所得税应纳税所得额时扣除的是17.60万元，利润相对减少了，而应缴纳的企业所得税税款变多了，企业经营双向负担加重。

换句话说，企业应控制好内部的费用开支，做好费用预算，将实际发生额控制在可全额据实扣除的标准内，这样能尽可能减少应纳企业所得税税额。

8.3.3 投资过程中可进行的税务筹划

相信很多企业以往对投资活动的理解就是为企业赚取经营活动以外的收益，很少有企业深入研究投资活动中的税收问题。殊不知，纳税人还可从投资活动和相关业务中找寻税收筹划切入点，为企业减轻税负。下面就对这些切入点作简单介绍。

◆ 投资分期，后续资金采用银行借款

在我国相关法律中有这样的规定：企业在对外投资时，投资资金可一次或分期缴清。一次投资的，投资资金需一次到位；分期投资的，投资资金可分期投入，只要在规定的时间内全部缴清即可。

分期投资如何达到税收筹划的效果呢？企业分期投资时，在前期资金投入后，后期资金可以通过向银行等金融机构借款来补充。企业在向金融机构借款时会产生借款利息支出，这一类支出按照企业所得税的税前扣除项目的规定，可按实际发生额据实扣除。这样就会减少企业所得税的计税依据，进而减少应纳税额，减轻企业税负。

◆ 以股权投资方式投资未上市的中小型高新技术企业

在企业所得税税收优惠政策中，有一条规定是：创业投资企业采取股权投资方式投资于未上市的中小型高新技术企业两年以上的，可按照其投资额的70%，在股权持有满两年的当年抵扣企业的应纳税所得额，当年不足抵扣的，可在以后纳税年度结转抵扣。

比如，某创业投资企业在 2018 年初以股权投资的方式向某小型高新技术企业进行投资，到 2019 年年底刚好持股满两年。已知最初的投资额为 100.00 万元，2019 年创业投资企业的应纳税所得额为 750.00 万元。有了该投资行为，该企业 2019 年的应纳税所得额就变为 680.00 万元（750.00−100.00×70%），本来应该缴纳 187.50 万元（750.00×25%）的企业所得税，抵扣投资额后只需缴纳 170.00 万元（680.00×25%），很直观地看出少缴了企业所得税税款。

◆ 内部投资特殊的固定资产

企业所得税的税收优惠政策中，还有一项与投资活动有关：企业购置并实际使用《环境保护专用设备企业所得税优惠目录》《节能节水专用设备企业所得税优惠目录》和《安全生产专用设备企业所得税优惠目录》规定的环境保护、节能节水和安全生产等专用设备的，设备的投资额的 10% 可从企业当年的应纳税额中抵免；当年不足抵免的，可在以后 5 个纳税年度结转抵免。

比如，某公司是一家化工料生产企业，2019 年为了保障生产人员的安全，以及做好环境保护措施，新购进了两台价值共 24.00 万元的安全生产设备和两台价值共 30.00 万元的环境保护专用设备。已知该公司当年的企业所得税应纳税额为 82.00 万元，在购置了这些专用设备的情况下，当年应纳税额变为 76.60 万元（82.00−24.00×10%−30.00×10%）。

除此以外，企业还可在投资活动中找寻到其他一些税收筹划手段，如利用投资地区的税率差异、根据企业财务管理目标选择投资方案等。

8.3.4　经营过程中会用到的税务筹划

企业生产、经营过程中，还有一些常见的税务筹划方法可供使用。

（1）选择纳税人身份

根据我国相关税法的规定，增值税一般纳税人适用税率分 4 个档次：13%、9%、6% 和 0；而增值税小规模纳税人适用的征收率就是 3%。由此可见，纳税人身份的不同，适用不同的税率或征收率，在同等计税基础上，适用低税率或征收率的企业会缴纳更少的增值税。下面通过一个案例来分析纳税人身份选择对税收筹划的影响。

│ 范例解析 │　纳税人身份差异的税务筹划

某企业在 2020 年 2 月 17 日因生产活动的需要购进了一批原材料，不含税价值为 18.00 万元。已知当月没有其他采购业务，当月还实现了产品销售收入共 47.00 万元。假设供货商为增值税一般纳税人，下面分情况分析。

1.如果该企业为增值税一般纳税人，2 月 17 日收到销售方开具的增值税专用发票注明税率为 13%，税额为 23 400.00 元（180 000.00×13%）。当月销售业务开出增值税专用发票，税额共计 61 100.00 元（470 000.00×13%）。

企业 2 月应缴纳增值税 = 61 100.00 − 23 400.00 = 37 700.00（元）

2.如果该企业为增值税小规模纳税人，2 月 17 日收到销售方开具的增值税普通发票注明税率为 13%，税额为 23 400.00 元。当月销售业务开出增值税普通发票和申请代开的增值税专用发票，税额共计 14 100.00 元（470 000.00 × 3%）。

企业 2 月共缴纳增值税 = 23 400.00 + 14 100.00 = 37 500.00（元）

由此可知，此时企业选择确认为小规模纳税人可少缴增值税。

3.如果企业当月实现的产品销售收入共 35.00 万元，为增值税一般纳税人时，采购收到增值税专用发票，其他条件不变，则：

企业 2 月应缴纳的增值税 = 350 000.00 × 13% − 180 000.00 × 13% = 22 100.00（元）

为小规模纳税人时，采购收到增值税普通发票，其他条件不变，则：

企业 2 月共缴纳增值税 = 180 000.00 × 13% + 350 000.00 × 3% = 33 900.00（元）

此时，企业选择确认为一般纳税人可少缴增值税。

从案例分析可知，企业的盈利水平会直接关系到企业在进行税务筹划时是选择认定为增值税一般纳税人还是小规模纳税人。当盈利水平较高时，预估选择确认为小规模纳税人可达到税务筹划效果，因为此时收支差异数额与收入数额相近，那么适用低税率或征收率就很可能少缴税；而盈利水平较低时，预估选择确认为一般纳税人可达到税务筹划效果，因为此时收支差异数额远小于收入数额，那么适用税率会比征收率更有可能少缴税。

具体盈利水平为多少时选择小规模纳税人，低于什么盈利水平时选择一般纳税人，要看收入的临界点。比如该案例中，设该企业当月收入为 x 万元，列出不等式（x − 18.00）× 13% > 18.00 × 13% + 13% x，可得 x > 46.80 万元。

（2）选择恰当的供应商

这一筹划切入点的原理与选择纳税人身份的类似。具体看一个案例。

| 范例解析 |　从不同身份的供应商处购货的税务筹划

某企业为增值税一般纳税人，由于生产需要，要向供应商购入一批原材料。已知采购计划中明确此次进货总价为20.00万元，假设该公司当月可实现产品销售收入46.00万元，下面分情况分析。

1.如果供应商为增值税一般纳税人，向该企业销售原材料时开出增值税专用发票，注明税率为13%，税额为26 000.00元（200 000.00×13%），当月销售业务开出增值税专用发票，税额共计59 800.00元（460 000.00×13%）。

该企业2月应缴纳增值税=59 800.00−26 000.00=33 800.00（元）

2.如果供应商为增值税小规模纳税人，向该企业销售原材料时开出增值税普通发票，注明税率为3%，税额为6 000.00元，当月销售业务开出增值税专用发票，税额共计59 800.00元。此时企业采购时支付的增值税不能抵扣。

该企业2月缴纳增值税=6 000.00+59 800.00=65 800.00（元）

如果供应商为增值税小规模纳税人，但向该企业销售原材料时是申请代开了增值税专用发票，则此情况下对企业来说采购时支付的增值税可以抵扣，2月应缴纳增值税为53 800.00元（59 800.00−6 000.00）。

由此可知，当企业在选择供应商时，无须考虑供应商是一般纳税人还是小规模纳税人，只要供应商能开具增值税专用发票，则就能使采购企业少缴增值税。

（3）选择合适的销售方式

在本书第2章的2.2节的销售业务中提到过各种情形的销售业务，其中发生商业折扣的情形下，确认为销售收入的金额是扣除了商业折扣金额后的余额，此时增值税销项税额就会相应减少，在同等额度的进项税额前提下，会使企业最终少缴增值税税额。

由此可见，选择合适的销售方式可从销售业务的角度减少企业应缴纳的增值税，达到减轻税负的目的。但要注意，这时可能会影响企业当期的营业利润，所以选用时要慎重。

| 8.4 |
识别各种税的纳税风险并做好应对

对企业财会人员来说，虽然懂得税务筹划对员工自己和公司都有好处，但同时也存在隐患，一旦税务筹划没有做好，甚至出错，很可能使企业陷入纳税风险中，从而被罚款或遭受到相应的处罚。因此，财会人员还要深刻认识各种税可能存在的纳税风险，积极做好应对措施。

8.4.1　学习增值税存在的纳税风险和应对措施

增值税是各类企业在生产、经营过程中涉及的较复杂的一种税，税务工作中很容易出错而存在纳税风险。为了更好地完成增值税纳税申报、缴纳和筹划工作，相关人员必须了解其存在的风险点并掌握应对措施。

◆　进项税额的错误抵扣

一般来说，增值税进项税额必须同时符合这 3 个条件，才能准予从当期销项税额中抵扣：一是购进货物、应税劳务或服务必须用于增值税应税项目；二是必须取得合法扣税凭证；三是进项税额的申报抵扣要及时。

如果财会人员把握不好这 3 个条件，很可能使不该缴纳增值税的项目缴纳了增值税，或者在规定期限内多抵扣了进项税额而少缴税款，进而受到税务机关的处罚，又或者是少抵扣了进项税额，使企业承受原本不该承受的税收负担，增加经营成本，阻碍企业的发展。应对措施就是要牢记增值税进项税额准予抵扣的前提是同时满足 3 项条件。

◆　错过纳税申报或缴税时间

相关法律、法规对增值税纳税申报和缴税时间有明确的规定，如果纳税人没有在规定的期限内完成增值税纳税申报，或者没有按时缴纳增值税税款，便会受到税务机关的处罚，如罚款、加收滞纳金等。对纳税人来说，不仅增加了税收成本，而且还可能影响自己在税务机关的信用度，长期发生类似情况，很可能被税务机关列入纳税黑名单。应对措施就是牢记增值税的纳税申报期限和缴税时间，要深刻明白不同纳税申报期对应不同的缴税时间。

◆ 纳税义务发生时间确认错误

对于一些特殊的业务，它的纳税义务的发生时间很容易弄错。比如，采取预收款方式销售商品，先向购买方开具了增值税专用发票，但商品尚未发出，这种情况下不能等全部收到货款时才确认纳税义务发生，在专用发票开出时纳税义务就发生了，就需要确认应缴纳的增值税销项税额，只是会计处理上不需要确认收入。又比如，采取赊销和分期收款方式销售货物，书面合同约定的收款日期当天就是纳税义务发生的时间，而不是开出发票的时间。

一旦纳税义务发生时间确认错误，就可能使企业不能按时缴纳增值税，从而受到税务机关的处罚。那么如何应对呢？也必须要求税务人员熟悉增值税的纳税规定，时刻检查企业应纳税义务是否已经完成。

◆ 纳税人身份、增值税税率或征收率及发票之间的关系含糊不清

正确理解是：①增值税一般纳税人既可自行开具专用发票，也可开具普通发票，新规实施后，小规模纳税人也可自行开具专用发票和普通发票。②只要是增值税一般纳税人，且销售的是应税货物，无论开的是专用发票还是普通发票，发票上注明的税率要么是13%，要么是9%，要么是6%，要么是0，采用简易计税办法的一般纳税人，开具的发票上还可能注明征收率3%。如果是增值税小规模纳税人，且销售的是应税货物，无论开具的是专用发票还是普通发票，发票上注明的征收率要么是3%，要么是其他减征的征收率。

但是很多人会理解错这些关系，比如一位增值税纳税人开具的如果是普通发票，有些人会错认为发票上就不可能是13%、9%、6%和0这些税率，而是3%这样的征收率；又或者小规模纳税人开具的如果是专用发票，有些人又会错认为发票上会注明13%、9%、6%和0这些税率，而不是3%这样的征收率等。

由于具体的税率、征收率弄错会影响纳税人计算增值税进项税额、销项税额和最终应缴纳的增值税税额，所以，相关财会人员必须分清楚这些关系。

8.4.2　了解消费税存在的纳税风险和应对办法

消费税的纳税风险主要表现在一些概念的认知上，具体内容如下。

（1）以为所有应税消费品都是单一环节征税

在众多应税消费品中，卷烟和超豪华小汽车不仅在生产环节需征收消费税，卷烟在批发环节还要缴纳消费税，而超豪华小汽车在零售环节还要加收一道消费税。

如果纳税人以为所有应税消费品都是单一环节征税，则可能在该缴税的时候没有按规定缴税，从而被税务机关认定为偷、逃税款，并受到税务机关的相应处罚，使纳税人陷入纳税风险中。

纳税人要熟练掌握消费税的应税范围、具体的应税税目以及对应的税率情况，即使不能全部清晰地记住，也应在工作中可随时看见的地方准备好相关的资料，以备随时取用、查询。

（2）以为自产自用应税消费品不需要缴纳消费税

纳税人生产应税消费品，且用于企业内部职工福利，或作为燃料耗用，或用于生产非应税消费品等，视同销售行为，对纳税人来说就是发生了生产销售应税消费品业务，需按规定缴纳消费税。

如果纳税人没有将这些行为划分为视同销售业务，就会漏缴该缴纳的消费税，从而被税务机关认定为偷税，受到不必要的处罚，不仅会被罚款，引起直接经济损失，还会影响纳税人在税务系统中的信用度，进而影响后续税务工作的开展。

因此，财会人员要熟悉企业的各项业务，包括采购、生产、销售和售后等业务或服务，多方面学习税务知识，充实知识库，扩大知识面，深入分析和理解税收政策，清楚区分税务与会计上的不同点。

除此以外，消费税也有规定的纳税期限和缴纳税款的时间，为了避免延迟纳税的情况发生，导致支付不必要的罚款，财会人员同样需要记清楚消费税的纳税期限并按时缴纳税款。

8.4.3　掌握企业所得税的纳税风险并做好应对工作

属于企业所得税纳税人的各类企业，只要获取了生产经营所得和其他所得，都必须缴纳企业所得税。与增值税一样，企业所得税税务也很复杂，从收入、扣除项目、资产到税收优惠政策等，方方面面都可能使纳税人陷入纳税风险中。要想企业往后的经营活动正常进行，使企业尽可能规避纳税风险是税务中的重点工作。下面就来认识企业所得税涉及的一些纳税风险。

◆　确实无法支付的款项长期未核销也不计入收入

对企业来说，如果"应付账款"和"其他应付款"等经查明发现确实无法支付的，应及时核销，并做相关的收入处理，进而确认为应纳税所得额，缴纳企业所得税。如果故意拖延时间而不对这些确实无法支付的款项作核销处理，或者忘记了核销，也不计入收入，就会被认定为逃税，受到相应处罚。

为了避免忘记核销或有财务人员故意不核销，不作收入入账，企业可规定定期或不定期抽查应付账款和其他应付款等明细科目中是否存在未核销的余额，从而防止企业陷入逃税风险中。

除此之外，还有一些收入或者企业内部罚没款等，不及时做收入处理而长期挂往来账，以此逃税，应对办法也是组织定期或不定期检查。

◆　不能税前扣除的项目已经扣除却不作纳税调整

这类行为之所以会是纳税风险，是因为不能税前扣除的项目已经扣除而不作纳税调整，就会使实际的应纳税所得额比应该确认的应纳税所得额少，这样企业会少缴企业所得税，在税务机关看来就是偷税，企业会因此受到处罚。那么这类行为具体有哪些呢？如何应对？关于税前扣除项目的纳税风险及应对措施如表 8-6 所示。

表 8-6　关于税前扣除项目的纳税风险及应对措施

风险行为	应对措施
计提但没有实际支出的福利费和补充养老保险费等，期末未作纳税调整	定期或不定期核查"其他应付款"科目，审查企业当期发生的工资、福利费和补充养老保险在缴纳税款时的有效凭证是否提供齐全
工会经费的税前扣除凭证不合规，如用普通收款收据拨缴工会经费，却在税前进行了扣除，期末未作纳税调整	核查企业的"管理费用——其他"和"应付职工薪酬——工会经费"等科目，检查上缴工会经费时是否取得拨缴款专用收据
各种费用（如业务招待费、广告费和业务宣传费、职工教育经费等）支出超过税法规定的扣除标准，已经在税前扣除，期末未作纳税调整	检查已经扣除的这类费用的数额是否超过规定标准，若超过，则应减少其扣除金额，从而调增应纳税所得额，补缴企业所得税
某些支出（如为职工支付的商业保险费、税收滞纳金和罚款支出以及资本化的利息支出等）不能在税前扣除但已经扣除了，期末未作纳税调整	检查企业是否在"管理费用——其他"和"应付职工薪酬——职工福利费"等科目下列支各种商业险；是否有在"管理费用"和"营业外支出"等科目下列支的税收滞纳金和罚款在税前已经扣除；检查"财务费用""在建工程"和"固定资产"等科目，审核相关借款合同和资金用途
资产的折旧和摊销年限不符合税法的规定，期末未作调整	查看企业的"累计折旧"和"累计摊销"等科目，倒推各类资产的折旧和摊销时间是否低于税法规定的最低折旧或摊销年限

◆　虚开发票而人为调整收入和费用支出

虚开发票有两个方面：一是企业要求供应商虚开发票，以此来增加本企业的成本、费用支出，从而减少应纳税所得额，少缴税款，一旦被税务机关查出，就会被认定为偷税、逃税，会受到严厉的处罚；二是企业向客户虚开发票，以此增收，虚拟企业的经营成果，蒙骗投资者、债权人和其他相关人员。

如何避免企业陷入这样的纳税风险呢？这就要求企业制定严格的发票管

理制度和办法，以及凭证、手续的审批制度，并督促财会人员严格执行，争取杜绝此类弄虚作假的财务舞弊行为。

8.4.4 认识其他纳税风险和风险管理措施

在企业的税务处理工作中，不仅增值税、企业所得税这些大税种存在纳税风险，其他税种同样存在。表8-7所示的是其他税种的部分纳税风险及风险管理措施。

表8-7 其他税种的纳税风险和管理措施

税种	风险及管理措施
个人所得税	风险：企业发给员工的过节费和高温补贴费等，应该计入员工工资计缴个人所得税，但企业没有将其计入员工工资并代扣代扣代缴个人所得税，使企业和员工同时面临逃税风险。 措施：定期或不定期检查"应付职工薪酬——职工福利费""应付职工薪酬——工会经费"和"管理费用"等明细科目，看是否有过节费、高温补贴费，若有，看是否计入了工资计缴个人所得税
房产税	风险：在计算应缴纳的房产税时以房产的余值为计税基础计算应纳税额。 措施：熟知房产税应纳税额的计算公式，要明确计税基础是房产不扣除任何折旧额的原值
城市维护建设税和教育费附加	风险：纳税人按照增值税和消费税的当期应缴纳金额计算应缴纳的城市维护建设税和教育费附加，可能少缴税费，也可能多缴税费。少缴税费会被税务机关处罚，多缴税费又会增加企业的经营负担。 措施：明确纳税人当期应缴纳的城市维护建设税和教育费附加是按照当期实际缴纳增值税和消费税的合计金额来计算确认的
关税	风险：纳税人直接以进出口商品的价格作为计税依据，计缴关税，使计算出的应纳关税税额不准确。 措施：财会人员要熟知关税的规定和相关政策，要明确计算关税应纳税额时，是以关税完税价格作为计税依据
环境保护税	风险：对于大气污染物和水污染物，财会人员以实际数量作为计税单位，计算应缴纳的环境保护税税额，使计算结果不准确。 措施：理解环境保护税中大气污染物和水污染物的计税单位"每污染当量"，准确核算应缴纳的环境保护税税额

第9章

公司变更与注销必会

　　在本书的第一章讲解了公司设立期的有关财税管理内容，但在漫长的生产、经营过程中，免不了会发生企业经营变更、注销和破产等事情，这些意味着企业经营事务发生变化甚至经营行为终止的程序，也与企业的财税管理有着密不可分的关系。

| 9.1 |
公司变更事宜及流程

企业的变更事宜是指企业法人、地址、股东、名称、注册资本和经营范围等发生变化，需要在工商管理机关办理相关变更登记的事务。因这些变更事宜或多或少会牵涉企业的财税问题，所以财会人员也应适当了解。

9.1.1　法人变更的办理

企业法人变更是指变更企业的法定代表人，企业应在从变更决议或决定作出之日起 30 日内申请办理变更登记。

严格意义上来讲，法人与法定代表人不是一个概念，一家公司就是一个法人，但法定代表人是一个真实存在的自然人。但实务中为了方便管理，法人变更就是指法定代表人变更。在学习法人变更的办理程序之前，先来了解哪些情形下会进行法人变更，如下所示。

◆ 法定代表人股权持有比例被人超过。

◆ 法定代表人主动请求更换。

◆ 企业需要注销而又想避免注销的麻烦。

当企业办理法人变更登记时，需要提供的材料有：公司变更登记申请书、股东会决议、章程修正案、对原法人的免职文件和对新法人的任职文件、原法人的身份证复印件和新法人的身份证复印件、法人履历表和签字备案书、法人兼职总经理的总经理任职证明、指定委托书以及企业营业执照正、副本。这里提及的公司变更登记申请书必须由原法人和新法人同时签字才行。

企业的相关办事人员在企业法人发生变更时，可按照如图 9-1 所示的流程办理变更登记。

```
┌─────────────────────────────────────────────────────────┐
│ 进入企业注册登记所在地的工商行政管理机关的官网并登录,预约企业法 │
│ 人变更业务,同时下载相关资料模板,以供填写企业信息            │
└─────────────────────────────────────────────────────────┘
                            ↓
┌─────────────────────────────────────────────────────────┐
│ 在下载的资料上如实填写企业的信息和变更内容                    │
└─────────────────────────────────────────────────────────┘
                            ↓
┌─────────────────────────────────────────────────────────┐
│ 携带填写好的资料到当地工商行政管理局递交材料,并按规定和要求补齐 │
│ 材料或其他证明资料                                          │
└─────────────────────────────────────────────────────────┘
                            ↓
┌─────────────────────────────────────────────────────────┐
│ 等待管理局审核资料并办理变更登记,通过后领取变更通知书          │
└─────────────────────────────────────────────────────────┘
                            ↓
┌─────────────────────────────────────────────────────────┐
│ 在变更通知书规定的时间内去管理局领取新的营业执照,并到指定的刻章 │
│ 地点刻制新的法人章                                          │
└─────────────────────────────────────────────────────────┘
                            ↓
┌─────────────────────────────────────────────────────────┐
│ 携带新的营业执照和法人章到开户行办理相关变更手续               │
└─────────────────────────────────────────────────────────┘
```

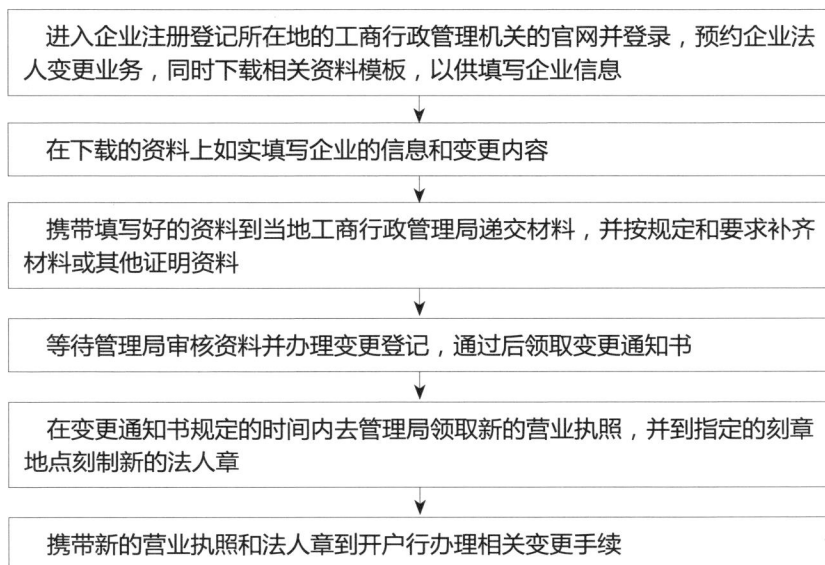

图 9-1　企业法人变更的处理流程

如果企业法人变更的原因是原法定代表人的持股比例被超过,则必然会发生实收资本的变化,财会人员肯定需要做相关的财务处理。来看一个例子。

| 范例解析 |　投资者追加投资导致企业法定代表人变更

甲公司设立初期由A、B、C分别出资建成,3位投资者初期投资金额分别为200.00万元、300.00万元和500.00万元,注册登记的法定代表人为C。2020年初,投资者B追加投资500.00万元,合同约定其持有公司50%的股权。根据公司章程和相关会议决议,变更公司法定代表人为B。涉及的账务处理如下。

B追加投入500.00万元后,甲公司总的投资金额为1 500.00万元。合同约定B持有公司50%的股权,则B追加投资后占有的实收资本为750.00万元(1 500.00×50%),也就是说,B追加投资的500.00万元中,有450.00万元(750.00-300.00)确认为实收资本,而多出的50.00万元应确认为资本公积。

借:银行存款　　　　　　　　　　　　　　　　5 000 000.00

　　贷:实收资本——B　　　　　　　　　　　　4 500 000.00

　　　　资本公积——资本溢价　　　　　　　　　 500 000.00

另外，如果前期税务登记时有登记企业法人信息，则还需持变更企业法人的证明文件到税务机关办理与法人相关的变更登记。

9.1.2　地址变更的办理

企业地址的变更是指企业经营所在地发生变化，应在企业迁入新的地址前申请办理变更登记，办理时必须提交新地址的使用证明。

企业经营地的变更原因有很多，诸如经营范围改变、经营决策改变、主要市场改变以及政府规划要求等。

企业需要办理经营地变更的，需提供如下材料：企业新地址的证明资料、企业注册地址变更申请书、股东会决议、营业执照正副本、企业公章、委托授权代理人证明以及涉及变更的公司章程修正案等。

企业的相关办事人员可按照如图 9-2 所示的流程办理地址变更事宜。

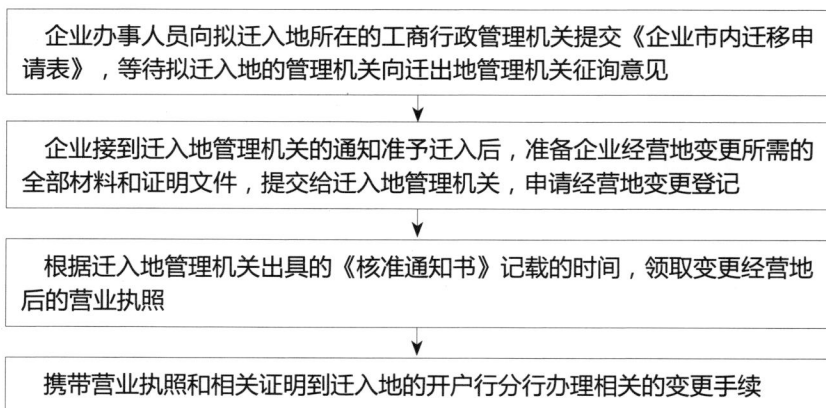

企业办事人员向拟迁入地所在的工商行政管理机关提交《企业市内迁移申请表》，等待拟迁入地的管理机关向迁出地管理机关征询意见

企业接到迁入地管理机关的通知准予迁入后，准备企业经营地变更所需的全部材料和证明文件，提交给迁入地管理机关，申请经营地变更登记

根据迁入地管理机关出具的《核准通知书》记载的时间，领取变更经营地后的营业执照

携带营业执照和相关证明到迁入地的开户行分行办理相关的变更手续

图 9-2　企业经营地变更的办事流程

注意，当企业经营地发生变更时，需根据实际情况对外公布变更事宜，让与企业有关联的其他各方了解情况，避免出现交易合作因地址发生变化而受到影响的事情发生。

　　一般来说，企业的经营地址发生变更不会伴随账务处理，但实行会计电算化的企业，可能需要在做账时更改"银行存款"账户的明细账户名称。

　　很显然的是，当企业发生经营地址变更时，如果涉及主管税务机关变更，还需到原主管税务机关办理税务注销登记，然后在迁入地的主管税务机关办理税务开业登记。

9.1.3　股东变更的办理

　　企业股东变更包括原股东撤资、增加投资者以及股权在原股东之间转让这 3 类情形，企业应在股东变更决议或决定作出之日起 30 日内提出申请。具体的办事流程如图 9-3 所示。

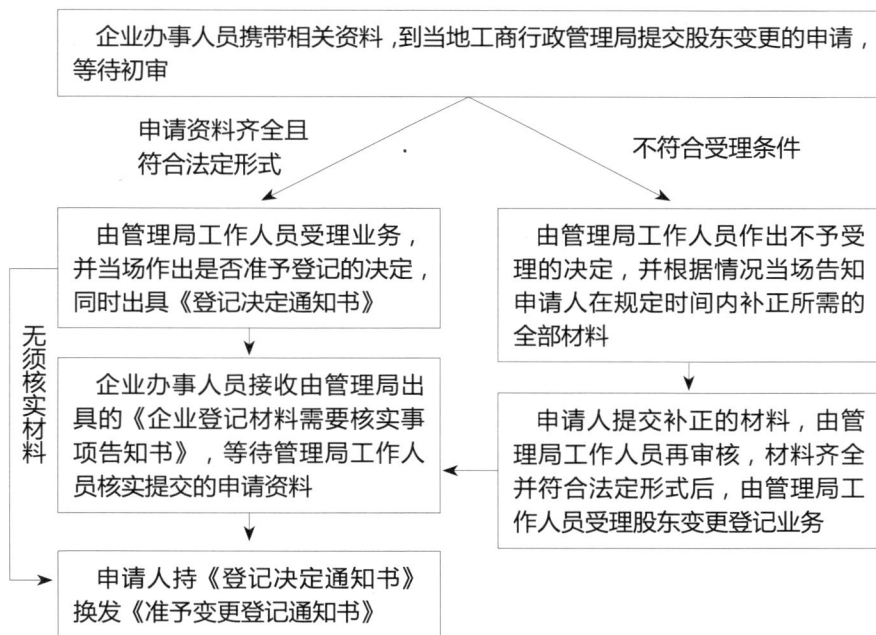

图 9-3　股东变更的办事程序

　　上述流程中的第一步提及的"相关材料"主要有：公司变更登记申请表、变更了股东的公司章程修正案、公司的营业执照正副本原件、股东会决议、全体股东的身份证复印件以及相关的股权转让协议原件等。

其中，变更了股东的公司章程修正案和股东会决议都必须由公司全体股东签字盖章，而股权转让协议原件必须注明股权的转让方和承接方，且由双方签字确认。

根据不同的股东变更情形，财会人员会做出不同的账务处理，下面来看看这几个例子。

| 范例解析 |　减少注册资本时原股东撤资

2020年2月，乙公司由于客观环境的变化，企业决定缩小生产经营规模，经相关机构批准减少注册资本300.00万元。恰好，某投资者的持股比例刚好对应注册资本300.00万元，于是企业以银行存款发还了该投资者投资款300.00万元，同意其撤资。相关手续已经办妥。因该事件的发生，财会人员会做如下账务处理。

借：实收资本——××　　　　　　　　　　3 000 000.00

贷：银行存款　　　　　　　　　　3 000 000.00

一般来说，股东撤资都是伴随着企业缩减生产经营规模，同时减少总的注册资本。这时，企业提交的《公司变更登记申请表》中就会说明减少了一名股东，并注明减少的注册资本额。

| 范例解析 |　接受新的投资者并增加注册资本

近年来，甲公司发展势头良好，不断收到有投资意愿的人伸出的"橄榄枝"。2020年2月初，公司决定接受某投资者向公司投资的500.00万元，同时增加注册资本500.00万元。因此，公司必须办理股东变更登记，同时财会人员还需做如下所示的账务处理。

借：银行存款　　　　　　　　　　5 000 000.00

贷：实收资本——××　　　　　　　　　　5 000 000.00

这种情况下，企业提交的《公司变更登记申请表》中会说明增加了一名股东，并注明增加的注册资本额。实务中，企业需根据新增股东的持股比例和总的注册资本数来确定该股东实际占有的注册资本数额。

| 范例解析 |　**股权在原股东之间转让导致股东变更**

2020年2月20日，乙公司的股东B（非法定代表人）决定向股东C转让其手中所有的股权，对应注册资本为200.00万元。此时，公司在办理股东变更登记的手续时，不仅要注明减少了一名股东，还需注明接受股权转让的股东当前的股权占比。财会人员需做如下账务处理。

借：实收资本——B　　　　　　　　　　　　　2 000 000.00

　　贷：实收资本——C　　　　　　　　　　　　　2 000 000.00

如果 B 股东只是将自己持有的股权的一部分转让给 C 股东，则公司办理股东变更登记时只需注明各股东持股比例发生变化。

当企业的股权在原股东之间转让时，直接在账面上减少转让方的实收资本，同时增加受让方的实收资本即可。

| 范例解析 |　**原股东将股权转让给新股东导致股东变更**

假设2020年2月20日乙公司的股东B（非法定代表人）将其手中持有的所有股权转让给另一位原本不是公司股东的人，对应注册资本为200.00万元。此时，公司在办理股东变更登记的手续时，只需注明变更股东的姓名及其对应的持股比例和注册资本额。这种股东变更情形下，财会人员需根据股权转让方式做出不同的账务处理。

1.双方根据股权转让协议转让股权。

借：实收资本——B（原股东）　　　　　　　　2 000 000.00

　　贷：实收资本——××（新股东）　　　　　　　2 000 000.00

2.双方通过企业银行账户转让股权。

①新股东交纳投资款。

借：银行存款　　　　　　　　　　　　　　　　2 000 000.00

　　贷：其他应付款——代收股权转让款　　　　　　2 000 000.00

②企业将代收的股权转让款支付给原股东。

借：其他应付款——代收股权转让款 　　　2 000 000.00
　　贷：银行存款 　　　　　　　　　　　　　　　　2 000 000.00
借：实收资本——B（原股东） 　　　　　　2 000 000.00
　　贷：实收资本——××（新股东） 　　　　　　　2 000 000.00

由该案例可知，当企业股权在原股东和非公司股东之间转让时，如果双方的转让行为通过企业银行账户进行资金往来，则企业必须有"代收股权转让款"的操作，最后再减少原股东的实收资本并增加新股东的实收资本。

在税务方面，企业发生股东变更时，还需办理相应的税务变更。如果企业股东变更导致营业执照的记载内容有变化，则需在办理变更登记手续时换发新的营业执照；若记载内容没有变化，则不需换发新证。当企业在工商行政管理机关办妥股东变更的相关手续后，需持股东变更资料和税务部门要求提供的其他资料，向主管税务机关提交变更申请，然后对因股东变更需要缴纳税款的征收税款，相关纳税人缴纳税款后，由主管税务机关办理税务变更登记，办妥相关手续即可。

9.1.4　公司名称变更的办理

公司名称变更就是重新对公司命名，并注销原名称。公司变更名称的，应从变更决议或决定作出之日起 30 日内申请变更登记。一般来说，公司要变更名称，需要企业注册时间满一年。

在企业办理公司名称变更登记前，需要先准备好这些资料：经办人身份证原件、营业执照原件、企业公章、公司变更登记申请表、法人及股东身份证复印件、变更公司名称的公司章程修正案、授权委托书、产权证明、注册资金交付情况表以及董事、经理和监事成员名录等。

如果企业要进行名称变更，可按照如图 9-4 所示的流程完成。

```
┌─────────────────────────────────────────────────────────┐
│　　企业办事人员可先进入当地政务服务网预约核名，进行公司新名称的预先│
│核准。也可直接到当地工商行政管理局领取核名表格，填写核名信息　　　│
└─────────────────────────────────────────────────────────┘
                          │
                          ▼
┌─────────────────────────────────────────────────────────┐
│　　在工商行政管理局领取《公司变更登记申请表》，如实填写企业变更前后│
│的名称及其他信息　　　　　　　　　　　　　　　　　　　　　　　　　│
└─────────────────────────────────────────────────────────┘
                          │
                          ▼
┌─────────────────────────────────────────────────────────┐
│　　将填写好的《公司变更登记申请表》及其他需要提供的资料一并提交给工│
│作人员，等待其审核　　　　　　　　　　　　　　　　　　　　　　　　│
└─────────────────────────────────────────────────────────┘
                          │
                          ▼
┌─────────────────────────────────────────────────────────┐
│　　审核通过后，申请人（企业办事人员）可领取核名通知书　　　　　　│
└─────────────────────────────────────────────────────────┘
                          │
                          ▼
┌─────────────────────────────────────────────────────────┐
│　　申请人持核名通知书和原来的营业执照原件，领取新的营业执照　　　│
└─────────────────────────────────────────────────────────┘
                          │
                          ▼
┌─────────────────────────────────────────────────────────┐
│　　企业办事人员持新的营业执照到指定刻章处刻制新的企业公章，并做好印│
│章的变更备案工作　　　　　　　　　　　　　　　　　　　　　　　　　│
└─────────────────────────────────────────────────────────┘
                          │
                          ▼
┌─────────────────────────────────────────────────────────┐
│　　办事人员持新的营业执照和新的公章到开户行变更银行账户信息，并在规│
│定的时间内到税务机关办理税务变更登记事项。如果企业有商标证书，还需│
│对商标信息进行变更　　　　　　　　　　　　　　　　　　　　　　　　│
└─────────────────────────────────────────────────────────┘
```

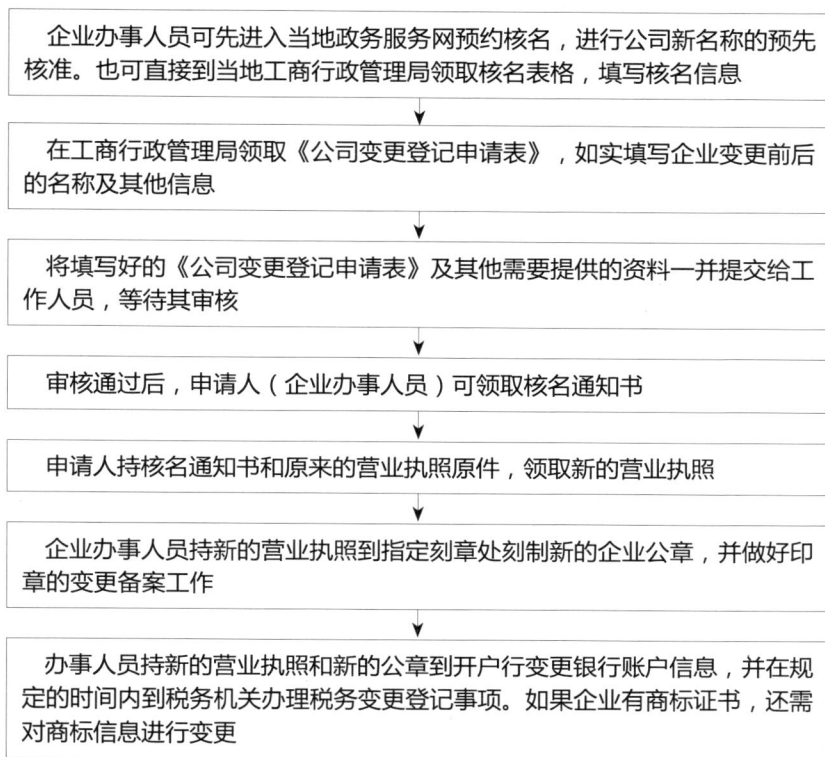

图 9-4　公司名称变更的办事流程

图 9-4 展示的公司名称变更办事流程中，涉及银行账户信息变更、税务变更登记和商标信息变更的，都是与公司名称有关的项目，因为公司名称一旦改变，可能银行账户的名称、纳税主体的名称以及商标中公司名称等都要做出相应的变更。

当企业名称发生变更后，需在企业的官网或相关的网络系统中及时作出说明，以便各关联方及时获取企业名称变更的信息，防止发生业务纠纷和经济纠纷，从而造成不必要的损失。

由此可见，公司名称发生变更时不涉及账务处理，但税务方面确实需要做一些变更登记。

9.1.5 其他经营信息变更的办理

除了前面几个小节讲解的几项企业变更事宜外，还有诸如企业注册资本改变和经营范围改变等变更事宜。在企业法人变更和股东变更的内容中我们也已经了解到注册资本的变更问题，这里我们着重说明不涉及法人变更和股东变更的注册资本变更事宜和经营范围变更事宜。

（1）注册资本变更

注册资本是指企业在登记管理机关登记的资本总额，是合营企业中的各位合营者承诺一定要缴纳的出资额的总和。在企业法人不变以及股东不变的情况下，企业宣布变更注册资本的，需要企业办理关于注册资本变更的相关事宜。变更企业注册资本时，需要提供的材料有：企业变更登记申请书、股东会决议、变更注册资本的公司章程修正案、营业执照正副本原件和股东出资情况表等。相关办事程序如图9-5所示。

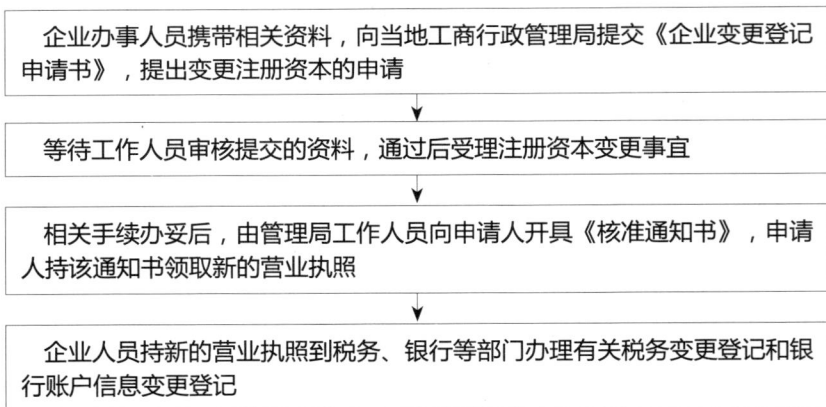

| 企业办事人员携带相关资料，向当地工商行政管理局提交《企业变更登记申请书》，提出变更注册资本的申请 |
| 等待工作人员审核提交的资料，通过后受理注册资本变更事宜 |
| 相关手续办妥后，由管理局工作人员向申请人开具《核准通知书》，申请人持该通知书领取新的营业执照 |
| 企业人员持新的营业执照到税务、银行等部门办理有关税务变更登记和银行账户信息变更登记 |

图9-5 注册资本变更的流程

除了要更换营业执照外，财会人员还需进行相关的账务处理。

| 范例解析 | 增加注册资本时追加投资

乙公司根据自身发展现状，决定扩大经营规模，增加注册资本。2020年

2月21日，经股东会决议，企业注册资本由500.00万元增加到1 000.00万元，各股东的占股比例不变。已知该公司有股东3名A、B、C，前期分别投资100.00万元、200.00万元和200.00万元。相关计算过程和账务处理如下。

股东A持股占比=100.00÷500.00×100%=20%

股东B持股占比=200.00÷500.00×100%=40%

股东C持股占比=200.00÷500.00×100%=40%

增加注册资本后，各股东持股比例对应的注册资本为：

股东A对应的注册资本=20%×1 000.00=200.00（万元）

股东B对应的注册资本=40%×1 000.00=400.00（万元）

股东C对应的注册资本=40%×1 000.00=400.00（万元）

股东A需追加投资=200.00-100.00=100.00（万元）

股东B需追加投资=400.00-200.00=200.00（万元）

股东C需追加投资=400.00-200.00=200.00（万元）

借：银行存款　　　　　　　　　　　　　　5 000 000.00

　　贷：实收资本——A　　　　　　　　　　1 000 000.00

　　　　　　　——B　　　　　　　　　　　2 000 000.00

　　　　　　　——C　　　　　　　　　　　2 000 000.00

在税务方面，企业需持新的营业执照和其他需要提供的资料到当地税务机关办理与注册资本有关的信息变更。

（2）经营范围变更

经营范围指在国家允许范围内由企业自主申请的生产和经营的商品类别、品种和服务项目，可反映企业经济活动具体内容和生产经营方向。由于企业的营业执照上注明了经营范围，所以该范围一旦发生变更，就需要换发新的营业执照。

企业办理经营范围变更手续时，需要用到的材料有：企业变更登记申请书、企业申请登记委托书、股东会决议、经营范围变更的公司章程修正案、营业执照正副本原件以及公章等。那么，企业进行经营范围变更的具体办事流程是怎样的呢？如图9-6所示。

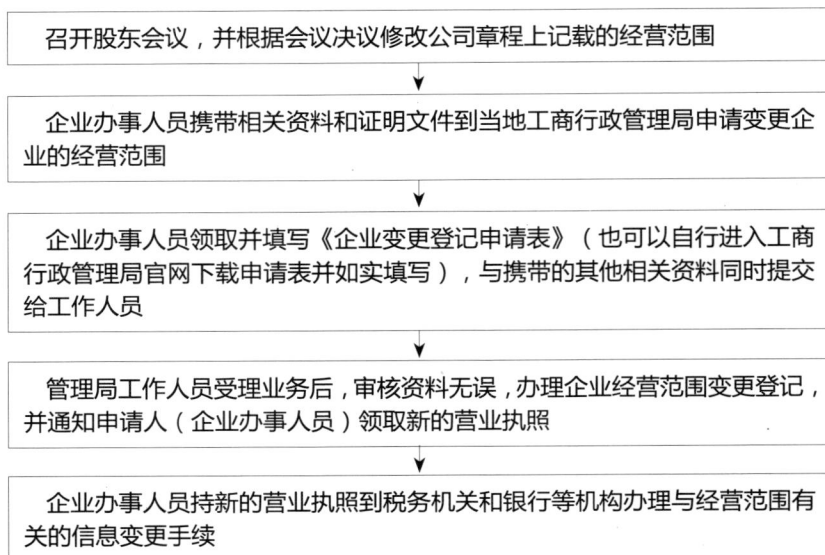

```
召开股东会议，并根据会议决议修改公司章程上记载的经营范围
            ↓
企业办事人员携带相关资料和证明文件到当地工商行政管理局申请变更企业的经营范围
            ↓
企业办事人员领取并填写《企业变更登记申请表》（也可以自行进入工商行政管理局官网下载申请表并如实填写），与携带的其他相关资料同时提交给工作人员
            ↓
管理局工作人员受理业务后，审核资料无误，办理企业经营范围变更登记，并通知申请人（企业办事人员）领取新的营业执照
            ↓
企业办事人员持新的营业执照到税务机关和银行等机构办理与经营范围有关的信息变更手续
```

图9-6 经营范围变更的办事流程

当企业发生经营范围变更时，一般不涉及账务处理，但税务方面可能存在税率变更和应税税目发生改变。若这些事项均有变化，需到税务机关重新办理税种核定和相关税务信息的变更登记。

9.1.6 需要进行税务变更登记的处理

从税务变更登记的角度看，除了前述提及的变更事项会涉及相应的税务变更登记外，当企业改变登记注册类型、变更银行账号、变更会计核算方式、变更分支机构负责人和相关登记信息以及分支机构申请变更其所属总机构相关登记信息等时，也需要进行税务变更登记。

一旦企业需要进行税务变更登记，则需在登记项目发生变更后的 30 日内，到主管税务机关的相应窗口填写资料并申请办理变更手续，具体都可按照如图 9-7 所示的步骤完成。

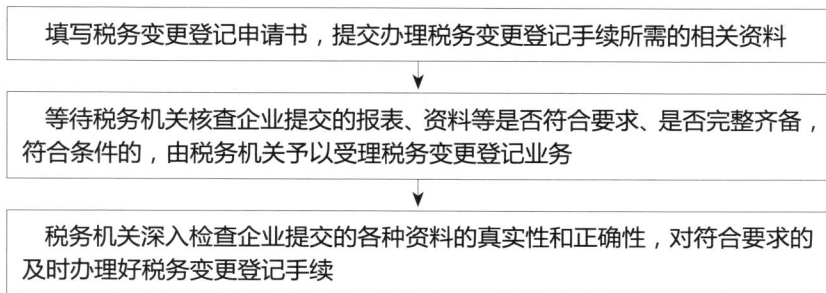

填写税务变更登记申请书，提交办理税务变更登记手续所需的相关资料

等待税务机关核查企业提交的报表、资料等是否符合要求、是否完整齐备，符合条件的，由税务机关予以受理税务变更登记业务

税务机关深入检查企业提交的各种资料的真实性和正确性，对符合要求的及时办理好税务变更登记手续

图 9-7　进行税务变更登记的一般处理流程

不同项目变更引起的税务变更登记，需要提供的资料和文件肯定会有不同，具体应根据当地主管税务机关的要求进行收集、整理和提交。

但是需要注意的是，如果企业变更名称、法定代表人、注册类型、会计核算形式以及经营地址等事项，还需要根据不同的情况进行清税、清票和税务检查。

| 9.2 |
注销公司前要进行财产清算

注销公司就是指公司不再开展经营活动而终止公司法人资格。实务中，注销公司的原因有很多：公司宣告破产、被其他公司收购以及公司内部解散等。一旦公司要进行注销，就必然会涉及财产清算和注销登记。本节内容先介绍注销公司时要做的财产清算工作。

9.2.1 财产清算的具体工作内容

财产清算就是指企业通过对库存现金、各项财产物资的实物等进行盘点，以及对银行存款和各种应收应付款项的核对，确定各项财产物资、货币资金和往来账的实有数，从而查明实有数与各种财产物资的账面余额是否相符，同时偿还应支付的欠款。

财产清算的具体工作内容有两大项：一是宣布清算时企业的全部财产情况；二是宣布清算期间企业取得的资产情况。要说明的是，企业已经作为扣保物的财产相当于担保债务的部分，可不计入清算财产，但同时担保负债不能从清算财产中减除。下面通过如图9-8所示的财产清算程序来认识财产清算的具体工作内容。

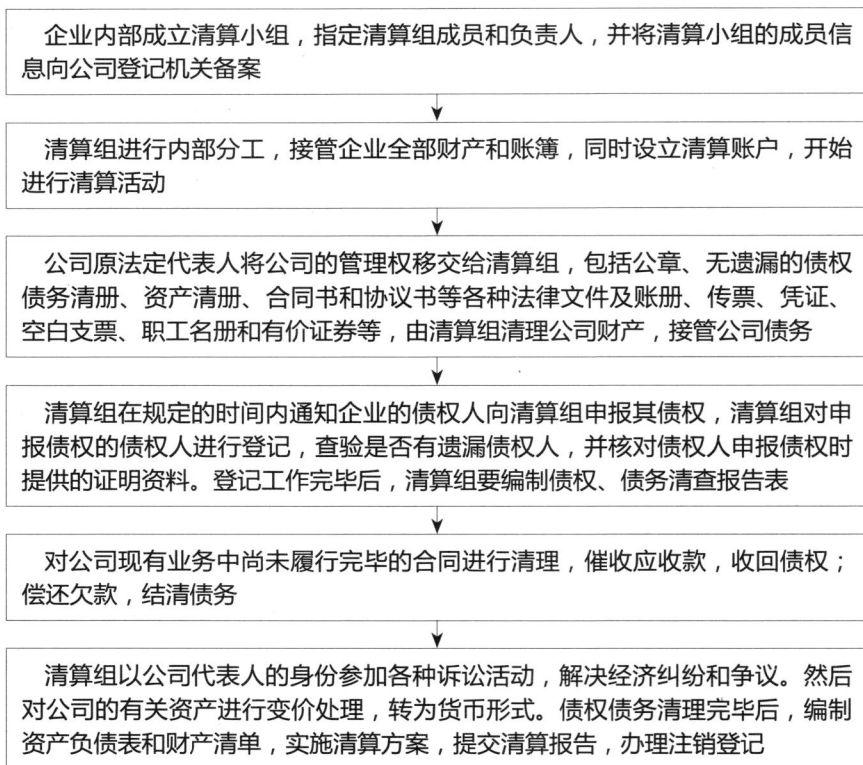

```
┌─────────────────────────────────────────────────────┐
│  企业内部成立清算小组，指定清算组成员和负责人，并将清算小组的成员信 │
│  息向公司登记机关备案                                      │
└─────────────────────────────────────────────────────┘
                          ↓
┌─────────────────────────────────────────────────────┐
│  清算组进行内部分工，接管企业全部财产和账簿，同时设立清算账户，开始 │
│  进行清算活动                                            │
└─────────────────────────────────────────────────────┘
                          ↓
┌─────────────────────────────────────────────────────┐
│  公司原法定代表人将公司的管理权移交给清算组，包括公章、无遗漏的债权 │
│  债务清册、资产清册、合同书和协议书等各种法律文件及账册、传票、凭证、 │
│  空白支票、职工名册和有价证券等，由清算组清理公司财产，接管公司债务 │
└─────────────────────────────────────────────────────┘
                          ↓
┌─────────────────────────────────────────────────────┐
│  清算组在规定的时间内通知企业的债权人向清算组申报其债权，清算组对申 │
│  报债权的债权人进行登记，查验是否有遗漏债权人，并核对债权人申报债权时 │
│  提供的证明资料。登记工作完毕后，清算组要编制债权、债务清查报告表    │
└─────────────────────────────────────────────────────┘
                          ↓
┌─────────────────────────────────────────────────────┐
│  对公司现有业务中尚未履行完毕的合同进行清理，催收应收款，收回债权；  │
│  偿还欠款，结清债务                                       │
└─────────────────────────────────────────────────────┘
                          ↓
┌─────────────────────────────────────────────────────┐
│  清算组以公司代表人的身份参加各种诉讼活动，解决经济纠纷和争议。然后 │
│  对公司的有关资产进行变价处理，转为货币形式。债权债务清理完毕后，编制 │
│  资产负债表和财产清单，实施清算方案，提交清算报告，办理注销登记      │
└─────────────────────────────────────────────────────┘
```

图9-8　财产清算的工作流程

图 9-8 所示的办事流程中，第 3 步中需要清理的"公司财产"主要包括公司经营管理的全部财产和享有的债权，以及公司享有的其他财产权利。需要接管的"公司债务"包括银行借款、应付货款、应付工资、尚未缴纳的税费、专项应付款以及其他合同义务。

需要注意的是，公司在清偿债务时必须按法定顺序清偿，一般先清偿债权人债务，然后再支付所有者权益。在清偿债权人债务时，如果发现可能不足清偿的，要及时通知债权人协商解决，协商不一致时，债权人可向法院起诉，并且最终公司财产不足以清偿债务的，需停止清算活动，向人民法院申请宣告破产。

9.2.2　财产清算涉及的财税处理

企业进行财产清算时，需要将整个清算期作为一个独立的纳税年度，计缴清算所得，并按规定缴纳税费，处理财税工作。清算所得具体指企业清算时的全部资产或财产在扣除各项清算费用、损失、负债、未分配利润和公积金等后的余额。企业要以清算工作终了后的清算所得为计税依据（即应纳税所得额），缴纳企业所得税。

与企业在正常存续期的企业所得税处理相同，清算所得适用的企业所得税税率也为基本的 25%，应纳税额的计算公式如下。

应纳税额=清算所得 × 25%

清算所得=企业净资产或剩余财产-累计未分配利润-税后提取的各项基金结余+企业法定财产估价增值-资本公积金-盈余公积金+接受捐赠的财产价值-注册资本-弥补以前年度亏损等

企业净资产或剩余财产=企业全部清算财产变现损益-拖欠的各项税费-尚未偿还的各项债务-债权损失+确实无法归还的债务

企业全部清算财产变现损益=存货变现损益+非存货财产变现损益+清算财产盘盈

企业在确认清算所得时，必须要注意如表9-1所示的9点。

表9-1 确认企业清算所得的注意事项

条目	注意事项
1	清算期间发生的资产盘盈、盘亏，应计入清算所得
2	清算期间不能收回的应收账款，应作为坏账损失处理；报经主管税务机关审批了的坏账损失可在计算清算所得时扣除，相应地，没有报经主管税务机关审批的坏账损失不能在计算清算所得时扣除
3	清算期间确定的无须支付的应付款项，需计入清算所得，征收企业所得税。清算期前已经确定的不须支付的应付款项应按正常账务处理，计入生产经营所得计征企业所得税
4	在清算期内，因清算资产不足以偿还的未付款项，不需计入清算所得，不需征收企业所得税
5	盈余公积和资本公积属于所有者权益，不计入清算所得
6	应分期确认所得的项目的剩余未确认金额、生产经营期间预提的各项费用不再支付的金额等都必须一次性计入清算所得
7	其他待摊费用的剩余部分在计算清算所得时扣除
8	以收入为基础确定扣除限额的广告费和业务宣传费，不能结转到清算期间扣除；但清算期间发生的与清算所得有关的业务招待费，可在计算清算所得时扣除
9	在满足"以前年度亏损后可由以后年度弥补，且结转年限不超过5年"的前提下，清算所得也能用于弥补以前年度亏损

那么，实务中企业如何对清算所得进行财税处理呢？下面通过一个案例来学习企业在进行财产清算时要做的财税处理。

| 范例解析 | 企业在财产清算期间的财税处理

某企业成立于2010年，实收资本为500.00万元。2020年初，根据企业股东大会决议，准备注销公司。2020年1月1日，公司的资产负债情况可概括为如表9-2所示的财务数据。

表 9-2 企业清算时资产负债情况

项目	金额（元）	项目	金额（元）
流动资产	6 325 479.88	流动负债	2 073 721.54
非流动资产	1 946 322.54	非流动负债	0
所有者权益	6 198 080.88	盈余公积	184 653.76
实收资本	5 000 000.00	未分配利润	1 013 427.12

由表9-24财务数据可知，企业在2020年1月1日时的资产总额为8 271 802.42元（6 325 479.88+1 946 322.54），负债总额为2 073 721.54元。2020年1月1日为清算期开始之日，2020年2月29日公司申请税务注销，则2020年1月1日~2020年2月29日为财产清算期。

在进行财产清算的过程中，财会人员发现企业可收回的资产金额总计7 786 154.98元，而资产的账面余额为8 271 802.42元，由此形成了处理资产损失485 647.44元（8 271 802.42-7 786 154.98）。

在进行财产清算的过程中，企业需要偿还的债务金额为691 240.51元，而剩余不需要偿还的债务金额1 382 481.03元（2 073 721.54-691 240.51）就形成了处理债务收益。

已知企业在进行财产清算的过程中发生清算费用共60 000.00元，那么企业最终的清算所得有多少呢？

清算所得=资产处理损益+债务处理收益-清算费用

＝-485 647.44+1 382 481.03-60 000.00=836 833.59（元）

因此，企业需根据清算所得计缴清算期内应缴纳的企业所得税。

应纳税额=836 833.59×25%=209 208.40（元）

对于企业的所有者而言，在取得剩余资产后会涉及相应的涉税事项。

剩余资产=可收回的资产金额-需要偿还的债务-清算费用-相关税费

＝7 786 154.98-691 240.51-60 000.00-209 208.40=6 825 706.07（元）

未分配利润和盈余公积合计=1 013 427.12+184 653.76=1 198 080.88（元）

所有者的剩余权益=6 825 706.07−1 198 080.88=5 627 625.19（元）

而所有者初始投资额合计为500.00万元，低于所有者最终享有的权益，因此，这些所有者的投资转让收益为627 625.19元（5 627 625.19−5 000 000.00）。

由案例可知，企业在进行财产清算时，除了要确定企业在清算期内是否有清算所得，是否需要缴纳企业所得税外，还需确认所有者享有的剩余权益，并考量所有者的投资是否有收益。由此可见，企业在进行财产清算时，先要偿还债权人的债务，才能偿还所有者的投资。

| 9.3 |
公司注销流程与财税管理

在企业财产清算工作处理完毕后，相关办事人员需要对公司进行注销登记，走完注销流程，处理好相关财税问题，这就标志着公司彻底停止经济活动，在市场中不复存在。本节就以公司注销流程中的各方面办事手续为重点介绍内容，讲解注销过程中的财税处理。

9.3.1　登报公示和注销社保

对企业来说，在清算期内就可开始着手公司的注销工作了。在企业清算期间即可登报公示，说明企业正在进行财产清算的现状以及决定注销公司的相关决定。

企业在进行登报公示时，需要提供如下资料：企业营业执照复印件、企业董事会或股东会关于注销公司的决议的复印件、企业法定代表人的身份证复印件以及公告的具体内容文件等。

而当企业在办理登报公示手续时，要特别注意以下 4 点。

◆ 用于刊登企业公告的报纸必须是当地工商行政管理局认可的报纸。

◆ 内资企业只需登报公示一次，外资企业需登报公示 3 次。

◆ 选择进行公示的报纸最好是日报。

◆ 企业的注销公告至少应公示 45 天。

当企业完成财产清算工作后，可着手进行社保的注销工作。注销企业社保时，需要提供的材料有：注销社保缴费登记申请审批表、最后一次缴纳社保的单据、企业营业执照正副本原件、董事会或股东会决议、法定代表人身份证复印件、指定委托书、经办人身份证原件和复印件以及当地社保局要求提供的其他材料。在实际办理社保注销时，可按照如图 9-9 所示的流程进行。

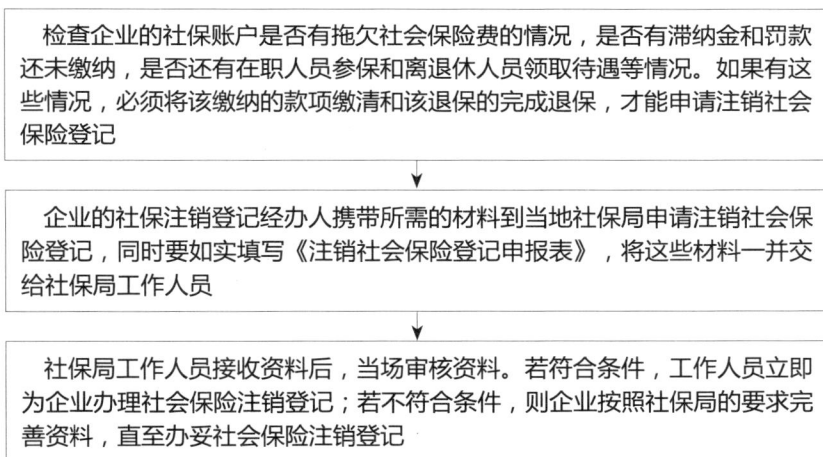

检查企业的社保账户是否有拖欠社会保险费的情况，是否有滞纳金和罚款还未缴纳，是否还有在职人员参保和离退休人员领取待遇等情况。如果有这些情况，必须将该缴纳的款项缴清和该退保的完成退保，才能申请注销社会保险登记

企业的社保注销登记经办人携带所需的材料到当地社保局申请注销社会保险登记，同时要如实填写《注销社会保险登记申报表》，将这些材料一并交给社保局工作人员

社保局工作人员接收资料后，当场审核资料。若符合条件，工作人员立即为企业办理社会保险注销登记；若不符合条件，则企业按照社保局的要求完善资料，直至办妥社会保险注销登记

图 9-9　注销公司社保的办事流程

一般来说，企业在进行社会保险注销登记时，不会发生账务处理，也不会发生税务问题。但是，如果在办理社会保险注销登记前，发现有未缴纳的社会保险费，或者有未支付的滞纳金、罚款等，就会涉及账务处理。

① 发现有未缴纳的社会保险费并缴纳。

借：应付职工薪酬——社会保险费（单位）

其他应收款——社会保险费（个人）

　　贷：银行存款

②缴纳社保的滞纳金、罚款。

借：营业外支出——滞纳金/罚款

　　贷：银行存款

由于上述情况的出现会影响企业的营业利润或利润总额，所以会影响企业所得税的核算结果，税务处理上也要进行相应的调整。

9.3.2　公司的税务注销流程

企业应在宣告终止之日起 15 日内向当地主管税务机关申请办理税务注销登记，并提供相关资料：注销税务登记申请审批表、企业的营业执照原件、法定代表人身份证复印件、指定委托书、经办人身份证原件和复印件、企业董事会或股东会决议、本年度汇算清缴报告、企业财产清算报告、未缴销的发票、发票领购簿以及税务机关要求提供的其他资料。

企业办税人员可按照如图 9-10 所示的操作步骤完成税务注销登记手续，完成之后才能进行下一步的工商注销备案登记。

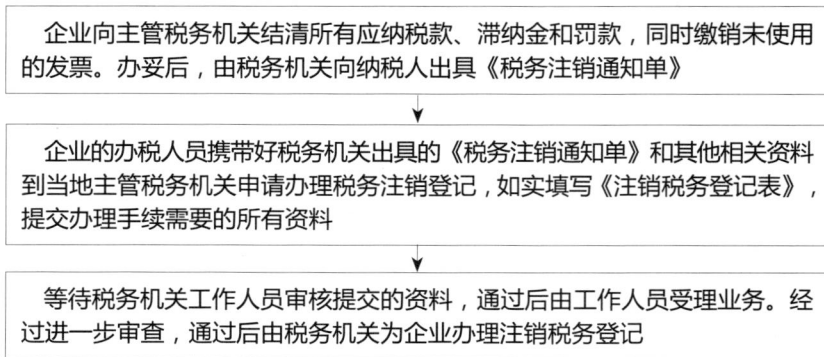

企业向主管税务机关结清所有应纳税款、滞纳金和罚款，同时缴销未使用的发票。办妥后，由税务机关向纳税人出具《税务注销通知单》

↓

企业的办税人员携带好税务机关出具的《税务注销通知单》和其他相关资料到当地主管税务机关申请办理税务注销登记，如实填写《注销税务登记表》，提交办理手续需要的所有资料

↓

等待税务机关工作人员审核提交的资料，通过后由工作人员受理业务。经过进一步审查，通过后由税务机关为企业办理注销税务登记

图 9-10　税务注销登记的办事流程

在税务注销流程中，如果发生有应纳税款未缴的情况，或者产生了滞纳

金，又或者被税务机关罚款，则会涉及财税处理。

①缴纳前期未缴的各种税款。

借：应交税费——未交增值税/应交企业所得税/应交城镇土地使用税等

　　贷：银行存款

②缴纳税收滞纳金、罚款。

借：营业外支出——税款滞纳金/罚款

　　贷：银行存款

一旦企业出现上述第二种情形，就会影响企业当期的利润，此时需要财会人员做调整企业所得税的财税处理。

企业注销税务登记的情形主要分两种：一是正常的终止经营；二是营业执照被相关部门吊销。如果是正常终止经营，则需要提供的资料就如前述提及的一些；如果是后一种情况，则企业办税人员在申请办理税务注销登记时还需提供工商行政管理局发放的吊销决定正本及其复印件。两种情况在办事流程上没有差异，均可按照图 9-10 所示的步骤进行。

9.3.3　公司的工商注销登记

当企业登报公示注销满 45 天后，就可安排办事人员到企业注册登记的工商行政管理局办理公司的工商注销登记，注销企业的营业执照。

在办理工商注销登记时，需要提供的资料比较多，主要有：企业清算组负责人与法定代表人签署的《企业注销登记申请表》、清算组成员的身份证复印件和法定代表人的身份证复印件、股东会或有关机关审核通过的清算报告、董事会或股东会决议、指定委托书、经办人身份证原件和复印件、企业营业执照正副本原件、税务注销通知单、刊登企业注销信息公告的报纸以及企业内部其他原始文件、资料和档案等。

准备好所需资料后，企业办事人员可按照如图 9-11 所示的操作流程完成工商注销登记手续。

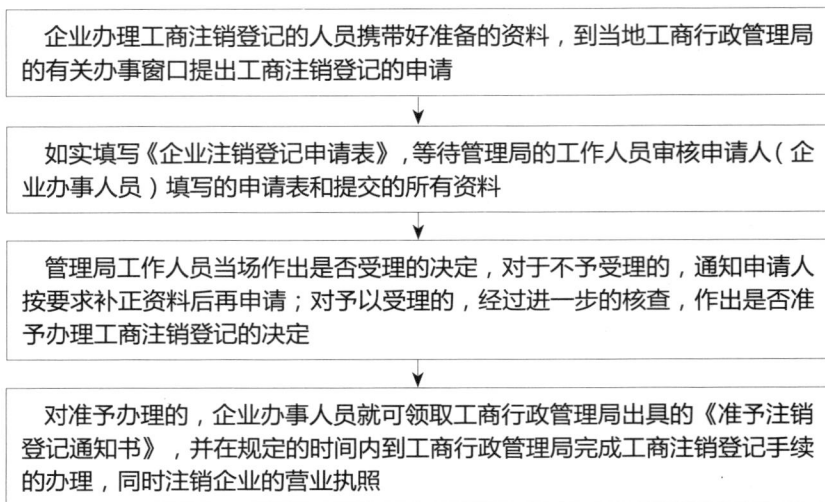

企业办理工商注销登记的人员携带好准备的资料，到当地工商行政管理局的有关办事窗口提出工商注销登记的申请

↓

如实填写《企业注销登记申请表》，等待管理局的工作人员审核申请人（企业办事人员）填写的申请表和提交的所有资料

↓

管理局工作人员当场作出是否受理的决定，对于不予受理的，通知申请人按要求补正资料后再申请；对予以受理的，经过进一步的核查，作出是否准予办理工商注销登记的决定

↓

对准予办理的，企业办事人员就可领取工商行政管理局出具的《准予注销登记通知书》，并在规定的时间内到工商行政管理局完成工商注销登记手续的办理，同时注销企业的营业执照

图 9-11　工商注销登记的办事流程

企业要注意，在办理营业执照注销手续时，需要将印章交给工商行政管理局的办事人员。另外，无论是社保注销，还是税务注销，又或者是工商注销，涉及的很多报告需要填写日期，这个日期尽量先不填写，等在正式办理相关手续时再填写，避免日期填写不准确而导致全部重新填写，浪费时间。

在企业办理工商注销登记的过程中，一般不会涉及账务处理和税务处理，但是会有一些特殊情况需要了解和处理，具体内容如下。

◆ 企业办理注销登记后，股东或投资者发现企业对外尚有债权或其他财产权益的，可以自己的名义依法提起诉讼，主张权利。

◆ 如果企业在没有足额清偿债务的情况下办理了工商注销登记，而股东或投资者又在企业注销后获得了企业债权或财产权益，此时企业的债权人有权要求获益股东或投资者在其获取的财产利益范围内清偿企业的债务。

9.3.4　注销公司的银行账户和印章

对企业来说，办理好工商注销登记后并没有完事儿，还需注销企业的银行账户和印章。

在办理注销企业银行账户的手续时，需要提供的资料有：税务注销通知单、准予注销登记通知书、企业的公章、法定代表人身份证复印件、指定委托书、经办人身份证原件和复印件、销户申请书、企业没有使用的剩余支票、印鉴卡以及银行要求提供的其他资料。

不同的银行账户，注销流程和所需的资料有一定差别。如图 9-12 所示的是企业基本存款账户的注销流程。

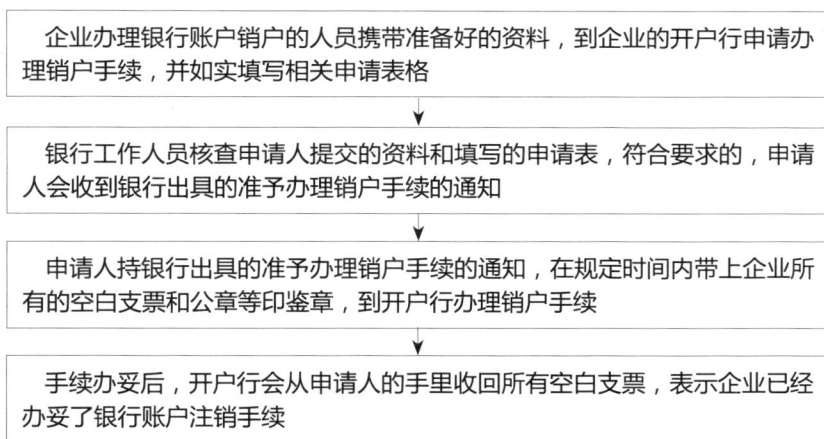

企业办理银行账户销户的人员携带准备好的资料，到企业的开户行申请办理销户手续，并如实填写相关申请表格

↓

银行工作人员核查申请人提交的资料和填写的申请表，符合要求的，申请人会收到银行出具的准予办理销户手续的通知

↓

申请人持银行出具的准予办理销户手续的通知，在规定时间内带上企业所有的空白支票和公章等印鉴章，到开户行办理销户手续

↓

手续办妥后，开户行会从申请人的手里收回所有空白支票，表示企业已经办妥了银行账户注销手续

图 9-12　注销银行基本存款账户的办事流程

注意，企业在办理银行账户注销登记时，必须先注销除基本存款账户以外的其他银行账户，如临时存款账户、一般存款账户和专用存款账户，最后才能注销企业的基本存款账户。

顺利完成企业的银行账户注销手续后，还需注销企业的各种印章，相关手续要到企业印章登记的公安机关办理，按照流程注销公司印章的法律效应。那么，企业注销印章时又需要准备哪些资料呢？主要有：准予注销登记通知书、企业法定代表人身份证复印件、指定委托书、经办人身份证原件和复印件、企业的刻章登记卡原件以及企业的公章、财务章和其他在公安机关有备案的印章。如图 9-13 所示的是注销企业印章的简单流程。

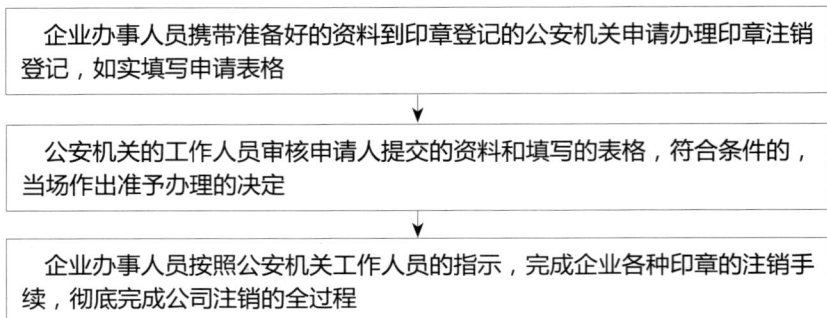

企业办事人员携带准备好的资料到印章登记的公安机关申请办理印章注销登记，如实填写申请表格

公安机关的工作人员审核申请人提交的资料和填写的表格，符合条件的，当场作出准予办理的决定

企业办事人员按照公安机关工作人员的指示，完成企业各种印章的注销手续，彻底完成公司注销的全过程

图 9-13 注销企业印章的办事流程

注意，公司制企业在注销印章时，注销的是企业印章的法律效应，印章是可以自行保留或自行销毁的。但是非公司制企业（如合伙企业）在办理工商注销登记并注销营业执照时，就需要将企业的印章交给工商行政管理局，自己不能保留。因此，在办理企业印章注销手续时，要区分企业的性质完成相关手续。

到此，公司的注销流程就全部"走"完了，对于涉及财税处理的注销手续，企业财会人员要及时做出正确的财税处理，避免产生经济纠纷，甚至陷入不必要的风险中。